劳动法系列丛书

总主编 常凯

劳动就业法

周宝妹 著

Employment Promotion Law

高等教育出版社·北京

图书在版编目（CIP）数据

劳动就业法 / 周宝妹著. -- 北京 ：高等教育出版社，2017.6

（劳动法系列丛书 / 常凯主编）

ISBN 978-7-04-047366-7

Ⅰ. ①劳… Ⅱ. ①周… Ⅲ. ①劳动法—中国—高等学校—教材 Ⅳ. ①D922.5

中国版本图书馆CIP数据核字(2017)第021772号

策划编辑 王亚敏　责任编辑 王亚敏　特约编辑 朱学敏　封面设计 张申申
版式设计 王艳红　责任校对 殷　然　责任印制 尤　静

出版发行	高等教育出版社	咨询电话	400-810-0598
社　址	北京市西城区德外大街4号	网　址	http://www.hep.edu.cn
邮政编码	100120		http://www.hep.com.cn
印　刷	北京佳信达欣艺术印刷有限公司	网上订购	http://www.hepmall.com.cn
			http://www.hepmall.com
开　本	787mm × 1092mm　1/16		http://www.hepmall.cn
印　张	18.75	版　次	2017年6月第1版
字　数	280千字	印　次	2017年6月第1次印刷
购书热线	010-58581118	定　价	35.00元

本书如有缺页、倒页、脱页等质量问题，请到所购图书销售部门联系调换

物 料 号　47366-00

目　录

第一章

劳动就业法概述

第一节　劳动就业的概念和特征

一、劳动就业的概念

劳动就业有广义、中义和狭义之分。从广义上讲，是指劳动者有一份工作，无论这份工作是自己的还是从他人那里得到的。在他人那里就业，是指劳动者在非本人成立的“单位”中劳动；劳动者也可以自己成立一家单位，实现就业。我国对于就业人员的统计指标就是从广义角度规定的，即我国在统计就业人员时，统计对象包括16周岁以上，从事一定社会劳动并取得劳动报酬或经营收入的人员。狭义上的劳动就业，即受到劳动法调整的就业，是指具有劳动能力的劳动者在法定劳动年龄内从事有一定劳动报酬的合法职业，劳动者与用人单位要形成劳动关系。[1]有的劳动者虽然在某一单位劳动，但是受我国劳动法的调整范围限制，并没有与该单位形成劳动法所调整的劳动关系。如在国家机关就业，是国家机关的公务员；在事业单位工作，是参照公务员法管理的事业单位工作人员等。这一类劳动者所从事的劳动，同样应当属于劳动就业的范围，因此，劳动者在一个单位从事劳动而形成的就业可以作为劳动就业的中义解释。我国的《就业促进法》特别提到了自主创业，并且在一定程度上将其作为促进就业的一个途径，因此，《就业促进法》中的劳动就业包括劳动法上的劳动就业和劳动者自谋职业。

劳动就业还有正规就业和非正规就业之分。传统意义上的劳动就业，又称为正规就业，是指劳动者在规定的时间内在用人单位提供的工作场所按照用人单位的指挥从事劳动的就业。劳动者要成为单位的一员，即要与一个单位形成劳动关系。这种就业是现代劳动法产生的背景，即机器大工业生产下的就业。但是随着社会经济的发展，传统的就业模式不断发生变化，各种灵

[1] 本书中的劳动就业，如不特殊说明，一般情况下指劳动法所调整的劳动就业。

活就业方式出现了，特别是随着网络的发展，工作时间和工作地点都可以由劳动者灵活掌握，同时为多个单位劳动也变得可能。非正规就业，也可以称为非典型就业、非标准就业或灵活就业，是与正规就业不同的就业方式。传统的正规就业，其用人单位是依法成立和依法登记的单位，工作时间为法定的全日制工作时间，劳动关系的建立通过正规的法定程序，劳动报酬在法律保护的工资范围内。而与此相反，非正规就业在很多方面都具有不规范性和复杂性。[1]非正规就业是指在劳动时间、收入报酬、工作场地、社会保险、劳动关系等几方面（至少是一方面）不同于建立在工业化和现代工厂制度基础上的、传统的主流就业方式的各种就业形式的总称。[2]在我国的法律规定中，也出现了灵活就业的概念，如2003年劳动和社会保障部办公厅发布的《关于城镇灵活就业人员参加基本医疗保险的指导意见》中，将非全日制、临时性和弹性工作等灵活形式就业的人员称为灵活就业人员，《就业促进法》中也多次提到劳动者自主创业、自谋职业、灵活就业。

二、劳动就业的特征

（一）劳动就业是合法的就业

1. 劳动就业的劳动者符合法定最低就业年龄标准并具有劳动能力

我国《劳动法》第15条规定：“禁止用人单位招用未满十六周岁的未成年人。”是否年满16周岁成为我国判断自然人能否建立劳动关系的最低年龄标准。劳动者具有劳动能力是指劳动者个人能够独立行使劳动权利，履行劳动义务。

2. 劳动者从事的是合法的职业

在现代社会，只有合法的就业才能够受到法律的保护。合法就业是指劳动者从事为法律所保护的劳动。劳动者所从事的就业活动是合法劳动，也就

[1] 石美遐著：《非正规就业劳动关系研究——从国际视野探讨中国模式和政策选择》，中国劳动社会保障出版社2007年版，第11页。

[2] 何平、华迎放等著：《非正规就业群体社会保障问题研究》，中国劳动社会保障出版社2008年版，第4页。

是说劳动者所从事的职业应当是有益于国家和社会的职业，是为国家法律所允许的职业，从事任何非法的活动，都不能称为就业。

（二）劳动就业必须出自劳动者的自愿

劳动就业是公民的一项权利，行使或放弃这项权利，完全取决于公民自己的意愿。但是，劳动者就业权利的实现必须以主观上有求职的愿望为前提。劳动就业是自由的就业，劳动者不能被强迫劳动。

（三）劳动者从事的必须是有一定劳动报酬或劳动收入的职业

劳动者就业的目的之一是付出劳动以换取劳动报酬，从而有稳定的经济来源去满足自身和家庭成员的生活需要。在一定程度上，劳动报酬的稳定取得，是劳动者及其家庭成员基本生存权的重要保障。“对于绝大多数家庭来说，他们的劳动所得是唯一重要的收入来源。”[1]我国《劳动法》明确了劳动者享有“取得劳动报酬的权利”，并在第五章中作了专章规定。

劳动就业应当是一种有报酬的就业，从而与没有报酬的志愿者劳动相区别。2013年颁布的《中国注册志愿者管理办法》中规定，志愿者是指不以物质报酬为目的，利用自己的时间、技能等资源，自愿为社会和他人提供服务和帮助的人。志愿服务是指志愿者组织的，服务社会公众的生产、生活，促进社会发展进步的行为。志愿者的志愿活动与劳动者的劳动就业之间最主要的区别在于是否有报酬，简言之，志愿者的志愿活动是没有报酬的无偿活动，而劳动者的就业则是指劳动者要从事有报酬的劳动。[2]

三、失业的概念

失业是一个与就业对应的概念。由社会经济发展的客观情况决定，人

[1]［美］保罗·A.萨缪尔森、威廉·D.诺德豪斯著：《经济学（第12版）》，高鸿业等译，中国发展出版社1992年版，第1021页。

[2] 虽然在理论研究中为了鼓励更多的人参与志愿服务成为志愿者，有学者提出了津贴志愿者的概念，但是这一观点仍然肯定津贴不是志愿者的劳动报酬，而是国家、社会对志愿者向社会和他人提供非营利性服务的一种认可方式，是一种激励更多公民参与志愿服务、鼓励志愿者提供更多服务的机制。参见汪智汉、吴猛：《津贴志愿者概念及其论证》，载《中国青年政治学院学报》2006年第2期。

类社会至今没有实现有劳动能力的社会成员全部就业，因此存在失业的情形。失业是指有劳动能力的自然人没有实现就业。不具有劳动能力的人不存在就业的问题，也就不会出现失业的情形。从广义来讲，失业是指有劳动能力的自然人在法定劳动年龄范围内没有从事职业的一种社会情况。有劳动能力但没有从事职业的自然人都可以称为失业者或失业人员，包括自愿失业人员，即自愿离开工作岗位，不再工作的人。狭义的失业是指在法定劳动年龄范围内具有劳动能力且有就业愿望的自然人没有就业的情况。劳动法意义上的失业一般是从狭义的角度来理解的，只有有就业愿望但没有实现就业的有劳动行为能力和劳动权利能力的劳动者才是劳动法意义上的失业者。[1]

第二节　劳动就业的特殊情形

一、非全日制就业

劳动者在一个用人单位按照标准工时的要求从事劳动的，称为全日制就业。全日制就业是劳动就业的标准形式。标准工时，即标准工作时间，是指根据法律规定在正常情况下的工作时间，分为标准工作日和标准工作周。法定以日为计算单位的工作时间称为工作日。标准工作日是指根据法律规定在正常情况下 1 个工作日的工作时间。法定以周为计算单位的工作时间称为工作周。标准工作周是指根据法律规定在正常情况下 1 周内的工作时间。这里

[1] 在国家统计数据中，我国国家统计局统计的是城镇登记失业人员和城镇登记失业率。城镇登记失业人员指有非农业户口，在一定的劳动年龄范围内（16 周岁至退休年龄），有劳动能力，无业而要求就业，并在当地劳动保障部门进行失业登记的人员。城镇登记失业率是指城镇登记失业人员与城镇单位就业人员（扣除使用的农村劳动力，聘用的离退休人员、港澳台及外方人员），城镇单位中的不在岗职工，城镇私营业主，个体户主，城镇私营企业和个体就业人员，城镇登记失业人员之和的比。这也在一定程度上可以解释为什么国家公布的失业率和社会生活中很多人自身感觉的失业状况有差距。

的“周”指的是日历周。根据现行法律规定，我国标准工作时间，每日为8小时，每周为40小时。[1]在广义上，没有达到以上标准工作时间要求的就业都可以称为非全日制就业。狭义上的非全日制就业是指《劳动合同法》中所规定的非全日制就业，即劳动者在同一用人单位一般平均每日工作时间不超过4小时，每周工作时间累计不超过24小时，并以小时计算劳动报酬的就业形式。非全日制就业是一种典型的非正规就业形式。

《劳动合同法》对非全日制就业形式下，劳动者和用人单位之间的劳动合同作出了规定。主要内容如下：（1）劳动合同的签订。非全日制用工双方当事人可以订立口头协议。从事非全日制用工的劳动者可以与一个或者一个以上用人单位订立劳动合同；但是，后订立的劳动合同不得影响先订立的劳动合同的履行。非全日制用工双方当事人不得约定试用期。（2）劳动合同的终止。非全日制用工双方当事人任何一方都可以随时通知对方终止用工。终止用工的，用人单位不向劳动者支付经济补偿。（3）劳动报酬。非全日制用工的小时计酬标准不得低于用人单位所在地人民政府规定的最低小时工资标准。非全日制用工的劳动报酬结算支付周期最长不得超过15日。

二、在校学生的实习和勤工俭学

（一）在校学生实习与就业

实习是学校教学活动的组成部分，是在校学生应当完成的学习任务。实习作为教学环节，要求学生取得学分，并需要一系列的评估标准；实习又需要实习单位的配合，因此，实习就不仅仅是学校和学生之间的关系，还关系到实习单位与学校之间、实习学生与实习单位之间的一系列法律关系。对于职业学校的学生而言，实习是必须的，一般由学校统一安排。与职业学校的在校生实习相比，在校大学生[2]的实习显得更为复杂。在校大

[1]《国务院关于职工工作时间的规定》（1994年发布，1995年修订）第3条规定：职工每日工作8小时，每周工作40小时。

[2] 高等职业学校在校学生除外。以下如不特别说明，在校大学生均指高等职业学校之外的高等学校的在校学生。

学生的实习是指按照学校要求，列入学生培养计划（教学计划）的社会实践活动。一般包括两类：一类是社会实践，即非毕业年级的学生所进行的社会实习；另一类是毕业实习，即毕业年级的学生所进行的实习。无论是社会实践还是毕业实习，都是学校教学活动的组成部分。目前，对在校大学生的社会实践和毕业实习，虽然学校仍然会有统一的安排，但是很多专业的学生实习是自主进行的，也就是学生自己找社会实践单位或实习单位。非毕业年级学生所进行的实习（社会实践）往往时间较短，没有报酬；毕业年级学生所进行的毕业实习往往时间较长，有些单位会付报酬。对于学生而言，毕业实习往往与就业相关，“学生的实习活动不仅仅是为了积累实践经验，丰富生活阅历，更重要的是通过实习获得与用人单位签订劳动契约的机会”[1]。在司法实践中，已经有法院将实习学生与实习单位之间的关系作为劳动关系来处理。[2]

（二）在校学生的勤工俭学与就业

一般情况下，勤工俭学被理解为在校学生（主要是在校大学生）在学习之余通过自己的劳动赚取一定报酬的活动，即学生在校学习期间为了增长社会经验或减轻家庭的经济负担所从事的有一定劳动报酬的活动。勤工俭学是自愿性质的，是学生自己的选择，不属于学校的教学活动。勤工俭学的形式多样，可以在学校内完成（如打扫教室、在学校食堂帮工），也可以在学校之外进行（如做家教）。到公司、企业等用人单位进行劳动是在校学生勤工俭学的重要途径。1995 年劳动部颁发的《关于贯彻执行〈中华人民共和国劳动法〉若干问题的意见》（以下简称《劳动法意见》）第 12 条规定：“在校生利用业余时间勤工助学，不视为就业，未建立劳动关系，可以不签订劳动合同。”在当时的社会环境下，这一规定并没有引起太多的问题，但是随着

---

[1] 江必新、何东宁、王莉著：《最高人民法院指导性案例裁判规则理解与适用·劳动争议卷》，中国法制出版社 2013 年版，第 5 页。

[2] 法院认为，即将毕业的大专院校在校学生以就业为目的与用人单位签订劳动合同，且接受用人单位管理，按合同约定付出劳动，用人单位在明知求职者系在校学生的情况下，仍与之订立劳动合同并向其发放劳动报酬的，该劳动合同合法有效，应当认定双方之间形成劳动合同关系。参见郭懿诉江苏益丰大药房连锁有限公司劳动争议案，载《中华人民共和国最高人民法院公报》2010 年第 6 期。

社会经济的发展和教育制度的改革，在校学生，特别是在校大学生利用课余时间从事有报酬劳动的现象日益增多，其中出现了很多学生权益受到侵害的情形。与用人单位的正式员工相比，在校学生从事同样的劳动，同样受用人单位的用工管理，仅仅因为其在校学生的身份而不被视为“就业”，对在校学生而言并不公平。

承认在校学生享有就业权利，有限地适用现行劳动法律规定，有利于保护其合法劳动权益，对劳动关系的整体也并没有任何损害。将在校大学生排除在劳动法所调整的劳动者范围之外，有一个假设条件，即学生实行全日制学习，无法与用人单位形成全日制的劳动关系。但是在如今看来，这一条件存在的合理性值得质疑。《劳动合同法》已经明确规定了非全日制劳动，因此，符合最低就业年龄标准的在校学生，特别是在校大学生，在课余时间是可以从事非全日制劳动的。特别是对于在校大学生而言，其符合法定最低就业年龄条件，且具有劳动能力，可以成为劳动法所调整的劳动者，其在用人单位劳动，应该属于就业。

（三）在校学生的劳动报酬与工伤保险待遇

对于在校学生这一特殊就业者群体而言，其获得劳动报酬权和享受工伤保险待遇的权利是最容易受到侵害的，亟需法律给予保护。

1. 获得劳动报酬权。根据《职业学校学生实习管理规定》[1]的规定，职业学校学生实习，实习单位应向实习学生支付合理的实习报酬。但对于在校大学生实习是否应支付实习报酬，并没有相应的法律规定。在实践中，在校大学生的社会实践和毕业实习很多是没有报酬的。对于勤工俭学的在校学生，则必须支付报酬。我国劳动法对于劳动报酬的规定可以适用于勤工俭学的在校学生。

2. 享受工伤保险待遇的权利。1996 年劳动部发布的《企业职工工伤保险试行办法》对学生实习中出现的伤害比照工伤作出了规定：“到参加工伤保险的企业实习的大中专院校、技工学校、职业高中学生发生伤亡事

[1]《职业学校学生实习管理规定》，2016 年 4 月，教育部、财政部、人力资源和社会保障部、安全监管总局、中国保监会联合发布。

故的，可以参照本办法的有关待遇标准，由当地工伤保险经办机构发给一次性待遇。工伤保险经办机构不向有关学校和企业收取保险费用。”[1] 2003年颁布的《工伤保险条例》中却没有类似的规定。职业学校的在校学生可以通过实习责任保险解决，在校大学生在实习中受到伤害，则只有民事赔偿一个途径。应适当扩大工伤保险的适用范围，将工伤保险待遇适用于实习的所有学生，工伤保险费可以由学校负担（在教育经费里列支），也可以由国家财政直接负担。对于勤工俭学的在校学生，如果法律承认勤工俭学属于就业，那么可以按照非全日制用工工伤保险的相关规定处理。

三、家政服务

从事家政服务属于就业的一个途径，这已为国际社会所承认。国际劳工组织2011年通过的《关于家庭工人体面劳动的公约》中明确规定了家政服务工人的基本劳动标准。《关于家庭工人体面劳动的公约》将家庭工作定义为“在或为一个住户或几个住户从事的家庭工作”；家庭工人则指“在一种雇佣关系范围内从事家庭工作的任何人，男性或女性；仅偶尔或零星地，而并非在职业基础上从事家庭工作的人员不是家庭工人”。我国的法律从来没有明确地将从事家政服务排除在就业范围之外，如《就业服务与就业管理规定》中将向居民家庭推荐劳动者规定为职业中介机构可以从事的一项业务。

既然将从事家政服务作为就业途径之一，那么劳动法是否对家政服务就业人员适用？由于劳动部《劳动法意见》中规定家庭保姆不适用劳动法，因此长久以来社会普遍认为，家庭保姆不属于劳动法所调整的劳动者，因此也就不能获得劳动法所提供的法律保障。从这一条文规定的字面分析，仅仅是“家庭”保姆，即为家庭所雇用的保姆不适用劳动法。由于我国劳动法调整的劳动关系是劳动者与用人单位之间的劳动关系，家庭不属于法律所规定的

[1]《企业职工工伤保险试行办法》（已废止），1996年劳动部发布，第61条。

用人单位，因此与其说劳动法将家庭保姆排除在法律适用范围之外，不如说其是将家庭雇佣排除在法律调整范围之外。就我国目前的法律规定而言，如果某人为家政服务公司所招聘，被派到家庭从事家政服务，那么其与公司之间签订劳动合同，建立劳动关系，受到劳动法调整，家政服务公司应当与家庭签订家政服务协议。[1]如果某人直接为家庭所雇用，那么其与家庭之间的关系是雇佣关系，受民法调整。随之而来的问题就是：一个人从事同样的家庭劳动，却由于签约的对方是家政公司还是家庭的区别而受不同的法律调整，两者之间存在着巨大的差异：按现行法律规定，劳动条件的各项法定标准无法对民事雇佣适用。

近年来有学者建议将劳动法适用于家政服务从业人员。就保障家政服务从业人员的权益而言，这不失为一个好的解决办法，且符合国际趋势。[2]但是如何利用劳动法来保护这些家政服务从业者是一个非常复杂的问题，其复杂的一个根本原因在于家庭中的劳动显然与劳动法所调整的传统的社会化劳动存在明显的差别，不能将法律赋予企业等用人单位的义务直接适用于家庭。家政服务人员实际工作的地点为家庭，服务的对象为家庭成员，家庭处于一个实际的“用人单位”地位，家庭也是重要的社会组织，但与劳动法中规定的作为用人单位的社会组织比较，家庭具有自身的特殊性。从劳动法产生的历史分析，社会化大生产带来了产业工人的发展，劳动法所确立的劳动标准是以机械化大生产和产业工人的特点为基础的，显然，家庭不能完全适用这些法律规定。即使将服务于家庭的家政服务人员纳入劳动法调整范围，对目前的法定劳动条件标准也不能不加区分地适用。

[1] 2010年《国务院办公厅关于发展家庭服务业的指导意见》中规定，招聘并派遣家政服务员到家庭提供服务的家政服务机构，应当与员工制家政服务员签订劳动合同或简易劳动合同，执行家政服务劳动标准，家政服务机构应当与家庭签订家政服务协议。

[2] 国际劳工组织《关于家庭工人体面劳动的公约》中要求：“各成员国须采取措施，确保家庭工人同其他一般工人一样，享有公平的就业待遇和体面的工作条件，如果他们住在住户家中，则享有尊重其隐私的体面生活条件。”该公约已于2013年生效。

第三节　劳动就业法的基本原则

一、就业自由原则

“自由”无论是作为哲学概念，还是作为政治和法律概念，都源自西方文化。在拉丁语中，自由意味着从束缚中解放出来。在罗马法中，自由（权）的定义是：凡得以实现其意志之权力而不为法律所禁止者，是为自由。[1]在字典上，自由一般有三种解释：（1）不受拘束；不受限制；（2）在法律规定的范围内，随自己意志活动的权利；（3）哲学上把人认识了事物发展的规律性，自觉地运用到实践中去，叫作自由。[2]对于自由比较统一的观点是，自由即不受限制，是按照自己的意志进行一定的活动。但是，自由并非绝对不受限制。就业自由中的自由是法律上的自由，即法律所允许的自由，“法学所关注的主要是社会生活中的自由，特别是社会政治生活、经济生活和文化生活中的自由，即在社会关系中可以按照自己的意志活动的权利”[3]。“法律按其真正的含义而言，与其说是限制还不如说是指导一个自由而有智慧之人去追求他的正当利益……法律的目的不是废除或限制自由，而是保护和扩大自由。”[4]显然，法律对自由进行限制，并非剥夺了自由，而是为了使自由更好地得到实现。

在现代社会，劳动者是作为自由的人而存在的，享有自由择业的权利。自由择业权，是指劳动者按照自己的意志自由选择职业而不受非法限制和强迫的权利。自由择业权意味着劳动者有是否从事劳动的自由、选择劳动的形

[1] 张文显著：《法哲学范畴研究》，中国政法大学出版社 2001 年版，第 206 页。

[2] 中国社会科学院语言研究所词典编辑室编：《现代汉语词典》，商务印书馆 2012 年版，第 1729 页。

[3] 张文显著：《法哲学范畴研究》，中国政法大学出版社 2001 年版，第 209 页。

[4] [英] 洛克：《政府论》下篇，商务印书馆 1964 年版，第 35~36 页。

式的自由、选择具体工作（职业）的自由。是否从事劳动的自由，即工作与不工作的自由。“有劳动能力的公民可以选择工作这种方式来维持生活，也可以选择不工作但以其他方式来维持生活。”[1] 为了鼓励劳动者就业，我国失业保险法律规定自愿失业、不工作的劳动者，没有享受失业保险待遇的资格，但这并不意味着劳动者没有不工作的自由。选择劳动的形式的自由，是指劳动者有权选择自主营业还是受雇工作。[2] 虽然我国就业法律中更多强调的是受雇工作，但是《就业促进法》中同样将“劳动者自主创业”作为就业的途径予以保障。选择具体工作（职业）的自由，是指劳动者有权选择何时在何地开始工作，也有权决定何时退出一份工作并重新选择的自由。

（一）禁止强迫劳动

自由择业首先意味着任何组织和个人不能强迫劳动者劳动。强迫劳动是对劳动者人权的侵犯。国际劳工组织将 1930 年通过的《强迫劳动公约》和 1957 年通过的《废除强迫劳动公约》作为核心劳工标准，要求成员国遵守。强迫劳动是指：“以任何惩罚相威胁，强迫任何人从事的非本人自愿的一切劳动或服务。”《强迫劳动公约》要求会员国承诺在可能的最短期限内禁止使用一切形式的强迫或强制劳动。《废除强迫劳动公约》要求：“凡批准本公约的国际劳工组织会员国，承诺禁止强迫或强制劳动，并不以下列任何形式强迫或强制劳动：（a）作为一种政治强制或政治教育的手段，或者作为对持有或发表某些政治观点表现出同既定的政治、社会或经济制度对立的思想意识的人的一种惩罚；（b）作为动员和利用劳动力以发展经济的一种方法；（c）作为一种劳动纪律的措施；（d）作为对参加罢工的一种惩罚；（e）作为实行种族、社会、民族或宗教歧视的一种手段。”该公约还要求，凡批准该公约的国际劳工组织会员国承诺采取有效措施保证立即完全废除以上的强迫或强制劳动。我国《劳动法》和《劳动合同法》都将用人单位强迫劳动作为劳动者可以即时解除劳动合同的情形加以规定，并规定用人单位同时需要承担相应的法律责任。为了加大对强迫劳动的惩罚力度，我国刑法也对强迫劳

[1] 林嘉、杨飞、林海权著:《劳动就业法律问题研究》，中国劳动社会保障出版社 2005 年版，第 114 页。
[2] 林嘉、杨飞、林海权著:《劳动就业法律问题研究》，中国劳动社会保障出版社 2005 年版，第 114 页。

动犯罪作出了规定。[1]

（二）就业自由与延长工作时间

就业自由意味着劳动者有权拒绝在法律规定和劳动合同约定之外的时间进行劳动，即有拒绝延长工作时间的权利，或者说用人单位延长工作时间必须经过劳动者的同意。工作时间的延长是指根据法律的规定，在标准工作时间之外延长劳动者的工作时间。延长工作时间意味着劳动者休息权受到侵犯。劳动者的休息权，是指劳动者享有的在一定时间内不进行工作而自行安排活动的权利。劳动者的休息权是保证劳动者身体健康的必然要求，任何人都不可能不休息而连续劳动。从发展趋势上看，劳动者的休息时间逐渐延长；相应地，工作时间在逐步缩短。我国《劳动法》肯定了劳动者享有休息休假的权利，但由于客观情况的要求，存在着必须延长工作时间的特殊情形，因此，在保障劳动者休息权的前提下，法律允许用人单位在特定情形下延长劳动者的工作时间，同时对延长工作时间有如下要求：

1. 延长工作时间的法律限制

根据《劳动法》规定，用人单位由于生产经营需要，经与工会和劳动者协商后可以延长劳动时间，一般每日不得超过 1 小时；因特殊原因需要延长工作时间的，在保障劳动者身体健康的条件下延长工作时间每日不得超过 3 小时，但是每月不得超过 36 小时。延长工作时间的长度限制包括正常工作日的加点、休息日和法定休假日的加班。即每月工作日的加点、休息日和法定休假日加班的总时数不得超过 36 小时。另外，法律禁止怀孕 7 个月以上和哺乳期内的女职工延长工作时间。

延长工作时间需要用人单位与工会和劳动者进行协商。协商是用人单位决定延长工作时间的必经程序（特殊情况延长工作时间的除外）。协商后，

[1]《中华人民共和国刑法》中规定了强迫劳动罪："以暴力、威胁或者限制人身自由的方法强迫他人劳动的，处三年以下有期徒刑或者拘役，并处罚金；情节严重的，处三年以上十年以下有期徒刑，并处罚金。明知他人实施前款行为，为其招募、运送人员或者有其他协助强迫他人劳动行为的，依照前款的规定处罚。单位犯前两款罪的，对单位判处罚金，并对其直接负责的主管人员和其他直接责任人员，依照第一款的规定处罚。"需要说明的是，刑法对劳动者范围的规定超出了劳动法所调整的劳动者范围。刑法所保护的劳动者，既包括劳动关系内的劳动者，也包括并没有形成劳动法所调整的劳动关系的其他社会关系中的劳动者。

用人单位可以在劳动法限定的延长工作时数内决定延长工作的时间，用人单位违反法律、法规强迫劳动者延长工作时间的，劳动者有权拒绝。

根据法律规定，出现以下情况时，延长工作时间可以不受法律规定的延长工作时间的长度限制：（1）发生自然灾害、事故或者因其他原因，威胁劳动者生命健康和财产安全，需要紧急处理的。（2）生产设备、交通运输线路、公共设施发生故障，影响生产和公众利益，必须及时抢修的。（3）法律、行政法规规定的其他情形，主要包括：① 在法定节日和公休假日内工作不能间断，必须连续生产、运输或者营业的；② 必须利用法定节日或公休假日的停产期间进行设备检修、保养的；③ 为完成国防紧急任务的；④ 为完成国家下达的其他紧急生产任务的。

2. 延长工作时间的劳动报酬

根据《劳动法》的规定，安排劳动者延长工作时间的，支付不低于工资的 150% 的工资报酬；休息日安排劳动者工作又不能安排补休的，支付不低于工资的 200% 的工资报酬；法定休假日安排劳动者工作的，支付不低于工资的 300% 的工资报酬。

（三）就业自由与劳动者解除劳动合同

自由择业权不仅是指劳动者初次就业时有自由选择的权利，还包括劳动者离开原来职业而继续自由选择其他职业的权利。对这一层次的自由择业权利的保护意味着劳动者有解除劳动合同的自由。法律允许劳动者与用人单位协商解除劳动合同，也允许劳动者单方行使劳动合同的解除权，从而解除与用人单位之间的劳动合同。

劳动者单方解除劳动合同分为两种情形，分别是即时解除和预告解除。劳动者单方即时解除劳动合同，即在法定情形下，劳动者可以随时解除劳动合同。《劳动合同法》中规定的法定情形有：（1）用人单位未按照劳动合同约定提供劳动保护或者劳动条件的；（2）用人单位未及时足额支付劳动报酬的；（3）用人单位未依法为劳动者缴纳社会保险费的；（4）用人单位的规章制度违反法律、法规的规定，损害劳动者权益的；（5）劳动合同无效的；（6）法律、行政法规规定劳动者可以解除劳动合同的其他情形。另外，《劳动合同法》还规定用人单位以暴力、威胁或者非法限制人身自由的手段强迫劳动者劳动的，或者用人单位违章指挥、强令冒险作业危及劳动者人身安全的，劳动者可以立即解除劳动合同，无须事先告知用人单位。劳动者单方预告解除劳动合同是指劳动者以提前通知的方式告知用人单位解除劳动合同。我国《劳动合同法》将提前通知的时间规定为30天（试用期内为3天），通知的形式为书面。

为保证劳动者自由择业的权利，在劳动者与用人单位协商解除或依法行使劳动合同的单方解除权时，法律规定了用人单位的配合义务。在劳动合同解除时，用人单位应当依法出具解除劳动合同的证明，并在法定时间内为劳动者办理档案和社会保险转移手续，以确保劳动者能够继续自由择业。用人单位违反法律规定，未向劳动者出具解除劳动合同的书面证明的，由劳动行政部门责令改正；给劳动者造成损害的，应当承担赔偿责任。

（四）自主营业的自由

劳动者自主营业，不仅解决了自己的就业问题，还在一定程度上促进了他人的就业。在我国，法律不仅赋予劳动者自主营业的自由，还在金融税收方面给予其各种优惠。《就业促进法》明确规定，国家鼓励劳动者自主创业、自谋职业。各级人民政府和有关部门应当简化程序，提高效率，为劳动者自主创业、自谋职业提供便利，对自主创业人员在一定期限内给予小额信贷等扶持和税收优惠。

1. 自主营业的范围

我国法律充分赋予劳动者自主营业的自由。早在20世纪80年代，个体工商户就成为个人自主营业的重要途径。现行法律不仅允许个人在符合条件的情形下设立公司、合伙企业、个人独资企业等各种以营利为目的的企业，还允许个人设立民办非企业单位，从事社会公益性事业。在企业的经营范围上，法律并没有对个人投资企业的经营范围给予限定，除许可经营项目[1]之外，个人投资的企业可以自主申请经营项目。2009年9月国务院发布的《关于进一步促进中小企业发展的若干意见》中特别指出，要深化垄断行业改

[1] 所谓许可经营项目，是指企业在申请登记前依法应当报经有关部门批准的项目，如食品经营应当取得食品药品监督管理部门的食品经营许可。这一经营许可的规定对所有企业都适用，并非只针对个人投资企业。

革，扩大市场准入范围，降低准入门槛，为中小企业进一步营造公开、公平的市场环境。

2. 自主营业的优惠措施

为促进劳动者自主营业，国家采取了一系列优惠措施。劳动者个人投资的中小企业或小微企业，有权依法获得中央财政预算中的中小企业发展专项资金的财政支持，享受各种金融税收优惠政策。各级政府有责任扶持失业人员创办中小企业或小微企业，为其提供各种便利和指导，包括提供工商、财税、融资、劳动用工、社会保障等方面的政策咨询和信息服务。国务院《关于进一步促进中小企业发展的若干意见》中提出，在政府采购环节提高采购中小企业货物、工程和服务的比例，完善政府公共服务外包制度，为中小企业创造更多的参与机会。在金融领域，提高小企业贷款呆账核销效率，建立完善信贷人员尽职免责机制。鼓励建立小企业贷款风险补偿基金，对金融机构发放小企业贷款按增量给予适度补助，对小企业不良贷款损失给予适度风险补偿。在保障中小企业贷款融资渠道的同时，国家还通过建立创业板市场，拓宽中小企业直接融资渠道。

财政部和国家税务总局先后出台了多项对劳动者自主营业的税收优惠政策，取消未按规定权限和程序批准的行政事业性收费项目和政府性基金项目，减免行政许可和强制准入的中介服务收费、具有垄断性的经营服务收费。

二、就业公平原则

（一）就业公平与就业平等

就业公平与就业平等是既有联系又有区别的两个概念，但是人们有时将两者混用，特别是在讨论就业歧视时，一般都认为就业歧视是公平就业或平等就业的反面，并没有严格区分二者。《就业促进法》第三章以“公平就业”为标题，在具体条文中，公平就业与平等就业的概念都在使用，如第25条规定“各级人民政府创造公平就业的环境，消除就业歧视”，第26条则规定“应当向劳动者提供平等的就业机会和公平的就业条件”。

在汉语中，公平是指“处理事情合情合理，不偏袒哪一方面”[1]。平等则有两个含义：一是“指人们在社会、政治、经济、法律等方面享有相等的待遇”；二是“泛指地位相等”。[2]从词语字面含义来看，公平更多地站在“给予”角度，即面对大众，给予合情合理的对待；而平等则更多地站在“受众”的角度，即人们各自认为是否得到相等的待遇或具有平等的地位。“公平观念的内容涉及社会、经济、政治、法律、文化、道德等各个方面，是人们在一定的社会现实的基础上概括和提升出来的一套有关社会关系的理想模型或原则”[3]，在社会关系中，若将公平理解为“合情合理”“不偏袒”，理解为一种对某种利益或负担的合理分配，那么必须考虑面对这种利益或负担分配的主体地位，此时，平等概念出现了，即主体地位是否平等。“公平包含着平等因素，同时又超越于平等之上，是一种使平等与不平等辩证地综合起来了的价值”[4]。平等“不是公平的基础，相反，它是一定历史条件下的公平的内容之一”[5]。

由于公平和平等两个概念之间的某些相通性，在对公平就业进行界定时往往会用到平等的概念，反之亦然。有学者认为，公平就业“指所有劳动者享有公平的就业机会”，“其基础要求是，保障劳动者依法享有平等就业和自主择业的权利”。[6]有学者则直接从《就业促进法》的条文出发，认为“关于劳动法上公平就业的界定，应该根据《就业促进法》第3条的规定，即指劳动者依法享有平等就业和自主择业的权利。劳动者就业，不因民族、种族、性别、宗教信仰等不同而受歧视”[7]。

公平就业和平等就业具有一定的联系，在某种情况下甚至具有相同的含义，但是严格来讲，两者仍然存在差异，其各自的出发点和侧重不同：平

[1] 中国社会科学院语言研究所词典编辑室编：《现代汉语词典》，商务印书馆2012年版，第451页。

[2] 中国社会科学院语言研究所词典编辑室编：《现代汉语词典》，商务印书馆2012年版，第1000页。

[3] 谢鹏程著：《基本法律价值》，山东人民出版社2000年版，第57页。

[4] 谢鹏程著：《基本法律价值》，山东人民出版社2000年版，第95页。

[5] 谢鹏程著：《基本法律价值》，山东人民出版社2000年版，第107页。

[6] 王全兴著：《劳动法》，法律出版社2008年版，第347页。

[7] 常凯主编：《劳动法》，高等教育出版社2011年版，第200页。

等就业侧重于劳动者自身的感受，国家通过法律和政策保障劳动者就业权的实现，使劳动者能够平等就业；公平就业从社会角度出发，站在社会整体的立场上，国家要通过法律和政策的制定，保证劳动者有公平的就业环境，使劳动者享有公平的就业机会，能够平等就业和自主择业。两者虽然出发点不同，但结果一致，都致力于保证劳动者平等的就业权利，但是从社会整体出发，公平就业还意味着通过各种扶助措施，帮助因自身或社会原因而在就业中处于劣势的群体获得就业机会，从而实现实质的公平。这些扶助措施，或通过法律实行，或通过政策实施，如法律规定企业必须招用一定比例的残疾劳动者，这对于非残疾劳动者而言，是对其平等就业机会的损害，却有利于维护社会就业公平。

（二）就业公平与就业歧视

虽然我国的《宪法》和《劳动法》都对劳动者平等的就业权利作出了规定，但是在现实中，就业歧视的现象仍然层出不穷。法律规定得过于原则和法律规定存在的空白使劳动者欠缺保护自己就业权利的途径固然是一个重要的原因，而在就业市场上，由于劳动力资源过剩而导致“买方市场”的存在也加剧了这种情况的产生。用人单位和劳动者之间的力量悬殊和劳动者对用人单位实际上的依赖关系，使劳动者在很多时候除了忍气吞声或者发发牢骚之外，似乎并没有更好的方式来表达自己的不满。如何消除就业歧视是一个复杂的、综合的问题，法律在消除就业歧视问题上也不是万能的，或者说仅仅有法律规定并不能完全消除就业歧视的出现和存在，但这并不表示法律在消除就业歧视上无所作为，相反，只有依法才能真正消除就业歧视。与其他社会规则相比，法律具有国家强制性，违法将受到制裁，依法维护被歧视的弱者的正当权益是消除就业歧视、实现劳动者劳动自由的重要方面。

如果从就业上的不平等对待来理解就业歧视，那么任何不平等的对待都可以构成就业歧视，就业歧视因此就可以分为合法的就业歧视[1]和不合法的就业歧视。[2]在劳动法领域内，就业歧视通常是从违法的角度而言的，也就

[1] 例如，对女性劳动者的特殊保护规定，导致在某种程度上和一定范围内因为是女性，或者因为女性处于某种特殊的生理期间而限制了其就业的范围。

[2] 如仅仅因为是女性而拒绝招用，而招用的职位并不是法律限制或禁止女性从事的职位。

是说，劳动法上的就业歧视是指在就业上违法的不平等对待，即违反法律规定，不合理地限制或剥夺劳动者的平等就业权利，但依法对某些特殊群体予以特殊保护而造成的就业不平等除外。国际劳工组织1958年通过的《（就业与职业）歧视公约》中将“歧视”界定为：“以种族、肤色、性别、宗教信仰、政治观点、民族血统或社会出身为基础的任何区别、排斥或偏爱，并因此对就业或职业机会平等或平等待遇产生剥夺或损害的结果。”我国《劳动法》规定：“劳动者享有平等就业和选择职业的权利”，“劳动者就业，不因民族、种族、性别、宗教信仰不同而受歧视”。

三、就业稳定原则

就业稳定，是指劳动者在一定时间内有稳定的工作。就业稳定的意义在于让劳动者能够预见自己与用人单位之间劳动关系存续的时间，从而避免随时面临失业的风险。就业稳定不同于计划经济时期的“铁饭碗”，并不意味着劳动者在一个用人单位终身劳动。劳动者在用人单位的劳动过程中可以依法自由离开，用人单位也可以依法与劳动者解除劳动合同。我国劳动法律通过一系列的规定保护劳动者的就业稳定。

（一）劳动合同期限制度

劳动合同期限，是指劳动合同的起始和终止时间，即劳动合同约定的双方当事人权利、义务关系的有效时间。根据《劳动合同法》的规定，用人单位与劳动者协商一致，可以订立固定期限劳动合同、无固定期限劳动合同和以完成一定工作任务为期限的劳动合同。固定期限劳动合同，是指用人单位与劳动者约定合同终止时间的劳动合同，也称为定期劳动合同。劳动合同的终止时间由双方当事人根据工作需要和各自的实际情况确定。劳动合同约定的合同终止时间到来，劳动关系自行终止。无固定期限劳动合同，是指用人单位与劳动者约定无确定终止时间的劳动合同。以完成一定工作任务为期限的劳动合同，是指用人单位与劳动者约定以某项工作的完成为合同期限的劳动合同。这是一种特殊的有固定期限的劳动合同。与普通固定期限劳动合同不同，这种合同以完成一定工作的结束时间作为合同的终止时间，而不是在合同中具体约定确定的终止时间。

计划经济时期，我国实行的是固定工制度，劳动者被固定在一个用人单位，劳动力无法正常流动。开始于 20 世纪 80 年代的城镇经济体制改革以增强企业活力为主要内容，赋予企业用人权利是增强企业活力的重要内容。打破固定工制度的一个重要改革措施是实行有固定期限的劳动合同，使劳动者和用人单位认识到，劳动者和用人单位之间在一定期限之后，双方的劳动关系终止，从而打破“铁饭碗”。1994 年颁布的《劳动法》明确规定了劳动合同制度，将有固定期限的劳动合同予以肯定和固化。但是随着劳动力市场的发展，劳动合同出现了短期化现象。调查结果显示：“一些用人单位为规避法定义务，不愿与劳动者签订长期合同。大部分劳动合同期限在 1 年以内，劳动合同短期化倾向明显。”[1]劳动合同的短期化在一定程度上阻碍了劳动者就业权利的实现。根据这一情况，2007 年颁布的《劳动合同法》虽然仍然将劳动合同分为固定期限劳动合同、无固定期限劳动合同和以完成一定工作任务为期限的劳动合同三种，但是通过具体制度的设计，引导劳动者与用人单位之间更多地签订无固定期限劳动合同，从而实现劳动关系的稳定。《劳动合同法》除了规定劳动者和用人单位协商一致可以签订无固定期限劳动合同之外，特别规定了用人单位必须与劳动者签订无固定期限劳动合同的情形：（1）用人单位自用工之日起满 1 年未与劳动者订立书面劳动合同的，视为自用工之日起满 1 年的当日已经与劳动者订立无固定期限劳动合同，并应当立即与劳动者补订书面劳动合同。（2）有下列情形之一，劳动者提出或者同意续订、订立劳动合同的，除劳动者提出订立固定期限劳动合同外，应当订立无固定期限劳动合同：① 劳动者在该用人单位连续工作满 10 年的；② 用人单位初次实行劳动合同制度或者国有企业改制重新订立劳动合同时，劳动者在该用人单位连续工作满 10 年且距法定退休年龄不足 10 年的；③ 连续订立 2 次固定期限劳动合同，且劳动者没有《劳动合同法》第 39 条和第 40 条第一项、第二项规定的情形，续订劳动合同的。

[1]《全国人大常委会执法检查组关于检查〈中华人民共和国劳动法〉实施情况的报告》，2005 年 12 月 28 日第十届全国人民代表大会常务委员会第十九次会议。

（二）用人单位单方解除劳动合同的限制

为了稳定就业，避免劳动者随意被解雇，与劳动者可以自由行使劳动合同的单方解除权不同，法律对用人单位单方解除劳动合同作出了限制性规定。

1. 用人单位单方解除劳动合同应当通知工会

用人单位单方解除劳动合同的，应当事先将理由通知工会，这是用人单位单方解除劳动合同的法定程序要求。用人单位违反法律、行政法规规定或者劳动合同约定的，工会有权要求用人单位纠正。用人单位应当研究工会的意见，并将处理结果书面通知工会。

上述工会，指的应当是本单位的工会，这一点可以结合《劳动合同法》中相关条文的内容得到证实。如在关于企业经济性裁员的条文中，将用人单位需要说明情况的对象规定为“工会”或者“全体职工”。此时将“工会”与“全体职工”并列，显然，工会应当是指“本单位的工会”。在对用人单位单方解除劳动合同的法定程序规定上，《劳动合同法》并没有作出“工会或全体职工”或者“工会或职工代表”的二择一的规定，因此，当本单位没有建立工会时，用人单位履行这一法定程序就出现了困难。从《劳动合同法》相关条文内容分析，法律并没有对用人单位通知的工会级别作出规定。如果仅指本单位工会，那么在本单位没有工会的情况下，用人单位则不必履行该项义务，如此一来，不仅存在法律施行中的不公平现象，也在一定程度上增加了基层工会建立的难度——用人单位可能会不支持本单位工会的建立，从而减轻自身的法定义务。因此，从保障劳动者权利的角度出发，法律应该明确，在没有建立工会的情况下，用人单位是向上一级工会还是向职工代表说明理由。

2. 用人单位单方解除劳动合同的法定情形

法律明确规定了用人单位单方解除劳动合同的情形，在不具备法律规定的情形时，用人单位不能单方与劳动者解除劳动合同。

根据《劳动合同法》的规定，劳动者有下列情形之一的，用人单位可以解除劳动合同：（1）在试用期间被证明不符合录用条件的；（2）严重违反用人单位的规章制度的；（3）严重失职，营私舞弊，给用人单位造成重大损害的；(4) 劳动者同时与其他用人单位建立劳动关系，对完成本单位的工作任务造成严重影响，或者经用人单位提出，拒不改正的；(5) 以欺诈、胁迫的手段或者乘人之危，使对方在违背真实意思的情况下订立或者变更劳动合同，致使劳动合同无效的；(6) 被依法追究刑事责任的。

《劳动合同法》规定的用人单位提前 30 日以书面形式通知劳动者本人或者额外支付劳动者 1 个月工资后，可以解除劳动合同的情形有：(1) 劳动者患病或者非因工负伤，在规定的医疗期满后不能从事原工作，也不能从事由用人单位另行安排的工作的；(2) 劳动者不能胜任工作，经过培训或者调整工作岗位，仍不能胜任工作的；(3) 劳动合同订立时所依据的客观情况发生重大变化，致使劳动合同无法履行，经用人单位与劳动者协商，未能就变更劳动合同内容达成协议的。

用人单位在以下情形下，需要裁减人员 20 人以上或者裁减不足 20 人但占企业职工总数 10% 以上的，在提前 30 日向工会或者全体职工说明情况，听取工会或者职工的意见，并将裁减人员方案向劳动行政部门报告后，可以裁减人员：(1) 依照企业破产法规定进行重整的；(2) 生产经营发生严重困难的；(3) 企业转产、重大技术革新或者经营方式调整，经变更劳动合同后，仍需裁减人员的；(4) 其他因劳动合同订立时所依据的客观经济情况发生重大变化，致使劳动合同无法履行的情形。裁减人员时，应当优先留用下列人员：(1) 与本单位订立较长期限的固定期限劳动合同的；(2) 与本单位订立无固定期限劳动合同的；(3) 家庭无其他就业人员，有需要扶养的老人或者未成年人的。用人单位经济性裁员后，在 6 个月内重新招用人员的，应当通知被裁减的人员，并在同等条件下优先招用被裁减的人员。

《劳动合同法》还特别规定，劳动者有下列情形之一的，用人单位不得预告解除劳动合同和经济性裁员：(1) 从事接触职业病危害作业的劳动者未进行离岗前职业健康检查，或者疑似职业病病人在诊断或者医学观察期间的；(2) 在本单位患职业病或者因工负伤并被确认丧失或者部分丧失劳动能力的；(3) 患病或者非因工负伤，在规定的医疗期内的；(4) 女职工在孕期、产期、哺乳期的；(5) 在本单位连续工作满 15 年，且距法定退休年龄不足 5 年的；(6) 法律、行政法规规定的其他情形。

（三）解除劳动合同的经济补偿

"经济补偿金既能缓减被解雇劳动者失业之困苦，又能在经济上威慑用人单位，使之基于成本考量审慎行使解雇权，从而实现解雇中对劳动者的保护。"[1]国际劳工组织1982年《终止雇佣公约》中规定，根据国家法律和实践，被解雇的工人应有权享有解雇补助或其他离职福利，其数额应特别根据工作年限和工资水平而定，并由雇主或由雇主交纳费用的基金直接支付。

根据《劳动合同法》的规定，用人单位应当向劳动者支付经济补偿的法定情形有：（1）因用人单位的过错，劳动者单方解除劳动合同的（劳动者单方即时解除劳动合同的）；（2）用人单位提出并与劳动者协商一致解除劳动合同的；（3）用人单位单方预告解除劳动合同的；（4）用人单位进行经济性裁员的；（5）除用人单位维持或者提高劳动合同约定条件续订劳动合同，劳动者不同意续订的情形外，劳动合同期满，终止固定期限劳动合同的；（6）用人单位被依法宣告破产，被吊销营业执照、责令关闭、撤销，或者用人单位决定提前解散而终止劳动合同的；（7）以完成一定工作任务为期限的劳动合同因任务完成而终止的；（8）法律、行政法规规定的其他情形。

经济补偿的标准按劳动者在本单位工作的年限，每满1年支付1个月工资的标准向劳动者支付。6个月以上不满一年的，按一年计算；不满6个月的，应向劳动者支付半个月工资的经济补偿。劳动者月工资高于用人单位所在直辖市、设区的市级人民政府公布的本地区上年度职工月平均工资3倍的，向其支付经济补偿的标准按职工月平均工资3倍的数额支付，向其支付经济补偿的年限最高不超过12年。

（四）就业稳定与失业保护

为了稳定就业，劳动法律，特别是《劳动合同法》对用人单位单方解除劳动合同作出了很多限制，并且通过法律的强制性规定使用人单位在特定情形下必须与劳动者签订无固定期限的劳动合同。但是这样的制度安排也带来

[1] 熊晖著：《解雇保护制度研究》，法律出版社2012年版，第199页。

一些问题，“对于已就业的劳动者固然大有裨益，但对未就业的劳动者，尤其是欠缺工作经验的劳动者却非常不公”，因为“为了避免所招入的劳动者不堪其用而解雇时陷入不易或不能之困境，作为理性人的应对策略，雇主在招聘时会非常谨慎，从而形成阻碍就业的结果”[1]。

如此的制度设计虽然有将国家的“促进就业责任”通过“解雇保护”强加给用人单位之嫌，但是在我国社会保障制度，特别是失业保障制度尚不完善的背景下，也不失为一个“次优”的选择。当然，随着我国社会保障制度的完善，增加用人单位的用工自由应该是《劳动合同法》在解雇规定方面的修订方向。

四、就业安全原则

就业安全，是指劳动者在就业过程中生命安全和身体健康不受伤害。劳动者享有安全就业的权利。由于劳动过程客观上存在着危害劳动者生命安全和身体健康的因素，因此必须通过立法保障劳动者的生命安全和身体健康。生命安全，是指“不受威胁，没有危险、危害、损失，生命及其肢体状态不受威胁、处于自在自由境地”；“在职业生活或劳动过程中，安全就是将其系统的运行状态对人类的生命可能产生的损害控制在人类能接受水平以下的状态”。健康，“指人的生理、心理及行为处于正常状态，而非异常或有所偏离”[2]。国际劳工组织 1981 年制定的《职业安全和卫生建议书》中将与工作有关的“健康”一词的含义界定为“不仅指没有疾病或并非体弱，也包括对于与工作安全和卫生有关的影响健康的身心因素”[3]。

（一）确立就业安全的技术标准

就业安全技术标准，即职业安全卫生技术标准，是职业安全技术标准和职业卫生技术标准的总称。职业安全技术标准，是指国家为了防止劳动者

[1] 熊晖著：《解雇保护制度研究》，法律出版社 2012 年版，第 81 页。

[2] 周永平主编：《职业安全卫生法》，高等教育出版社 2013 年版，第 5 页。

[3] 国际劳工组织《职业安全和卫生建议书》（第 164 号建议书），国际劳工组织北京局：《国际劳工公约和建议书（第二卷）》，1994 年。

在生产和工作过程中的伤亡事故，保障劳动者的生命安全和防止生产设备遭到破坏而制定的各种技术标准。职业卫生技术标准，是指国家为了改善劳动条件，减少和避免有毒有害物质对劳动者身体健康的侵害，减低和防止职业病的发生而制定的各种技术标准。国家针对各行各业的不同特点，规定了不同的技术规范和技术标准，这些技术规范和技术标准，共同构成了我国就业环境安全的技术要求。规定以上技术标准的法律规定主要有：《矿山安全法》《职业病防治法》《安全生产法》等有关法律规定中的技术规定，以及国家颁布的各种技术标准。国家和政府应当依法及时制定有关的国家标准或者行业标准，并根据科技进步和经济发展适时修订。

（二）劳动者就业安全权利的法律保障

用人单位是就业安全保障的首要责任人。根据相关法律规定，用人单位应当严格执行各项国家标准或行业标准，建立安全生产制度，保证劳动者享有一个安全的就业环境。在招聘和录用劳动者时，用人单位应当告知劳动者关于就业岗位的各种不安全因素，并将保障劳动者劳动安全、防止职业危害、工伤保险等事项写入劳动合同，并不得通过订立协议或其他形式免除或者减轻其对劳动者因安全生产事故伤亡依法应承担的责任。

国家和政府负有保障就业安全的法定职责。根据现行法律规定，国务院和县级以上地方各级人民政府应当根据国民经济和社会发展规划制定安全生产规划，并组织实施；加强对安全生产工作的领导，支持、督促各有关部门依法履行安全生产监督管理职责，建立健全安全生产工作协调机制，及时协调、解决安全生产监督管理中存在的重大问题。乡、镇人民政府以及街道办事处、开发区管理机构等地方人民政府的派出机关应当按照职责，加强对本行政区域内生产经营单位安全生产状况的监督检查，协助上级人民政府有关部门依法履行安全生产监督管理职责。

（三）工伤保险制度

虽然各种预防措施可以减少对劳动者的职业伤害，但是职业伤害并不能够完全避免，因此当劳动者遭受职业伤害后，对劳动者的医疗救治和经济帮助十分必要。工伤保险，又称职业伤害保险或职业伤害赔偿保险，是指依法为在生产、工作中遭受事故伤害和患职业性疾病的劳动者提供医疗救治、生活保障、经济补偿、职业康复等经济帮助的一种社会保险制度。劳动者因工作遭受事故伤害或患职业病，依法有权享受工伤保险待遇。《工伤保险条例》规定的认定劳动者为工伤的情形有：（1）在工作时间和工作场所内，因工作原因受到事故伤害的；（2）工作时间前后在工作场所内，从事与工作有关的预备性或者收尾性工作受到事故伤害的；（3）在工作时间和工作场所内，因履行工作职责受到暴力等意外伤害的；（4）患职业病的；（5）因工外出期间，由于工作原因受到伤害或者发生事故下落不明的；（6）在上下班途中，受到非本人主要责任的交通事故或者城市轨道交通、客运轮渡、火车事故伤害的；（7）法律、行政法规规定应当认定为工伤的其他情形。

工伤保险待遇主要由工伤保险基金提供，工伤保险基金的主要来源是用人单位缴纳的工伤保险费。国家根据不同行业的工伤风险程度确定行业的差别费率，并根据使用工伤保险基金、工伤发生率等情况在每个行业内确定费率档次。社会保险经办机构根据用人单位使用工伤保险基金、工伤发生率和所属行业费率档次等情况，确定用人单位缴费费率。用人单位应当按照本单位职工工资总额，根据社会保险经办机构确定的费率缴纳工伤保险费。劳动者个人不缴纳工伤保险费。

劳动者因工作原因受到事故伤害或者患职业病，且经工伤认定的，享受工伤保险待遇。根据我国法律规定，工伤保险基金支付的工伤保险待遇包括：（1）治疗工伤的医疗费用和康复费用；（2）职工住院治疗工伤的伙食补助费；（3）到统筹地区以外就医的交通食宿费；（4）安装配置伤残辅助器具所需费用；（5）生活不能自理的，经劳动能力鉴定委员会确认的生活护理费；（6）一次性伤残补助金和一至四级伤残职工按月领取的伤残津贴；（7）终止或者解除劳动合同时，应当享受的一次性医疗补助金；（8）因工死亡的，其遗属领取的丧葬补助金、供养亲属抚恤金和因工死亡补助金；（9）劳动能力鉴定费。由用人单位负担的工伤保险待遇为：（1）治疗工伤期间的工资福利；（2）五级、六级伤残职工按月领取的伤残津贴；（3）终止或者解除劳动合同时，应当享受的一次性伤残就业补助金。

（四）工作场所性骚扰的法律规范

国际劳工组织在 1981 年《职业安全和卫生公约》（第 155 号公约）中提

出了工作环境（working environment）的概念，要求各公约成员国要制定、完善、定时修正与职业安全、职业健康和工作环境有关的政策。从劳动者的整体工作环境分析，可以发现工作环境的构成除了“物”——生产资料之外，也包括“人”——同事、上下级。传统的劳动法从劳动者生命健康权的保护出发，更多地关注“物”对劳动者造成的伤害，即包括“工伤”“职业病”在内的职业伤害。但是，既然工作环境不仅由“物”构成，那么来源于工作环境的伤害也就不仅是来自于“物”的伤害，还可能包括来自于“人”的伤害，性骚扰即来自于“人”的一种伤害。由于性骚扰的存在，工作环境不再安全。保证工作环境的安全是用人单位的义务，而用人单位履行保证工作环境安全的义务不仅仅是要保证机械设备等“物”不会对劳动者造成伤害，遵守有关的劳动安全卫生标准，减少和避免职业病的发生，同时也应当保证本单位工作人员之间的和谐，保证“人”不会对劳动者造成伤害，遵守有关性骚扰的法律规定，减少和避免性骚扰的发生。

就业领域发生的性骚扰，妨碍了劳动者就业权的实现。因此，除了实施性骚扰的侵权人应受到法律的惩罚外，用人单位也要承担相应的法律责任。从性骚扰中的受害人角度分析，性骚扰可以来源于其工作单位的上级管理者和普通同事。来自上级管理者的性骚扰可以是以提升或改变工作职位等为诱饵对受害人进行性骚扰，也可以并没有“利益交换”而单纯进行性骚扰；而来自普通同事的性骚扰可能是单纯的性骚扰。但无论性骚扰行为是何人实施的，都与就业有关，用人单位违反了保证工作环境安全的义务，就应当承担法律责任。当然，在赋予用人单位保护劳动者平等就业和工作环境安全的法律义务的同时，也应当明确不能过分增加用人单位的负担，否则不仅损害用人单位的合法权益，也最终会损害劳动者的合法权益，甚至破坏劳动关系的和谐发展。要求雇主保证本单位所有劳动者遵纪守法和品德高尚是不现实的，就性骚扰而言，用人单位采取了必要和合理的防止性骚扰发生的措施，是用人单位免除或减轻法律责任的重要途径。目前，我国仅在《女职工劳动保护特别规定》中明确了用人单位有预防和制止在工作场所对女职工性骚扰的义务，但是对于用人单位的具体预防和制止机制、法律责任等内容没有明

确的法律规定 。[1] 为保护劳动者的就业权，禁止就业领域的性骚扰立法亟须完善。

在完善我国就业领域性骚扰的立法过程中，国外的一些立法例可供借鉴。如瑞典《男女平等法—机会均等法》中规定，雇主不得因雇员拒绝了其性要求或告发其性别歧视行为而骚扰该雇员。雇员认为自己受到其他雇员的性骚扰，雇主在意识到这一点后，应对此事进行调查，且在确有性骚扰情形时采取必要的合理措施阻止此类行为的继续发生。雇员受到性骚扰，雇主应为该违法的骚扰行为向该雇员进行赔偿；若雇主没有履行自己的调查和阻止义务，应为其疏忽失职的违法行为向雇员进行赔偿。[2] 在美国，如果雇员向他的直接上级言之有理地申诉同事骚扰，而雇主没有充分回应，则雇主存在疏忽。如果是管理人进行骚扰，除非雇主能够证明已采取了合理措施避免或纠正任何性骚扰的行为，并且原告雇员无正当理由没有采取雇主提供的任何避免或纠正性骚扰的措施或避免损害，否则雇主要承担法律责任。[3]

第四节 我国的劳动就业政策和立法

一、计划经济时期的就业政策和立法

一国就业政策的选择要考虑本国的社会经济发展状况、人口机构、劳动力供求等因素。在计划经济时期，我国实行的是计划就业政策，国家通过统

[1] 虽然 2005 年修订的《妇女权益保障法》对性骚扰作出了规定，但是该法所规定的性骚扰并不局限于就业领域，因此并没有对用人单位的义务和法律责任予以明确。

[2] 叶静漪，[瑞典] Ronnie Eklund 主编：《瑞典劳动法导读》，北京大学出版社 2008 年版，第 114 ~ 115 页。

[3] *Faragher v. City of Boca Raton S.Ct.1998*, Robert N. Covington, Kurt H. Decker, *Employment law in a nutshell*, second edition, West Group, PP.222-223.

一的劳动就业计划将劳动者分配至各个用人单位，劳动者没有自主选择职业的权利，用人单位也没有自主用工的权利，双方均按照国家的计划行事。虽然随着社会经济的发展，特别是我国实行经济改革后，这种就业政策的弊端日益显现，但是其对解决新中国成立初期的严重失业问题和新中国成立后我国经济的恢复和发展发挥了重要的积极的作用。

在新中国成立初期，我国就通过一系列的法律和政策确定全国实行劳动力统一调配的就业制度，禁止私自跨区域招工，实施城乡劳动力分别管理，职业介绍、失业救济等均成为政府的职责。1950 年，劳动部发布了《市劳动介绍所组织通则》和《救济失业工人暂行办法》，要求各市政府劳动部门（劳动局）设立职业介绍所专门负责登记、统计失业职工，调查公、私营企业需要劳动力的情况和筹划介绍职工就业事宜；政府对失业人员通过以工代赈为主，同时采取生产自救、转业训练、帮助回乡生产及发放救济金等办法进行救济，从而将职业介绍和救济失业工人作为政府的职责确定下来。针对“某些企业部门单纯为了完成自己的生产任务，到别区招揽职工及技术人员，且无一定手续，以致造成严重的职工跳厂现象，增加了工人的流动性，直接影响生产”情况的出现，为了“照顾整个国家企业生产计划的完成，安定在业职工生产情绪，奠定劳动力统一调配的基础”，1951 年，劳动部发布的《关于各地招聘职工的暂行规定》要求：“凡中央直辖各省市和各大行政区之间招聘职工时，须持有中央人民政府劳动部正式介绍信件。在大行政区所辖地区范围以内的省市之间招聘职工时，须持有大行政区劳动部正式介绍信件。”为减少和避免失业现象，在对城镇劳动力实行“固定工”制度的同时，城乡差别的二元就业体制也逐渐固化。当时人们普遍认为，农村土地改革后，农村劳动力都拥有土地，应当在农村从事劳动，这在当时的有关法律文件中也有体现。如 1952 年政务院颁布的《关于劳动就业问题的决定》中规定：“某些企业即令一时发生困难，也应从积极发展生产和营业中来克服本身的困难，不得从解雇职工上想办法，以保障职工利益，避免增加失业。……一切公私企业，对于因实行生产改革、合理地提高了劳动效率而多余出来的职工，均应采取包下来的政策，仍由原企业单位发给原工资（计入企业成本之内），不得解雇。……对于失业工人，应普遍予以登记，并分别介绍就业或予以转业训练。对于不能即时就业或参加转业训练的失业工人，生活确实困难者，应采用‘以工代赈’、‘移民开垦’、‘生产自救’等方法予以安置，或予以临时救济或长期救济。”“农村中大量的剩余劳动力不同于城市的失业半失业人员。他们是有饭吃有地种的。……为解决农村剩余劳动力的问题，国家采取的措施是有计划有步骤地向东北、西北和西南地区移民，进行垦荒，扩大耕地面积。……大力说服农民，以克服农民盲目地向城市流动的情绪。”1957年，国务院发布的《关于各部负责综合平衡和编制各该管生产、事业、基建和劳动计划的规定》中要求：“劳动部负责综合平衡和编制全国的劳动工资计划和工人培养计划”，劳动力的计划管理进一步巩固。1960年，《劳动部关于试行“关于加强企业编制定员工作的几项规定（草案）”的通知》中要求“各用人单位都应该建立健全编制定员制度，制定和实行先进的编制定员标准，合理地节约地配备人员”，以加强用人单位的劳动力编制定员管理。

随着社会经济的发展，计划就业政策出现了许多问题。“劳动就业的出路越搞越窄，基本上只剩下了往国营企事业和带有国营性质的‘集体’企业安置的路子，而进了国营单位就等于有了‘铁饭碗’。加上劳动计划与整个国民经济计划脱节、教育制度与劳动制度脱节，这种种原因，造成年年有大批需要就业的人等着国家分配，相当大量的生产和服务事业无人从事，许多单位人员过剩，机构臃肿，劳动生产率无法提高。”[1]随着改革开放政策的实行，我国就业政策开始从计划向市场转型，逐步确立和完善以市场为导向的就业政策。

二、以市场为导向的就业政策的确立和立法的发展

1980年8月，中共中央召开的全国劳动工作会议确立了“三结合”的就业方针，即在国家统筹规划和指导下，实行劳动部门介绍就业、自愿组织

[1]《进一步做好城镇劳动就业工作》，1980年全国劳动就业会议文件。

起来和自谋职业相结合的方针，逐步推行公开招工、择优录用的办法；要使企业有可能根据生产的需要增加或减少劳动力，劳动者也有可能把国家需要和个人的专长、志向结合起来，选择工作岗位。可以在国营企业工作，可以在集体企业工作，可以组织合作社或合作小组进行生产和经营，还可以从事个体工商业和服务业劳动。有些待业人员由劳动服务公司一类的机构对其提供职业介绍、技术培训等项服务。国家通过政策、法规进行调节，并逐步举办社会保险和社会救济事业。但是对于农村剩余劳动力，相关法律性文件中仍然要求控制农业人口盲目流入大中城市；要压缩、清退来自农村的计划外用工。1981 年，中共中央、国务院发布《关于广开门路，搞活经济，解决城镇就业问题的若干决定》，确定广开就业门路，在发挥集体、个体就业途径巨大作用的同时，要逐步改革国有企业的劳动制度，招工用人要坚持实行全面考核，择优录用；要实行合同工、临时工、固定工等多种形式的用工制度，逐步做到人员能进能出；同时仍然控制农业劳动力进城务工，"严格控制农村劳动力流入城镇。对农村多余劳动力，要通过发展多种经营和兴办社队企业，就地适当安置，不使其涌入城镇。根据目前我国的经济情况，对于农村人口、劳动力迁进城镇，应当按照政策从严掌握。对于违反政策将家居农村的干部子女和亲属的户口迁进了城镇的，必须坚决制止和纠正。情节严重者，要给予必要的纪律处分。各级党政领导机关要严肃认真地对待这个问题。今后，农村人口迁入城镇的要严格履行审批手续，公安、粮食、劳动等部门要分工合作把好关，不要政出多门。要严格控制使用农村劳动力，继续清理来自农村的计划外用工"。

僵化的计划就业政策首先被外资企业用工制度打破。1979 年《中外合资经营企业法》颁布。根据该法，合营企业职工的雇用、解雇，依法由合营各方的协议、合同规定。1980 年颁布的《中外合资经营企业劳动管理规定》中明确：合营企业和职工之间的劳动关系通过劳动合同规定，合营企业有权自主招用职工，也有权解雇职工，职工也可以从合营企业辞职，从而第一次在法律规定的层面允许了劳动力的自由流动。

随后开启的国营企业（国有企业）改革在劳动力使用上的表现是开始实行合同制，劳动者逐步开始自由流动，企业逐渐享有用工自主权，也开始逐步承认失业[1]是一个正常的现象。1986年，根据《国务院关于发布改革劳动制度四个规定的通知》，《国营企业实行劳动合同制暂行规定》《国营企业招用工人暂行规定》《国营企业辞退违纪职工暂行规定》和《国营企业职工待业保险暂行规定》发布。根据以上规定，在当地劳动行政主管部门的指导下，企业有权公布招工简章，自主录用工人，新招用的工人，国家另有特别规定者外，统一实行劳动合同制，签订劳动合同。劳动合同双方当事人（企业和工人）可以按照法律规定的情形解除劳动合同。对违纪职工，企业有权辞退。由于打破了"铁饭碗"，国家开始建立职工待业保险制度。尽管以上内容在今天看来，并无新奇之处，甚至与现行制度相比还相当落后，但是在经济体制改革的初期阶段，劳动用工制度的改革是一项创举，颠覆了当时社会对于单位和职工之间关系的传统观念。

1988年，《中华人民共和国私营企业暂行条例》颁布，作为一种新的经济组织，私营企业取得了合法地位，条例中对私营企业用工作出了以下规定：私营企业招用职工必须按照平等自愿、协商一致的原则以书面形式签订劳动合同，确定双方的权利、义务。1989年，《劳动部关于私营企业劳动管理暂行规定》出台，赋予私营企业用工自主权；私营企业和职工双方享有解除劳动合同的权利。

1990年，劳动部出台《关于职业介绍暂行规定》，将职业介绍定位为"在国家计划指导下，运用市场调节手段，通过为劳动力供求双方沟通联系和提供服务来实现就业的一种形式"。1994年出台的《中华人民共和国劳动法》将以市场为导向的就业政策在法律中给予明确规定，法律赋予劳动者平等就业和选择职业的权利，国家实行促进就业的政策，对劳动合同制度在法律中给予承认。

但在改革初期，国家并没有对农业劳动者放松管理，仍然强调一般情况下农业劳动者应当留在农村从事劳动。1981年，《国务院关于严格控制农村劳动力进城做工和农业人口转为非农业人口的通知》中规定，农民工的招用实行严格的审批制度，对已经使用的农村计划外用工，大力清退，同时要

[1] 当时称为"待业"。

求各级公安机关对农村人口迁入城镇的户口迁移严格控制。伴随着经济体制改革的深入发展，进城务工的农村劳动力逐渐增多，法律和政策开始允许企业招用农民合同制工人，并逐渐放松对进城务工人员的管理。根据1991年《全民所有制企业招用农民合同制工人的规定》，允许全民所有制企业从农民中招用使用期限在一年以上、实行劳动合同制的工人（包括定期轮换工，统称农民工）。企业招用农民工应当公开招收、自愿报名、择优录用；劳动合同双方可以依法解除劳动合同。伴随着改革开放的深入，城市，特别是沿海开放城市的就业机会增加，大量农村劳动力开始向城市，特别是沿海开放城市流动，出现了“民工潮”。为消除“民工潮”的消极影响，使农村劳动力跨区域有序流动，1993年11月，劳动部印发《农村劳动力跨地区流动有序化——“城乡协调就业计划”第一期工程》的通知，开始建立与市场经济相适应的劳动力跨地区流动的基本制度、市场信息系统和服务网络，使农村劳动力流动规模较大的主要输入、输出地区实现农村劳动力流动有序化。1997年11月，国务院办公厅转发劳动部、国家经贸委、公安部、民政部、铁道部、交通部、农业部《关于进一步做好组织民工有序流动工作意见的通知》，要求地方各级人民政府和各有关部门对城乡劳动就业统筹规划，合理安排，加强宏观调控；要积极培育和发展劳动力市场，引导和组织民工按需流动；建立健全劳动力市场规划，明确劳动力供求双方、中介服务以及市场管理的行为规范，完善流动就业凭证管理制度。在2006年发布的《国务院关于解决农民工问题的若干意见》中确立了“公平对待，一视同仁”的基本原则，要求各地尊重和维护农民工的合法权益，消除对农民进城务工的歧视性规定和体制性障碍，使他们和城市职工享有同等的权利和义务。

2007年8月30日，第十届全国人民代表大会常务委员会第二十九次会议通过的《中华人民共和国就业促进法》（以下简称《就业促进法》）将我国的就业政策规定为“坚持劳动者自主择业、市场调节就业、政府促进就业的方针，多渠道扩大就业”的积极就业政策。所谓积极的就业政策，是指我国政府坚持通过发展经济、调整经济结构、深化改革、协调发展城乡经济以及完善社会保障体系促进就业，并采取各种有效措施，千方百计增加就业，扩大就业规模，努力把失业率控制在社会可承受的限度内。[1]针对农村劳动力在城市就业中遇到的歧视问题，《就业促进法》规定，农村劳动者进城就业享有与城镇劳动者平等的劳动权利，不得对农村劳动者进城就业设置歧视性限制。2015 年 4 月，国务院发布《关于进一步做好新形势下就业创业工作的意见》，提出要实施更加积极的就业政策，把创业和就业结合起来，以创业创新带动就业。

[1] 信春鹰主编：《中华人民共和国就业促进法释义》，法律出版社 2007 年版，第 7 页。

第二章

劳动就业的国际立法

第一节　联合国有关劳动就业的立法

一、将就业权规定为人权的内容

《联合国宪章》将不分种族、性别、语言或宗教，增进并激励对于全体人类之人权及基本自由之尊重作为联合国的宗旨之一。为实现这一宗旨，联合国先后通过了一系列国际公约以保护基本人权和实现社会的发展。就业权作为人权的重要组成部分，也在联合国的公约中得到体现。

《世界人权宣言》明确提出人人享有社会保障权和工作权。《世界人权宣言》第 23 条规定，人人有权工作，有权自由选择职业，有权享受公正和合适的工作条件并享受免于失业的保障；人人有同工同酬的权利，不受任何歧视；每一个工作的人，都有权享受公正和合适的报酬，保证使他本人和家属有一个符合人的尊严的生活条件，必要时并辅以其他方式的社会保障；人人有为维护其利益而组织和参加工会的权利。

联合国《经济、社会及文化权利国际公约》规定，公约的缔约各国承认工作权，包括人人应有凭其自由选择和接受的工作来谋生的权利，并将采取适当步骤来保障这一权利。该公约要求缔约各国为工作权的充分实现采取可行的步骤，这些步骤包括技术的和职业的指导和训练，以及在保障个人基本政治和经济自由的条件下达到稳定的经济、社会和文化的发展以及充分的生产就业的计划、政策和技术。为保障人人享有工作的权利，该公约还要求缔约各国承认人人有权享受公正或良好的工作条件，特别是平等就业的保障，女性有权享有公平的工资和同值工作同酬而没有任何歧视，保证妇女享受不差于男子所享受的工作条件，并享受同工同酬；人人在其行业中有适当的提级的同等机会，除资历和能力的考虑外，不受其他考虑的限制；保证人人享有安全和卫生的工作条件。

二、消除就业歧视

在一系列国际公约中，联合国都明确人人享有就业平等的权利，消除就业歧视，并加强对特定群体就业权利的保护。

1965 年 12 月，联合国大会决议通过《消除一切形式种族歧视国际公约》。根据该公约的规定，种族歧视是指基于种族、肤色、世系或民族或人种的任何区别、排斥、限制或优惠，其目的或效果是取消或损害政治、经济、社会、文化或公共生活任何其他方面人权及基本自由在平等地位上的承认、享受或行使。该公约要求缔约国谴责种族歧视并承诺立即以一切适当方法实行消除一切形式的种族歧视与促进所有种族间的谅解的政策；承诺禁止并消除一切形式的种族歧视，保证人人有不分种族、肤色、民族或人种地在工作、自由选择职业、享受公平优裕的工作条件、免于失业的保障、同工同酬、获得公平优裕报酬等方面的平等权利。

1979 年 12 月，联合国大会通过了《消除对妇女一切形式歧视公约》，对保护妇女平等就业权作出了规定。根据该公约的规定，缔约各国应采取一切适当措施，消除在就业方面对妇女的歧视，以保证她们在男女平等的基础上享有相同权利。特别是：（1）人人有不可剥夺的工作权利；（2）享有相同就业机会的权利，包括在就业方面相同的甄选标准；（3）享有自由选择专业和职业，提升和工作保障，一切服务的福利和条件，接受职业培训和进修，包括实习培训、高等职业培训和经常性培训的权利；（4）同等价值的工作享有同等报酬（包括福利）和享有平等待遇的权利，在评定工作的表现方面，也享有平等待遇的权利；（5）享有社会保障的权利，特别是在退休、失业、疾病、残疾和老年或在其他丧失工作能力的情况下，以及享有带薪度假的权利；（6）在工作条件方面享有健康和安全保障，包括保障生育机能的权利。该公约还要求缔约各国采取适当措施以避免妇女的工作权因结婚或生育而受到损害，这些措施包括：（1）禁止以怀孕或产假为理由予以解雇，以及以婚姻状况为理由予以解雇的歧视，违反规定者予以制裁；（2）实施带薪产假或具有同等社会福利的产假，而不丧失原有工作、年资或社会津贴；（3）鼓励提供必要的辅助性社会服务，特别是通过促进建立和发展托儿设施系统，使父母得以兼顾家庭义务和工作责任并参与公共事务；（4）对于怀孕期间从事确实有害于健康的工种的妇女，给予特别保护。

为促进和保护流动劳动者的平等就业权，联合国大会于 1990 年 12 月通过了《保护所有移徙工人及其家庭成员权利国际公约》。公约要求缔约国依照关于人权的各项国际文书，尊重并确保所有在其境内或受其管辖的移徙工人及其家庭成员，享有该公约所规定的各项权利，不因性别、种族、肤色、语言、宗教或信念、政治见解或其他意见、民族、族裔或社会根源、国籍、年龄、经济地位、财产、婚姻状况、出身或其他身份地位等而有任何区别。

为保护残疾人的平等就业权，2006 年 12 月，联合国大会通过了《残疾人权利公约》，要求缔约国确认残疾人在与其他人平等的基础上享有工作权，包括在开放、具有包容性和对残疾人不构成障碍的劳动力市场和工作环境中，为谋生自由选择或接受工作的权利。为保障和促进包括在就业期间致残者在内的残疾人的工作权的实现，缔约国应当采取包括立法在内的适当步骤。这些步骤包括：(1) 在一切形式就业的一切事项上，包括在征聘、雇用和就业条件、继续就业、职业提升以及安全和健康的工作条件方面，禁止基于残疾的歧视；(2) 保护残疾人在与其他人平等的基础上享有公平和良好的工作条件，包括机会均等和同值工作同等报酬的权利，享有安全和健康的工作环境，包括不受骚扰的权利，并享有申诉的权利；(3) 确保残疾人能够在与其他人平等的基础上行使工会权；(4) 使残疾人能够切实参加一般技术和职业指导方案，获得职业介绍服务、职业培训和进修培训；(5) 在劳动力市场上促进残疾人的就业机会和职业提升机会，协助残疾人寻找、获得、保持和恢复工作；(6) 促进自营就业、创业经营、创建合作社和个体开业的机会；(7) 在公共部门雇用残疾人；(8) 以适当的政策和措施，包括平权行动方案、奖励和其他措施，促进私营部门雇用残疾人；(9) 确保在工作场所为残疾人提供合理便利；(10) 促进残疾人在开放劳动力市场上获得工作经验；(11) 促进残疾人的职业和专业康复服务、保留工作和恢复工作方案的建立。公约还要求缔约国确保残疾人不被奴役或驱役，并在与其他人平等的基础上受到保护，不被强迫或强制劳动。

三、儿童就业权利的保护

1989 年 11 月，联合国大会通过了《儿童权利公约》。根据该公约的规定，儿童享有包括职业教育在内的受教育权利和免受包括强迫劳动在内的经济剥削的权利。公约要求缔约国鼓励发展包括职业教育在内的不同形式的中学教育，使所有儿童均能享有和接受这种教育，并采取适当措施，诸如实行免费教育和对有需要的人提供津贴。公约要求缔约国确认儿童有权受到保护，以免受到经济剥削和从事任何可能妨碍或影响儿童教育或有害儿童健康或身体、心理、精神道德或社会发展的工作。公约的缔约国应当通过立法规定受雇的最低年龄、有关工作时间和条件的适当规则。

四、联合国可持续发展目标和促进就业措施[1]

2015 年 9 月，联合国举行发展峰会，通过《2030 年可持续发展议程》，在联合国千年发展目标[2]所取得的成就之上，建立可持续发展目标，进一步消除一切形式的贫穷。促进持久、包容和可持续经济增长，促进充分的生产性就业和人人获得体面工作是可持续发展的目标之一。为实现体面工作和经济增长，联合国向各国提出了新的目标：（1）根据

[1] 参见 http://www.un.org/sustainabledevelopment/zh/economic-growth/，最后访问时间：2016 年 12 月 6 日。

[2] 2000 年，为降低全球贫困水平（以 1990 年的水平为标准，在 2015 年之前降低一半），联合国成员一致通过《联合国千年发展目标》。在同年 9 月召开的联合国首脑会议上，189 个国家签署了《联合国千年宣言》，承诺联合国各成员在全球维护人的尊严、平等与公平原则的集体责任，将自由、平等、团结、容忍、尊重大自然和共同承担责任作为 21 世纪的国际关系所必不可少的基本价值。签署宣言的各国首脑表示，为发展和消除贫困，决心促进性别平等和赋予妇女权能，以此作为战胜贫穷、饥饿和疾病及刺激真正可持续发展的有效途径；制定并实施各种战略，让世界各地青年人有机会找到从事生产的正当工作；采取措施以确保尊重和保护移徙者、移民工人及其家属的人权，消除许多社会中日益增加的种族主义行为和排外行动，并增进所有社会中人与人之间的和谐与容忍。2015 年 7 月，联合国秘书长发表《千年发展目标 2015 年报告》（千年发展目标的最终报告），提出 15 年来世界各地为实现《联合国千年宣言》中的目标所付出的努力基本上是成功的，同时也承认仍有不足。

本国具体情况维持人均经济增长率，特别是至少将最不发达国家国内生产总值年增长率维持在7%；（2）通过多样化经营、技术升级和创新，包括重点发展高附加值和劳动力密集行业，实现更高水平的经济生产力；（3）推行以发展为导向的政策，支持生产性活动、体面就业机会、创业精神、创造力和创新，鼓励微型和中小型企业通过获取金融服务等方式实现正规化并成长壮大；（4）到2030年，逐步改善全球消费和生产的资源使用效率，按照《可持续消费和生产模式方案十年框架》，努力使经济增长和环境退化脱钩，发达国家应在上述工作中做出表率；（5）到2030年，所有男女，包括青年和残疾人实现充分和生产性就业，有体面工作，并做到同工同酬；（6）到2020年，大幅减少未就业和未受教育或培训的青年人比例；（7）立即采取有效措施，根除强迫劳动、现代奴隶制和贩卖人口，禁止和消除最恶劣形式的童工，包括招募和利用童兵，到2025年终止一切形式的童工；（8）保护劳工权利，推动为所有工人，包括移民工人特别是女性移民和没有稳定工作的人，创造安全和有保障的工作环境；（9）到2030年，制定和执行推广可持续旅游的政策，以创造就业机会，促进地方文化和产品；（10）加强国内金融机构的能力，鼓励并扩大全民获得银行、保险和金融服务的机会；（11）增加向发展中国家特别是最不发达国家提供的贸易援助支持，包括通过《为最不发达国家提供贸易技术援助的强化综合框架》提供上述支持；（12）到2020年，拟定和实施青年就业全球战略，并执行国际劳工组织的《全球就业契约》[1]。

[1] 国际劳工组织2009年第98届国际劳工大会通过了《全球就业契约》，承诺将就业、劳动力市场问题及社会保护和尊重工人权利作为经济刺激方案及其他应对危机的国家政策的核心。http://www.ilo.org/ilc/ILCSessions/98thSession/pr/WCMS_108456/lang--en/index.htm，最后访问时间：2016年12月8日。

第二节　国际劳工组织有关劳动就业的立法[1]

一、国际劳工组织和国际劳工标准

第一次世界大战后，1919年参战国在巴黎召开和平会议，签订和平条约。会议指派了一个由英国、美国、法国、意大利、日本等15国推举的委员组成的委员会，负责起草准备纳入和平条约的有关劳动问题的建议。委员会拟订了一个包括9项原则的宣言和一个国际劳工组织章程草案，经巴黎和会讨论通过后，成为《凡尔赛和约》的第13部分，即《国际劳动宪章》。1919年6月，国际劳工组织成立，直到1939年国际联盟解体，一直作为国际联盟的一个自治附属机构而存在。1940年至1945年的第二次世界大战期间，国际劳工组织一直作为一个独立性的组织继续存在。第二次世界大战结束后，联合国成立。1946年，国际劳工组织和联合国签订了协议，成为经过联合国特别授权，专门处理劳动和社会问题事务的下属机构。

国际劳工标准是指国际劳工组织通过的国际劳工公约和建议书。两者的主要区别在于：国际劳工公约对会员国具有约束力，一经会员国批准，会员国就有义务履行该公约并受到该公约的约束；而建议书并不需要会员国的批准，仅仅作为会员国的国内立法的参考。以国际劳工标准所规定的内容为标准，可以将其分为以下七类：（1）关于基本权利的国际劳工标准，包括结社自由、废除强迫劳动、机会均等和待遇平等内容的公约和建议书；（2）关于就业政策的国际劳工标准，包括规定基本就业政策、就业服务和机构、职业指导和培训等内容的公约和建议书；（3）关于劳动管理的国际劳工标准，包括劳动行政管理、劳动监察、劳动统计和三方协商等内容的公约和建议书；

[1] 国际劳工标准内容参见：国际劳工组织北京局：《国际劳工公约和建议书》第一、二卷，1994年；http://www.ilo.org/global/standards/lang--en/index.htm，最后访问时间：2016年12月8日。

（4）关于劳动关系的国际劳工标准，包括集体谈判、集体协议、企业合作、劳动关系自愿调解和仲裁等内容的公约和建议书；（5）关于工作条件的国际劳工标准，包括工资、一般就业条件、职业安全和卫生、社会服务和住房等社会福利诸内容的公约和建议书；（6）关于社会保障的国际劳工标准，包括社会保障的综合标准、各种社会保障待遇的提供等内容的公约和建议书；（7）关于特定群体劳动保护的国际劳工标准，包括妇女、儿童和未成年人、老年工人、移民工人、土著和部落民族、非自治领地工人特定职业工人的劳动保护等内容的公约和建议书。

二、关于就业政策基本要求的国际劳工标准

促进充分就业是国际劳工组织的宗旨之一。国际劳工组织1944年通过的《费城宣言》中将充分就业作为国际劳工组织的宗旨和原则给予进一步明确。为了促进就业，国际劳工组织先后通过了一系列的公约和建议书。

（一）专门的就业政策国际劳工公约和建议书

1.《就业政策公约》和《就业政策建议书》

1964年，国际劳工组织通过了《就业政策公约》。公约要求各会员国要宣布并实行一项以促进充分的、自由选择的生产性就业为目的的就业政策，来促进经济的增长和发展，提高对人力的需求，解决失业和不充分就业问题。根据该公约的要求，会员国所采取的就业政策应当保证向一切有能力工作并寻找工作的人尽可能提供生产性就业的工作，每个人不论其种族、肤色、性别、宗教信仰、政治见解、民族血统或社会出身如何，都有选择职业的自由，并有获得必要技能和使用其技能与天赋的最大可能的机会，取得一项对其很合适的工作。

同年通过的《就业政策建议书》中对各会员国制定本国的就业政策提出了具体建议。根据国际劳工组织的建议，各会员国就业政策的目的应该明确和公开地进行规定，并尽可能用经济增长和就业的数字指标表示出来；在就业政策的实施中，应当同雇主代表和工人代表以及他们的组织进行磋商，并与其进行合作。

2.《青年专门计划建议书》

为了促进青年就业，1970年国际劳工组织通过了《青年专门计划建议书》。所谓专门计划，是指目的在于使青年参与本国的社会经济发展，获得日后长期从事经济工作和融入社会所必需的知识、资格和经验的计划。该建议书要求成员国在国家发展规划范围内制订专门计划，在青年就业和培训方面，满足现存的国家教育或职业培训计划或就业市场正常渠道尚未能满足的需要，使受过教育或有一技之长，在经济、社会、教育或卫生事业方面为社会发展所需的青年（特别是失业青年）为社会发挥其专长。

3.《就业政策（补充规定）建议书》

1984年，国际劳工组织通过了《就业政策（补充规定）建议书》，强调促进充分的、生产性的和自由选择的就业，应当被视为实际上实现工作权利的手段，会员国对工作权利的充分承认应与实施经济和社会政策相联系，促进充分的、生产性的和自由选择的就业应是成员国经济和社会政策的重点和组成部分，会员国应特别注意增加就业生产的最有效手段，制定旨在鼓励增加基本产品的生产和服务，促进它们的公平分配和全国收入的公平分配的各项政策，以及在适当情况下制定的各项计划。以上政策、规划和计划应致力于消除任何歧视并保证所有工人在谋取职业、就业条件、工资和收入、职业指导和培训以及职业发展方面得到平等机会和待遇。该建议书还对会员国采取措施杜绝非法就业、促进工人从非正规部门就业向正规部门就业转移和加强国际合作等方面提出了建议。

（二）其他国际劳工标准中有关就业政策的内容

1962年，国际劳工组织通过的《社会政策（基本宗旨和准则）公约》要求各会员国制定的包括就业在内的社会政策应当首先以居民的福利和发展为目标，并鼓励居民对社会进步的向往；在制定包括就业政策在内的具有普遍意义的政策时，应充分考虑到这些政策对居民福利的影响。

1978年，国际劳工组织通过的《劳动行政管理公约》要求成员国劳动行政系统内的主管机构应当按照该国的法律规定和实践，参与国家就业政策的准备、施行、协调、检查和审议；研究和审议就业、失业和不充分就业者的状况，同时考虑与工作条件、工作生活和就业条款有关的国家法律规定和本国实践，注意这些条件和条款的缺陷及其滥用，并提出解决这些问题的办法和建议。同年通过的《劳动行政管理建议书》对各会员国劳动行政管理系统内的主管机构在就业方面的职责提出了具体建议，包括：（1）负责或参与国家就业政策的准备、施行、协调、检查和建议，其中中央机构应采取制度化措施，以协调与就业政策各特定方面有关的各当局和机构的活动；（2）协调或参与协调职业介绍工作、促进和创造就业计划、职业指导和职业培训计划和失业津贴方案，并将以上工作、计划和方案与实施就业总政策的措施之间进行协调或参与协调；（3）负责建立或促进建立方法和程序，以保证与雇主组织和工人组织，或在适当情况下，与雇主代表和工人代表就就业政策进行磋商，并促使他们在实施此种政策时相互合作；（4）负责或参与人力计划工作，参与协调人力计划和经济计划，促使雇主和工人就短期和长期就业政策采取联合行动；（5）负责或分担为解决不充分就业和失业、调节地区性就业分布或促进和帮助特定类型工人的就业，包括保护性就业方案在内等目的而设立的公共基金的管理；（6）参与包括职业指导和职业培训在内的人力资源开发政策和计划的制定。该建议书还建议各会员国劳动行政管理系统应开办免费的、公共的职业介绍所。

三、关于就业服务和机构的国际劳工标准

（一）国际劳工组织早期关于就业服务和机构的国际劳工标准

国际劳工组织在建立之初就在其章程中明确劳动力不是商品，因此长期以来，国际劳工组织认为就业服务应当由国家（政府）垄断经营，要求各国政府为劳动者提供免费的就业服务，并对经营性就业服务持否定态度。国际劳工组织早在1919年通过的《失业公约》和《失业建议书》中就要求各成员国政府设立免费的公共就业服务机构为劳动者提供就业服务。1933年，国际劳工组织通过的《收费职业介绍所公约》允许私营职业介绍机构有三年缓冲期，对特定种类的雇用，允许营利性职业介绍所存在，但必须在国家的有效监督之下。1944年通过的《费城宣言》再次重申“劳动力不是商品”。1948年国际劳工组织通过的《职业介绍设施公约》要求会员国应保持或注

意保持一个公共的、无偿的职业介绍设施，该设施由在国家当局监督下的职业介绍办事处全国体系组成，其主要任务是“在与其他有关的公私机构协作下，以最佳方式把就业市场组织起来，使之成为旨在确保并保持充分就业、开发利用生产力资源的全国性计划的组成部分”。职业介绍设施的人员应由公务人员组成。

（二）《收费职业介绍所公约（修订）》

1949年，国际劳工组织通过的《收费职业介绍所公约（修订）》则要求成员国逐步取消营利性收费职业介绍所和对其他职业介绍所加以管理，或者加强监管。公约所调整的收费职业介绍所的范围包括但不限于营利性职业介绍所。公约中所称的“营利性职业介绍所”，是指“任何为从一方或另一方获得直接或间接物质利益而充当中间人，以便为一劳动者找到工作或为一雇主找到劳动者的个人、公司、机构、办事处或其他组织”；对于不追逐物质利益，但是从为其提供服务的雇主或劳动者处收取“中介服务费”、分担份额或酬金的非营利性职业介绍所，公约也将其列为“收费职业介绍所”并加以调整。根据公约规定，成员国主管当局应当确定营利性收费职业介绍所应在一定期限内取消。对“在公共职业介绍服务范围内未能予以适当的职业介绍的各类人员”，允许例外的收费职业介绍所存在为其提供职业介绍服务，但这些收费职业介绍所要在主管当局的监督和管理之下。就具体业务而言，公约仅允许收费职业介绍所将从事的业务范围局限在成员国“主管当局授权时并在现行国家法律规定的条件下，或介绍劳动者到国外就业，或在国外招募劳动者”。

（三）《私营职业介绍所公约》和《私营职业介绍所建议书》

随着经济的发展，国际劳工组织逐渐意识到劳动力市场运转的灵活性需求，认为私营职业介绍所在运转良好的劳动力市场中可以发挥积极作用，于1997年通过《私营职业介绍所公约》和《私营职业介绍所建议书》，从而全面承认了私立职业介绍所的合法地位。

《私营职业介绍所公约》仍然强调成员国主管当局对私营职业介绍所的监管，规定成员国必须依据国家法律和惯例经过与最有代表性的雇主组织与工人组织磋商后确定私营职业介绍所的法律地位，并保证私营职业介绍所不得因种族、肤色、性别、宗教信仰、政治观点、民族血统、社会出身或国家法律和惯例包括的任何其他形式的歧视对工人施加歧视，不得利用或提供童工。公约规定，私营职业介绍所不得直接或间接地、全部或部分地向工人收取任何酬金或是让其承担费用。

在《私营职业介绍所建议书》中，国际劳工组织特别建议成员国要加强对私营职业介绍所的监督和管理，保护劳动者的权利。该建议书指出，各成员国应当采取措施防止并根除私营职业介绍所的不道德做法；禁止或以其他手段防止私营职业介绍所拟定和公布职位空缺通知或提供就业的通知，直接或间接导致以基于种族、肤色、性别、年龄、宗教信仰、政治观点、民族血统、社会出身、种族起源、残疾、婚姻或家庭状况、性的倾向性或工人组织的成员等理由而产生歧视；禁止私营职业介绍所在档案或注册簿中记入对判断它们正在考虑的或可予以考虑的求职者是否符合工作的要求并不需要的个人资料。

根据《私营职业介绍所建议书》的要求，私营职业介绍所不得故意地招聘、安置或雇用工人从事涉及令人不能接受的危害或危险的工作或可能使工人遭受任何形式的虐待或歧视性待遇的工作，并且要尽可能以移民工人自己的语言或他们熟悉的语言，将为他们提供的岗位的性质和所适用的就业条件告知移民工人。鉴于私营职业介绍所可能掌握劳动者的私人资料，根据该建议书的规定，私营职业介绍所只有在能证明收集数据的特定目的是正当的或工人希望保留在可能的工作候选人名单上的情况下，才能保存工人的个人数据；工人有获取和检查任何此种数据副本的权利，以及有要求删去或纠正不正确或不完整数据的权利；除非同特定职业的要求直接相关并得到有关工人的明确许可，私营职业介绍所不应要求、保留或使用有关工人健康状况的资料，或利用此种资料确定工人就业是否合适。

四、关于职业指导和培训的国际劳工标准

国际劳工组织非常重视劳动者的培训，在国际劳工组织大会的报告中，职业教育和培训先后多次作为议题出现。早在 1962 年，国际劳工组织就通

过了《职业培训建议书》，对成员国的职业培训提出建议。1970年通过的《青年专门计划建议书》又要求成员国制定青年职业培训计划，使青年参与本国经济发展，获得日后长期从事经济工作和融入社会所必需的知识、资格和经验。同年通过的《海员职业培训建议书》则要求成员国制定政策，为海员提供职业培训。

（一）《带酬脱产学习公约》和《带酬脱产学习建议书》

1974年，国际劳工组织通过《带酬脱产学习公约》，要求成员国制定和实施一项政策，旨在以适合国情和实践的方法，并在需要时以分阶段方式批准包括各级水平的培训在内的带酬脱产学习。所谓脱产学习，即指某一工人在某一特定时期的工作时间内为接受教育而离开工作岗位，并享有适当报酬。各成员国不得以种族、肤色、宗教信仰、政治见解、民族血统或社会地位为由拒绝工人享有带薪脱产学习的资格。同年通过的《带酬脱产学习建议书》对带薪脱产学习进行了更为详细的规定，特别提到“带薪脱产学习不是对青年的适当教育和培训的替代，它仅是多种继续教育和培训方式之一”。

（二）《人力资源开发中职业指导和职业培训作用公约》和《人力资源开发中职业指导和职业培训作用建议书》

1975年，国际劳工组织通过《人力资源开发中职业指导和职业培训作用公约》。公约要求各会员国通过并发展综合性的和相互协调的关于职业指导和职业培训的政策和计划，特别要通过公共职业介绍机构把职业指导和职业培训同就业紧密联系起来，并要求这些政策和计划考虑以下内容：（1）在地区和全国范围内就业方面的需求、就业机会和存在的问题；（2）经济、社会和文化目标之间的关系；（3）人力资源开发和其他经济、社会和文化目标之间的关系。公约特别强调，各会员国的职业指导、职业培训政策和计划应鼓励并协助所有人在平等和毫无歧视的基础上，在考虑到社会需求的情况下，按自己的利益和愿望去发挥并运用其工作能力。公约要求会员国为了实现这一目的，在正规教育体制范围内外，均应当建立和发展开放、灵活和补充的普通教育、技术和职业教育、教育和职业指导与职业培训制度。

同时通过的《人力资源开发中职业指导和职业培训作用建议书》要求各会员国采纳和制定综合性的协调一致的职业指导和职业培训政策和计划。在重申公约中各会员国的职业指导和职业培训政策和计划应考虑的因素后，提出各国的政策和计划制定方法应适合国情，应当鼓励企业承担对所雇工人进行培训的责任。为达到职业指导和职业培训政策和计划的要求，建议书要求会员国应当建立和发展开放、灵活和补充性的普通教育、技术和职业教育、入学和职业指导以及职业培训制度。

在职业培训方面，该建议书作出了明确和详细的规定，要求各会员国应逐步扩大、适应和协调其各自国家的职业培训制度，以满足所有经济部类和经济活动部门中各级专业技能和责任的青少年和成年人一生中的需要，包括：（1）凡条件允许，应向愿意并有能力达到更高级别的专业技术和责任的人提供晋升机会；（2）改进职业培训光凭经验积累并普遍使用过时的技术和工作方法的经济部类和经济活动部门中的职业培训；（3）向过去未得到足够重视的人口，特别是在经济或社会上处境不利的特殊群体提供职业培训；（4）有效地协调普通教育与职业培训、理论与实践教学、初级与进修培训之间的关系。

建议书要求各会员国制订的职业培训计划应以促进充分就业和发展每个人能力为目的，并为不同职业和经济活动部门循序渐进的职业培训计划提供充分条件，包括：为缺乏或毫无工作经验的年轻人或成年人提供初级培训；为在职职工提供进修培训；开展转业培训以使成年人获得不同职业资格；开展职业教育；特别对工作经验不多的年轻人和成年人进行关于工作场所安全与卫生方面的培训；提供关于就业的权利和义务（包括社会保障制度）的信息。

建议书还对职业培训的标准和指南作出了详细规定。建议书中用大量的条文对特殊群体的职业培训进行了规定，规定要对从未入学或提前离校人员、老年工人，不同语言、处于少数地位或其他群体的成员，心身残疾者等特殊群体人员给予特殊关照，提供有效和适当的职业培训，以使他们在就业中享有平等的机会并更好地融合于社会和经济。另外，该建议书还专门规定了“促进培训和就业方面男女机会平等”的内容，要求要向女青年和妇女进行能提供同年轻人和男子一样广泛的教育、职业培训和就业机会的职业指导，促进女青年和妇女平等进入所有类型的教育机构和对所有类型的职业所进行的职业培训，促进女青年和妇女的进修，以保证她们的个人发展和进入专业性职业教育的种类更强的工作和岗位。鉴于女性在家庭中承担更多责任，在可能的情况下，要为不同年龄儿童提供日托设施和其他服务，以便有家庭负担的女青年和妇女有机会接受正规职业培训。

（三）《人力资源开发与培训建议书》

2004 年，国际劳工组织通过的《人力资源开发与培训建议书》中使用了“终身学习”一词，即一生中为开发能力和资格所从事的所有学习活动。该建议书要求成员国在社会对话的基础上制定、实施和审议与其经济、财政和社会政策保持一致的国家人力资源开发、教育、培训和终身学习政策。建议书还要求成员国承认教育和培训是所有人的权利，并在与社会伙伴的合作下致力于保证使所有的人都有获得终身学习的机会；承认实现终身学习应以明确的承诺为基础：政府承诺通过投资和创造条件而加强各级教育和培训；企业承诺培训其雇员；个人承诺开发自身的能力和事业。在就教育和培训政策的制定与实施、教育和就业前培训、能力开发、为体面劳动和社会融入而培训等方面对成员国制定相应政策提出要求后，该建议书还对职业资格证书进行了规定，要求成员国要建立“技能的认证和发证框架”。根据规定，成员国应当与社会伙伴协商采取措施，并利用国家资格框架，以促进发展、落实和资助一种关于技能的评估、发证和认证的透明机制，其中包括以往的学习和过去的经验，而不论其在哪个国家获得以及是正式还是非正式获得的。评估方法应该是客观的、非歧视的并与标准挂钩。国家框架应该包括一个可信的发证制度，该制度将确保技能是可随带的并得到所有部门、产业、企业和教育机构的承认。成员国还应制定特殊条款，以确保对移民工人的能力和资格给予认证和发证。

（四）《社会政策（基本宗旨和准则）公约》

1962 年，国际劳工组织通过了《社会政策（基本宗旨和准则）公约》。公约的第六部分对教育和职业培训作出了规定。根据该公约的规定，如当地条件许可，应采取适当措施，逐步推广教育、职业培训和徒工习艺计划，切实培养男女少年儿童适应一项有益工作。

（五）《就业政策建议书》

1964 年，国际劳工组织通过的《社会政策建议书》规定，各会员国应采取必要措施，以帮助工人找到适当的、生产性的职业并使他们能适应经济变化的需要，特别强调要参照 1962 年《职业培训建议书》的规定，提供或鼓励培训和再培训的条件，使工人能取得在发展中的行业里长期就业的资格。

五、关于就业保障的国际劳工标准

关于就业保障的国际劳工标准主要包括两个方面的内容：一是雇佣保护，即保护已经与雇主形成雇佣关系的劳动者能够维持雇佣，免遭非法解雇；二是失业保障，即保护失业者的生活需求。

（一）《终止雇佣公约》和《终止雇佣建议书》

1982 年，国际劳工组织通过了《终止雇佣公约》。根据该公约的规定，除非有正当的理由，雇主不应解雇工人，并列举了不应构成解雇的正当理由：（1）工会会员或在工作时间以外，或经雇主同意在工作时间之内，参加工会活动；（2）以现任或曾任工人代表的责任担任公职；（3）向被指违犯法律或法规的雇主，或主管行政当局提出控诉或参与对他们的诉讼；（4）种族、肤色、性别、婚姻状况、家庭责任、怀孕、宗教信仰、政治见解、民族血统或社会出身；（5）产假期离开工作岗位；（6）由于疾病或受伤而暂时离开工作。

公约还对解雇进行了严格的程序规定，在工人有机会就其所受的指责进行辩护前，不应以工人的品行或工作的表现等有关理由来解雇工人，除非雇主无法合理地按照要求提供这种机会。认为自己被无理解雇的工人应有权就解雇向法庭、劳动法庭、仲裁委员会或仲裁员等机构提出请求，相关机构应当有权审查解雇理由，并对解雇是否合理作出决定。当这一机构认为解雇无正当理由，并且如果根据该国法律或惯例其未被授权宣布解雇无效，或下令（建议）恢复工人原来的工作或者认为以上做法不可行时，该机构应当有权下令支付足够的补偿或其他适当的救济。除非工人犯有严重的错误行为，否则将被解雇的工人应有权在合理时间内得到事先通知或替代补偿。公约还规定了解雇收入保护的内容，工人应当有根据会员国国家的法律和惯例享有解雇补助或其他离职福利的权利。为使公约得到更好的实施，同年，国际劳工组织还通过了新的《终止雇佣建议书》，向会员国提出具体建议。

（二）《促进就业和失业保护公约》和《促进就业和失业保护建议书》

1988年，国际劳工组织通过了《促进就业和失业保护公约》。根据公约的规定，各会员国应采取适当步骤对其失业保护制度和就业政策加以协调，并应当设法确保其失业制度，特别是提供失业津贴的办法能促进生产性的和自由选择的充分就业，而不会造成雇主不想积极提供、工人不想积极谋求生产性就业；各会员国应作为优先目标制定一项政策，以包括社会保障、就业服务设施、职业培训和职业指导在内的一切适当手段促进生产性和自由选择的充分就业，在符合本国法律规定和惯例的条件下，各会员国应努力制订特别计划，向妇女、青年工人、残疾人、老年工人、长期失业者、合法居住该国的移民工人，以及受到结构性变化影响的工人等在谋求持久就业方面有困难或可能有困难的处境不利的特定人员提供额外的工作机会和就业援助，鼓励其进行自由选择的和生产性的就业。在全失业的情况下，失业津贴应以定期支付的形式发放，其计算方法应能向受益人提供部分的和过渡性的工资补偿，同时避免对参加工作和创造就业机会形成阻碍。如果会员国立法规定在全失业情况下失业津贴的发放只能在等待期期满后开始，则这一等待期不应超过7天。在失业津贴遭到拒付、取消、停发或消减，或对其数额有争议时，津贴申请者有向有关部门提出申诉的权利。同年通过的《促进就业和失业保护建议书》对公约的规定进行了细化。

第三节　欧盟的劳动就业立法[1]

一、欧盟与欧盟法

欧盟是在欧洲煤钢共同体、欧洲经济共同体和欧洲原子能共同体的基础

[1] 本部分内容参考了以下文献：张彤主编：《欧盟法概论》，中国人民大学出版社2011年版；曾文革主编：《欧盟法》，对外经济贸易大学出版社2015年版；［英］尼格尔·G.福斯特编：《欧盟立法（第16版）》，何志鹏、孙露译，北京大学出版社2007年版。

上建立起来的。1992 年 2 月，欧共体各成员国代表在马斯特里赫特签署《欧洲联盟条约》（简称《欧盟条约》，又称为《马斯特里赫特条约》，简称《马约》），该条约于 1993 年 11 月生效，宣告欧盟成立。根据《欧盟条约》的规定，3 个共同体作为欧盟的基础继续存在。2007 年 10 月，欧盟各国首脑在里斯本签署《修改〈欧洲联盟条约〉以及〈欧共体条约〉的里斯本条约》（简称《里斯本条约》），2009 年 12 月条约生效。根据《里斯本条约》的规定，将《欧共体条约》名称修改为《欧盟运行条约》，欧盟取代欧共体获得独立的法律主体资格，成为一个具有独立法律人格的国际法主体，进行政治、经济以及社会全方位的一体化。

狭义的欧盟法是指自《欧盟条约》生效以来的欧盟的各种法律规范的总称。广义上的欧盟法则包括欧洲三个共同体法律规范和欧盟成立以来的法律规范，具体分为基础性法律规范和派生性法律规范。[1]欧盟基础性的法律规范是指欧洲共同体和欧盟的成立条约、条约的附件、附加议定书、欧盟法的一般法律原则和基本权利标准以及签订的国际公法条约。其中，欧盟法的一般法律原则和基本权利标准包括一般性的禁止任意行为原则、信赖的保护与法律安全的保护、《欧洲人权公约》和《欧盟基本权利宪章》。欧盟派生性的法律规范，是指根据基础条约所赋予的权限，由欧盟的主要机构制定的各种规范性法律文件，包括条例、指令、决定、建议和意见等。欧盟的条例是指在整个欧盟范围内可直接和统一适用的法律规范；指令是指为履行与欧盟有关条约上的义务而作出的对特定成员国有约束力，并规定成员国在一定期限内通过国内立法程序将其转换成国内立法，以履行该义务的法律规定。决定是执行欧盟法令的一项行政措施，通常是一种执行决议，其目的在于提高欧盟法令的公开性和透明度。建议和意见是欧盟理事会对某个问题未能达成一致意见，形成指令时，向各成员国提出的建议，以作为欧盟立法趋势和政策导向，供各成员国参考，不具有法律上的约束力。

[1] 欧盟法还可以理解为欧盟本身的法律规范和欧盟各成员国的法律规范的总称。本部分内容只介绍欧盟本身的就业法律规范。

二、欧盟基础性法律中有关劳动就业的主要内容

（一）《欧盟基本权利宪章》

《欧盟基本权利宪章》是《欧盟宪法条约》的重要组成部分。2007年12月12日，当时的欧盟轮值主席国葡萄牙总理苏格拉底、欧洲议会议长珀特林以及欧盟委员会主席巴罗佐在欧洲议会总部所在地法国的斯特拉斯堡共同颁布旨在保障欧盟公民权利的《欧盟基本权利宪章》。13日，欧盟各国领导人在里斯本签署《里斯本条约》，从而使《欧盟基本权利宪章》对各成员国具有约束力。《欧盟基本权利宪章》有54项关于公民权利的条款，内容包括自由、平等、经济和社会权益等。《欧洲基本权利宪章》第5条规定，任何人有权拒绝强迫劳动；第15条规定了自由择业的权利；第16条规定了自由营业的权利。根据上述规定，任何人有权被雇用，有权选择或接受一项工作；在成员国内部，任何成员国的国民有自由择业、工作、建立和提供服务的权利。任何有权在成员国从事工作的第三国国民有权享有平等的工作条件。

（二）《欧盟运行条约》

1. 自由流动权利

欧洲经济共同体的建立就是为了促进共同体成员国之间共同市场的建立和发展。《欧共体条约》中明确规定要消除成员国之间货物、人员、服务和资本自由流通的障碍。欧盟成立后，《欧盟运行条约》中进一步明确了欧盟内部市场的发展，其中人员流动自由是欧盟内部市场的基本自由之一。人员流动的自由分为劳动者迁徙自由和企业开业自由，这两者均与劳动者就业相关，因此可以说欧盟内部人员流动的自由主要体现为欧盟各成员国国民在欧盟内部就业的自由。

（1）劳动者自由流动的自由

《欧盟运行条约》中明确禁止欧盟成员国对来自其他欧盟成员国的劳动者所采取的任何直接或间接的歧视措施。根据规定，劳动者（工人）的自由流动应在欧盟范围内获得保证。劳动者（工人）的自由流动应包括废止在各成员国工人之间关于就业、报酬和其他劳动条件方面基于国籍理由的任何歧视。除因公共秩序、公共安全和公共卫生等理由而规定的正当限制外，工人

的自由流动应包括以下权利：① 接受实际上提供的工作；② 在各成员国领土内为此目的而自由流动；③ 在任何成员国中停留，以便根据该国工人就业的立法和行政规定在该国就业；④ 在已经就业后，得按照委员会制定的实施规则的条件，在该成员国领土内居住。

为实现以上的劳动者（工人）自由流动的权利，理事会[1]有权依法用指令或规则的形式制定必要的措施，包括：① 确保各国就业服务机构间的紧密合作；② 取消构成劳工流动自由之障碍的、涉及就业资格的行政管理程序和惯例以及那些任职期限的限制，无论这些限制是由国内立法还是从前成员国间缔结的协议所规定的；③ 取消所有对于其他成员国的劳工而施加的、不同于本国劳工的诸如任职期限以及其他限制，无论此种限制是根据国内法还是根据成员国间缔结的协议所规定的；④ 建立适当的机制，使就业供应与就业申请相适应，促进实现就业市场上供需间的均衡，以避免威胁不同地区和行业的生活标准及就业水平；⑤ 制定有关社会保障的必要措施，特别是保障移徙工人及受其扶养者享有的如下权益：为了获得和保留收益的权利及计算收益的数量，应累积统计根据几个不同国家的法律而计算的全部就业时间，收益应支付给居住在各成员国境内的人。

为实现劳动者（工人）的自由流动，欧盟基本立法要求各成员国和欧盟制定促进就业，特别是促进培育适应经济变化的有技能、有知识和适应能力强的劳动大军和劳动力市场的协调战略而努力工作的目标。根据基本立法的要求，各成员国应在考虑到劳资双方责任的国内实践的情况下，把促进就业看作一个涉及共同利益的问题，在欧盟理事会的框架内协调就业方面的行动。欧盟在尊重各成员国权能的前提下，鼓励和支持各成员国在就业方面的合作，并在必要的情况下，通过支持实施其行动，为实现高水平的就业做出贡献。欧洲理事会每年根据欧盟理事会和委员会年度联合报告，对共同体内的就业形势进行分析并作出结论；欧盟理事会在欧洲理事会结论的基础上，根据委员会的提案并同欧洲议会、经济与社会委员会、地区委员会和就业委员会磋商后，以有效多数同意每年制定供各成员国在制定就业政策时考虑的

[1] 如不特殊说明，本节中理事会均指欧盟理事会。

指导方针。各成员国应根据这一就业指导方针制定就业政策，并就其实施就业政策的主要措施每年向理事会和委员会提出报告。理事会在成员国提交的报告的基础上，在征得就业委员会的意见后，每年对各成员国在就业指导方针的指导下实施就业政策的情况进行审查，如果根据审查认为有必要采取行动，理事会应根据委员会的建议以有效多数同意向各成员国提出建议。理事会和委员会应根据审查结果，每年向欧洲理事会提交关于共同体就业形势和就业指导方针实施情况的年度联合报告。理事会根据欧共体基本立法所规定的程序并同经济与社会委员会和地区委员会磋商后，制定旨在鼓励成员国间在就业领域合作和支持各成员国在就业方面采取行动的鼓励措施。理事会同欧洲议会磋商后设立具有咨询性质的就业委员会，以促进成员国间在就业和劳动力市场政策方面的协调发展。就业委员会的任务是：① 追踪研究各成员国和共同体的就业形势和就业政策；② 依法应理事会或委员会的请求或者根据其自己的倡议提出意见，并负责理事会决策程序的准备工作。每一成员国和委员会均应任命 2 名就业委员会成员。

《欧盟运行条约》所规定的工人自由流动的权利有两项例外，一是因公共秩序、公共安全和公共卫生等理由而规定的正当限制，二是行政机关就业的例外。

（2）自由营业

《欧盟运行条约》赋予了成员国国民在另一成员国领土内的营业自由。根据规定，对于成员国国民在另一成员国领土内创办企业、代理机构、分支机构和下属机构的自由施加的限制应当予以禁止。营业自由包括在遵照营业所在国立法对本国国民所规定的条件和关于资本的各项规定下，参加或进行个体经营的活动，设立和管理企业。唯一的例外是，成员国国民在欧盟内部的营业自由受到欧盟成员国的法律、条例或行政性活动制定的，基于公共政策、公共安全或公共健康而对外国国民给予特别对待的限制。

为了实现成员国国民的营业自由，欧盟理事会有权制定相关的指令。欧洲议会、理事会和委员会应当履行以下职责：作为一个一般规则，优先处理创办企业的自由对于生产和贸易的发展能够做出格外具有价值的贡献的那些活动领域；督促成员国的职能机构之间进行紧密合作，以确定所涉及的各个行业在联盟内部的具体状况；消除某些构成创办企业自有的障碍的行政管理程序和做法，无论其根据是国内立法还是成员国之间从前缔结的协定；保证来自某一成员国、在另一成员国境内获得雇用的劳工，滞留于该国境内作为自我雇用者在该处从事活动，只要他们满足在他们意欲从事该活动之时进入该国所需要满足的条件；确保一个成员国的国民能够获得和使用另一成员国境内的土地和建筑物；考虑逐渐取消对于各个行业创办企业的自由的各种限制，包括一个成员国境内创办代理、分支和下属机构的条件与属于总部的人员进入这些代理、分支和下属机构担任管理或监督职务的条件；在必要的程序上协调各成员国就企业所需要的保障机制进行协调，使这些保障机制在整个联盟内等同；努力使创办企业的条件不受成员国给予的扶持措施的扰乱。

2. 就业领域中的平等权利

《欧盟运行条约》中将促进就业、改善生活和工作条件作为欧盟和成员国的目标加以规定，为实现以上目标，要求欧盟和各成员国应在考虑到各国尤其是在合同关系领域的多样性做法及照顾到保持欧盟经济竞争能力的必要的前提下，制定需要的实施措施。根据规定，欧盟应当在以下领域支持和补充成员国的行动：推进工作环境的改善，以保护劳动者的健康与安全；工作条件；劳动者的社会福利与社会保障；在雇佣合同到期的时候保护劳动者；劳动者获得信息，向其征询意见；劳动者和雇员利益的代表和集体保护，包括共同决定；合法居住在联盟境内的第三国国民的就业条件；被排除在劳动力市场外的劳动者的人格完整性；在就业机会和工作待遇方面的平等；与社会排斥现象的斗争；实现社会保障制度的现代化。《欧盟运行条约》授权理事会可以通过保护劳动者就业权利最低要求的规范。

《欧盟运行条约》特别对男女劳动报酬平等加以规定，要求每一成员国均应保证实行男女劳动者同工同酬的原则。同工同酬原则下的报酬包括正常的基本或最低工资或薪水和劳动者从雇主那里直接或间接获得的因其从事劳动而得到的对价，包括现金和其他形式。《欧盟运行条约》授权理事会有权制定措施以保证在就业和职业方面的男女工作机会均等和男女同等待遇原则的实施，并保证男女同工同酬和相同价值工作获得同样报酬原则的实施。根据《欧盟运行条约》的规定，为保证在实践中男女在工作方面的完全平等，平等待遇原则不妨碍任何成员国维持或制定旨在为方便未被充分代表的女性从事其职业活动而提供特殊好处的措施，也不妨碍任何成员国同维持或制定旨在为防止或补偿妇女职业生涯中的不利条件而提供特殊好处的措施。

3. 建立欧洲社会基金

根据《欧盟运行条约》的规定，为了增加欧盟内部市场内工人的就业机会并提高其生活水平，设立欧洲社会基金。基金的宗旨是使工人在欧盟内就业更加容易，以及提高他们在地域上和职业上的流动性，特别是通过职业培训和再培训，使他们更易于适应工业变化和生产体制的变化。

4. 职业培训

根据《欧盟运行条约》的规定，欧盟应实施一项支持和补充成员国行动的职业培训政策，便于产业结构转换，特别是从职业培训和再培训上抓起，改进初始和后续的职业培训，以利于进入劳动力市场就业和再就业，使接受职业培训日益方便，提高培训工作者和正在接受培训的人员尤其是青年的流动性；促进教育及职业培训机构在培训方面与企业开展合作；针对成员国培训系统中的共同问题开展信息和经验交流。

三、欧盟派生性法律中关于劳动就业的主要内容

（一）人员自由流动

1968 年 10 月，欧共体理事会发布《关于共同体内部工人流动自由的 1612/68/EEC 条例》，在就业领域赋予任何成员国的国民在另外一个成员国领域内与其本国国民同等的法律地位。根据条例规定，任何成员国的国民都应该有权作为一个受雇人员从事一项活动而不考虑他的住所地，有权在另一个成员国领域内按照其管理本国国民工作的法律、法规和行政管理制度规定从事这样的活动，有权在另外一个成员国领域内与本国国民具有同样的优先权从事其可获得的工作。任何一个成员国国民在另一成员国国内，与该成员国国民在得到该国就业部门的帮助、体检和职业标准、报酬、解雇、失业复职或再就业、职业培训、担任工人代表等方面应被同等对待，或者说享有同等待遇。2004 年 4 月，欧洲议会和理事会通过《关于联盟内公民及其家庭成

员在各成员国内自由流动和居住的指令》（第 2004/38 号指令），对该条例的相关内容进行修订[1]，同时这一指令还取代了欧盟之前通过的分别针对劳动者及其家属、个体经营者、学生等指令的规定。根据第 2004/38 号指令的规定，欧盟的公民身份赋予每一个联盟的公民在成员国领域内自由流动和居住的权利，人员的流动自由构成内部市场的基本自由之一。当成员国国民行使流动与居住自由的权利时，联盟公民的身份应该成为其基本的身份。所有联盟公民，如果是东道国的工人或个体经营者，享有在另一个成员国领域内超过 3 个月的居住权；指令同时规定，允许是工人或个体经营者的联盟公民及其家庭成员在东道国已经居住满 5 年以前就获得永久居留权。所有依该指令在成员国居住的联盟公民及其家庭成员都应与该成员国国民享有平等待遇。

（二）就业中的平等待遇

欧盟先后通过了一系列的指令来实现平等待遇，消除歧视。这些指令主要有：《关于成员国适用男女平等报酬原则的法律趋同化的指令》（75/117/EEC, 1975 年 2 月通过）；《关于在接受就业和职业培训、晋级以及工作条件方面贯彻男女平等待遇原则的指令》（76/207/EEC，1976 年 2 月通过，第 2002/73 号指令修改）；《关于在社会保障方面渐进实施男女平等待遇原则的指令》（79/7/EEC，1978 年 12 月通过）；《关于在与职业相关的社会保障方案中实施男女平等待遇原则的指令》（86/378/EEC，1986 年 7 月通过）；《关于在就业领域，包括农业、个体经营领域适用男女平等待遇原则，以及在妊娠和哺乳期间保护个体经营妇女指令》（86/613/EEC，1986 年 11 月通过）；《修改关于在职业社会保障方案中实施男女平等待遇原则的 86/378/EEC 号指令的第 96/97/EC 号指令》（96/97/EC，1996 年 11 月通过）；《关于性别歧视情况下的举证责任的指令》（97/80/EC,1997 年 11 月通过）；《关于不分种族或民族本源而在人们之间实施平等待遇原则的指令》（第 2000/43/EC 号指令，2000 年 6 月通过）；《建立雇用和职业平等待遇一般框架指令》（第 2000/78/EC 号指令，2000 年 11 月通过）。

根据欧盟法律的规定，为了在实践中确保充分的平等，平等待遇原则不

[1] 根据该指令规定，第 1612/68/EEC 条例第 10 条和第 12 条在该指令实施之日起 2 年内废止。

阻止成员国维持或者采取特别措施，以防止或者补偿与基于种族或者民族本源的原因相联系的不利情况；指令所规定的标准为最低要求，成员国可以引入或保持那些比指令规定更有利于保护平等待遇的规定，并且指令的实施在任何情况下均不构成成员国降低在本指令范围内已经实施措施的防止歧视水平的理由。

1. 法定的禁止歧视原因

在已有的欧盟立法中，实施就业中的平等待遇原则是指除非依据就业或职业本身的要求，不存在任何基于法律规定禁止的原因而进行的直接歧视或间接歧视。欧盟立法中明确禁止的歧视原因包括性别、种族或民族本源、宗教或信仰、年龄、性取向等。欧盟法律中的直接歧视是指基于性别、种族或民族本源、宗教或信仰、年龄或者性取向等的原因，一个人在可比的情况下已经受到或者将要受到的待遇比另一个人差。间接歧视，是指在表面中立的规定、判断标准或者实践中，如果使某一性别（特别是女性）、某种族或民族本源、有特殊宗教或信仰、年龄或者性取向的人至少和其他人比较处于特别不利的地位，除非该种规定、判断标准或者实践可以被一合法的目标证明为正当，且达到该目标的方法是适度和必要的。同时，欧盟立法还规定作出基于法定歧视原因进行指示的行为同样应被认定为歧视。

在性别歧视方面，欧盟法律还特别将骚扰和性骚扰视为歧视，并予以禁止，并特别规定一个人拒绝或者屈从此类行为不应作为作出影响那个人决定的基础。骚扰是指一个不受欢迎的、与一个人的性别有关的行为发生，该行为的目的或者效果侵犯了一个人的尊严，并且造成了令人惊恐的、敌视的、贬低性的、丧失尊严的或者冒犯性的氛围；性骚扰是指，当任何形式的、不受欢迎的与性有关的语言的、非语言的或者身体行为发生时，该行为的目的或者效果侵犯了一个人的尊严，尤其是当其造成了令人惊恐的、敌视的、贬低性的、丧失尊严的或者冒犯性的氛围时更是如此。根据《关于不分种族或民族本源而在人们之间实施平等待遇原则的指令》和《建立雇用和职业平等待遇一般框架指令》的规定，当任何基于性别、种族或者民族本源、宗教或信仰、年龄、性取向的原因而出现了不希望的行为，其目的或者效果是亵渎一个人的尊严并产生威胁的、敌意的、丢脸的、羞辱的或者冒犯的环境时，骚扰应被认定为一种歧视。

需要指出的是，欧盟立法将两种差别待遇排除在法定禁止歧视的范围之外。一是基于国籍的差别待遇。欧盟关于平等待遇内容的法律规定不妨碍第三国国民和无国籍人进入成员国境内和在成员国境内的规定和条件，也不妨碍由于相关的第三国国民和无国籍人的法律地位而导致的待遇不同。也就是说，欧盟的平等待遇原则是欧盟内的平等待遇原则，平等待遇内外有别。二是基于职业原因的差别待遇。欧盟指令中允许成员国规定由于某种特别职业行为性质的原因，或者由于从事此种职业的背景，此种特点构成真正的和决定的职业要求，差别待遇不会构成歧视，只要相关目标是合法的，相关要求是适度的。

法定的禁止歧视适用的主体范围包括公众和私人领域的所有人。适用的事项范围主要有：关于获得就业、个体经营和职业条件，包括在各种行动领域和所有职业等级水平，如晋级上的选择标准和聘任条件；获得各种类型的职业指导、职业培训、高级职业培训和再培训，包括实际的工作经验；就业和工作的条件，包括解雇和报酬；工人或雇主组织或其成员从事特种职业的组织，包括这类组织利益的会员资格以及参与资格；社会保护，包括社会保障和健康保护；社会利益；教育；获得提供给公众的商品和服务，包括住房。

在性别歧视方面，欧盟指令特别规定，欧盟指令不应影响关于妇女保护的规定的适用，特别是关于妊娠妇女和母亲的保护。休产假的妇女应有权在其休产假期限届满之后返回其工作岗位或者从事一个在待遇和工作条件方面不低于在她应得到的优惠待遇以及她离开期间因任何工作条件的改进所应享有的利益的相等职位。

在宗教信仰方面，欧盟制定特别规定，在教堂或者其他以宗教或信仰为其特质的公众或者私人组织的情况下，成员国国内法律规定基于一个人的宗教或信仰的差别待遇构成歧视，由于这些行为的性质或者采取这些行为的背景的原因，考虑到该组织的信条，一个人的宗教或信仰构成了一个真正的、决定的和正当的职业要求。此种差别待遇应在考虑成员国宪法规定和原则的基础上实施，也应考虑欧盟法的一般规则，而且不应由于其他理由而被证明是歧视。如果欧盟指令在成员国以外以其他方式实施，欧盟指令不妨碍教堂或者其他以宗教或信仰为其特质的公众或者私人组织根据国内宪法和法律要求为其工作人员秉承善意、信守组织的信条的权利。

为了保证遵循与残疾人有关的平等待遇原则，欧盟指令规定，应提供合理的安置场所。这意味着雇主应根据具体情况的需要，采取适当措施让残疾人能够获得就业就会、参加工作或在工作中发展，或者参加培训，除非这些措施会给雇主带来不适当的负担。

欧盟指令允许成员国规定基于年龄的差别待遇不构成歧视，只要根据国内法的背景，此种做法基于合法目标，包括合法的就业政策、劳动力市场和职业培训目标，而客观和合理地证明为正当，而且达到目标的方式是适当的和必要的。这种差别待遇包括：在参加工作和职业培训、雇用和职业，包括解雇和报酬条件方面为年轻人、年老的工人和有特殊照顾他人义务的人设置特定条件，以提高其职业参与程度或确保其保护；设置最低年龄条件、专业经验或者在就业服务部门登记的资历或者与就业相关的优长；基于相关职业培训要求，或者在退休前雇佣合理期间的需要而设置最高雇佣年龄；为社会保障方案而确定可以接受的年龄或者准予退休的年龄或者可以接受利益的年龄，包括在这些方案之下确定不同的就业、就业者群体或者类别年龄，以及在这些方案的范围内为了统计计算而使用年龄标准，只要上述情况不导致以性别为基础的歧视。

2. 平等待遇保护的措施

为了实现平等待遇原则，消除歧视，欧盟立法对成员国提出了以下要求：

（1）成员国应向那些认为由于平等待遇原则没有应用于他们而受到损害的人提供司法、行政或必要的调解程序，并确保根据本国法律规定，对于具有利害关系的协会、组织或者其他法律实体，可在申诉人认可的前提下，代表或者支持申诉人参加相关的司法或行政程序。根据欧盟法的要求，成员国应当根据本国司法体制，采取必要的措施，确保申诉人在法院或其他主管当局证实可能被认定为存在直接或间接歧视的实施，而应由被告人证明不存在违背平等待遇原则的情况，或者是实施更有利于原告的证据规则。

（2）成员国在本国法律体系中引入措施以保护雇员，使其避免因为在企业中申诉或者求助于法律诉讼程序主张实施平等待遇原则而被雇主解雇或受到其他不利待遇。

（3）成员国应注意按照欧盟指令采纳的规定，以及本领域内已经生效的相关规定，在其领土内采取一切适当方法吸引相关当事人的注意，特别是在工作场所。

（4）成员国应根据国内传统与实践，采取充分的措施，推进社会伙伴之间的对话，以实施平等待遇原则，包括监控工作场所的操作、集体协议、行为准则以及通过研究或者交流经验和良好的做法；在符合国内的传统与实践的情况下，成员国应鼓励社会伙伴缔结规定反歧视条款的协议；鼓励根据本国国内法律和实践，与那些和歧视进行斗争、推进平等待遇原则的非政府组织进行对话。

（5）成员国采取必要的措施废止任何违背平等待遇原则的法律、规则和行政条款；将任何包含于合同或者集体协议、企业的内部规则或者和涉及独立工作与职业的规则以及工人和雇主组织的规则中的与平等待遇原则相违背的规定给予废止、修正或宣布无效；对于违反指令的成员国国内的行为，指令要求成员国制定包括对受害者支付补偿在内的有效的、适度的和劝诫性的制裁规则。

第三章

劳动者

第一节 劳动者的概念和就业年龄条件

一、劳动者的概念

具有劳动能力的劳动者是劳动就业的主体。劳动者首先是自然人。“自然人是基于自然规律出生而享有法律人格的人”[1]，自然人与公民的区别在于是否具有一国国籍。具有一国国籍的自然人称为该国的公民或国民。我国公民是指具有我国国籍的自然人。在我国就业的劳动者不一定是我国公民。根据我国的相关法律规定，允许外籍劳动者在我国就业。这涉及对外籍劳动者的保护。

新中国成立初期，我国劳动领域的法律规定中多使用“工人”和“职员”的概念。工人一般指的是体力劳动者，职员往往是指基层管理者和办公室工作人员。在计划经济时期，劳动者形象上是在工厂从事全职工作的人员，有固定的工作岗位，每天在固定的工作时间内按照上级的指令进行本职工作，因此，在同时期的法律法规中，更多地使用了工人的概念。但是随着社会主义市场经济的建立和完善，随着科学技术的进步，以及我国劳动用工制度的改革，我国的劳动者群体形象发生了很大的，甚至是根本性的变化，如工作岗位不再固定，工作时间灵活安排，实际的工作单位并非其用人单位（劳动派遣），等等。

在广义上理解劳动者，应当超出劳动法的局限性。广义上的劳动者是指所有达到法定最低劳动年龄，有能力劳动的自然人，包括劳动法调整范围内的劳动者，也包括那些被我国劳动法排除在外的通过其他途径就业的劳动者，如公务员、事业单位工作人员，同时也包括失业者、退休者和新生劳动者（已经达到最低就业年龄，有劳动能力，

[1] 魏振瀛主编：《民法》，北京大学出版社、高等教育出版社 2013 年版，第 51 页。

但是尚没有开始工作的自然人）等。广义上理解的劳动者当然包括处于寻找工作中的劳动者，此时的劳动者可以称为求职者或寻找工作者。同时广义上的劳动者不仅是我国公民，也包括在我国境内就业的外国人和无国籍人。从狭义上理解的劳动者，是指与用人单位形成了劳动关系的劳动者。

二、劳动者就业的年龄条件

（一）法定最低就业年龄

法定最低就业年龄是自然人可以进入劳动领域，与用人单位形成合法劳动关系的年龄界限。国际劳工组织 1973 年通过的《最低就业年龄公约》中规定，批准该公约的会员国所规定的最低就业年龄应不低于完成义务教育的年龄，并在任何情况下不得低于 15 岁。我国《劳动法》规定："禁止用人单位招用未满十六周岁的未成年人。"是否年满 16 周岁成为我国判断能否与自然人建立劳动关系的最低年龄标准。我国法律规定的最低就业年龄是一个统一的规定，仅仅对文艺、体育和特种工艺单位有例外。根据相关法律规定，年满为过生日后的第二天，就此推断，即使在 16 周岁生日的当天，其仍然不能成为劳动者。[1] 未达到最低就业年龄的人从事劳动，则为童工，用人单位非法使用童工要承担相应的法律责任。《劳动法》和《禁止使用童工规定》中都规定了非法使用童工的用人单位应当承担的法律责任，特别是对其应承担的行政责任进行了明确和详细的规定。同时，劳动法将非法使用童工的责任追究主体拓展到了非法单位：根据《禁止使用童工规定》，无营业执照、被依法吊销营业执照的单位以及未依法登记、备案的单位使用童工的，依照该规定第 6 条、第 7 条、第 8 条规定的标准加一倍罚款，该非法单位由有关的行政主管部门予以取缔。

在现实中，我国关于最低就业年龄标准的规定也带来了一些问题。一

[1]《民法通则》第 154 条规定："规定按照日、月、年计算期间的，开始的当天不算入，从下一天开始计算。"

般情况下，儿童在年满6周岁时开始接受九年制的义务教育，当其完成义务教育，初中毕业时是15周岁。[1]此时其有权选择不再上学，但是如果参加工作，正常情况下，没有用人单位招用，因为此时其不满16周岁，没有达到法定的最低就业年龄。对于这些已经完成义务教育的未成年人和其家庭而言，可能不希望再求学，而想从事劳动，特别是想由此解决或缓解家庭的经济负担。若将未成年人进入劳动领域的条件规定为不得低于15周岁，且完成义务教育，则能够在一定程度上解决以上问题。如前所述，我国法律规定的最低就业年龄是一个统一的规定，仅仅对文艺、体育和特种工艺单位有例外。法律对于一些年龄较大的未成年人在课余时间从事一些力所能及的劳动是否一律禁止，值得商榷。家庭贫困往往是童工劳动的一个原因。[2]如果能够允许这些年龄较大的未成年人从事劳动，并对其从事劳动的范围进行规范，不仅能够解决一些家庭的经济困难，也对消除非法使用童工，特别是使用童工从事危险行业具有积极作用。对于最低就业年龄的法律限制，在前文中提到了可以适当降低，并结合完成义务教育进行规定，除此之外，规定最低就业年龄的法律条文也可以对这些接近16周岁的少年从事短期、非全日制的力所能及的劳动作出规定。十四五岁的未成年人为了减轻家庭的经济负担或为了丰富自身的社会经历、增加社会经验，利用寒暑假或其他课余时间进行一些劳动应当被允许，甚至在一定程度上应当鼓励。年龄较大的未成年人从事力所能及的劳动，在国际劳工组织的公约和某些国家的法律中也得到了承认。[3]根据《最低就业年龄公约》第7条的规定，允许一个国家的法律

[1] 指正常情况下，不包括在完成义务教育过程中因病或其他原因休学等情况。

[2] 参见周业安《为什么管制再严也难消弭童工》，《上海证券报》，2008年5月9日第C08版。

[3] 国际劳工组织将童工分为：经济活动儿童、童工劳动和从事有危害工作的儿童。儿童经济活动是一个广义概念，包括儿童从事的大多数生产性活动，而不论是否为市场生产、有偿还是无偿、数小时的工作还是全日制工、临时工还是固定工、合法还是非法；它排除在儿童自己家庭中所做的杂务和学校教育。童工劳动排除了所有12岁及以上每周只劳动数小时、从事一些被允许的轻微工作的儿童以及15岁及以上其工作不被分类为“有危害的工作”的儿童。儿童从事的有危害的工作是指任何这种活动或职业，由于其性质或类型，对儿童的安全、（身体或精神的）健康以及道德发展有或会带来负面的影响。儿童从事合法的经济活动，被允许并不被视为“童工”。第95届国际劳工大会（2006年）局长报告《童工劳动的终结：可望可及》。

规定允许年龄为 13 ~ 15 岁的人或者至少为 15 岁但还未完成义务教育的人，在大致不会危害其健康或发育，不会妨碍其上学、参加经主管当局批准的职业指导或培训计划或从所受教育中获益的能力的前提下从事轻工作。欧盟允许成员国规定允许 14 岁以上的儿童从事分发报纸和保姆工作，或 13 岁的儿童从事指定类型的轻微工作。[1]

（二）法定退休年龄与退出劳动领域

退休年龄是指劳动者因年老体弱退出劳动领域的年龄。我国《劳动法》并没有明确规定劳动者退出劳动领域的年龄。目前的退休年龄是根据 1978 年 5 月第五届全国人民代表大会常务委员会第二次会议原则批准的《国务院关于工人退休、退职的暂行办法》确定的。《国务院关于工人退休、退职的暂行办法》将我国劳动者的法定退休年龄规定为一般情况下男年满 60 周岁，女年满 50 周岁，连续工龄满 10 年的。另外还规定了两种可以提前退休的情况：（1）从事井下、高空、高温、特别繁重体力劳动或者其他有害身体健康的工作，男年满 55 周岁、女年满 45 周岁，连续工龄满 10 年的；（2）男年满 50 周岁，女年满 45 周岁，连续工龄满 10 年，由医院证明，并经劳动鉴定委员会确认，完全丧失劳动能力的。随着时代的发展，执行这一规定引起了很多问题。如性别不平等，女性比男性要提前退休，这种规定的初衷是为了保护女性，特别是在重体力劳动中，女性比男性提前退出劳动岗位，对其身体健康是一种保护，但是随着科技的发展，大量的重体力劳动逐渐由机器所完成，在同等条件下仍然让女性提早退休，其不公平的一面就凸显出来了。

《劳动法》并没有规定达到退休年龄必须退休，《劳动合同法》将劳动者开始依法享受基本养老保险待遇作为劳动合同终止的原因之一进行规定。[2]由于达到退休年龄和领取养老保险待遇之间并不一定无缝对接，很可能存在一个时间差，因此这种规定是对劳动者权益的保护，即保证劳动者要么可以通过劳动关系的存续保证生活所需，要么能够通过养老保险使生活有所依

[1]［英］凯瑟琳·巴纳德著：《欧盟劳动法》，付欣译，中国法制出版社 2005 年版，第 456 页。

[2] 另外，《劳动合同法实施条例》（2008 年 9 月，国务院发布）第 21 条规定：“劳动者达到法定退休年龄的，劳动合同终止。”

靠。但在现实生活中，人们往往将退休年龄理解为强制性的，并且也是这样执行的。比较典型的例子是，如果劳动者达到退休年龄被原用人单位返聘，其实际工作情况没有发生任何变化，但是二者之间的关系则由劳动法调整的劳动关系转化成由民法调整的劳务关系。[1]

我国的退休年龄是否偏低一直为社会所关注，特别是在建立和完善养老保险制度的过程中，面临老龄化问题时，延迟退休年龄成为大势所趋。2013年11月，党的十八届三中全会审议通过的《中共中央关于全面深化改革若干重大问题的决定》中提出，研究制定渐进式延迟退休年龄政策；2015年10月，党的十八届五中全会通过的《中共中央关于制定国民经济和社会发展第十三个五年规划的建议》中提出，出台渐进式延迟退休年龄政策。2016年3月，第十二届全国人民代表大会第四次会议批准的《中华人民共和国国民经济和社会发展第十三个五年规划纲要》中提出：综合应对劳动年龄人口下降，实施渐进式延迟退休年龄政策，加强老年人力资源开发，增强大龄劳动力就业能力。人力资源和社会保障部2016年7月发布的《人力资源和社会保障事业发展“十三五”规划纲要》中，将“制定出台渐进式延迟退休年龄方案”纳入了“十三五”规划。

（三）劳动者年龄的确定

1999年2月，国务院办公厅发布了《关于进一步做好国有企业下岗职工基本生活保障和企业离退休人员养老金发放工作有关问题的通知》，针对当时出现的大量违规办理提前退休的情况，特别指出要“坚决制止和纠正违反国家规定提前退休的行为”。为了贯彻这一通知的精神，同年3月劳动和社会保障部出台了《关于制止和纠正违反国家规定办理企业职工提前退休有关问题的通知》（本节以下简称《通知》），规定：“对职工出生时间的认定，实行居民身份证与职工档案相结合的办法。当本人身份证与档案记载的出生时间不一致时，以本人档案最先记载的出生时间为准。”从字面分析，关于劳动者出生时间的认定，《通知》选取了两种标准：居民身份证和职工档案。

[1] 谢增毅：《退休年龄与劳动法的适用——兼论“退休”的法律意义》，载《比较法研究》2013年第3期。

如果本人身份证的出生时间记载与职工档案记载一致，则无论按照身份证的记载还是按照职工档案的记载，处理结果都是相同的。当本人身份证与职工档案记载的出生时间不一致时，《通知》是“以本人档案最先记载的出生时间为准”。其本意在于避免因为不当更改居民身份证造成居民身份证出生时间记载与实际不符的情况，同时，鉴于职工档案的记载也可能被修改，因此采用的是职工档案“最先记载”。作为劳动和社会保障部发布的法律文件，各级劳动行政部门应遵照执行是不言而喻的。因此，各级劳动行政部门和社会保险经办机构在办理劳动者退休手续时，审查劳动者的年龄都会依据职工档案最先记载的出生时间进行判断。但是，当职工档案记载的劳动者出生时间与本人身份证记载不同，但是有合法证据证明身份证的记载符合实际情况，或者职工档案和本人身份证记载的出生时间都与实际情况不符，另有合法的证据证明劳动者真实的出生时间时，如何判断劳动者的出生时间，《通知》并没有给出明确的答案。

在《通知》出台的时候，户籍和身份证管理还没有实现全国计算机联网，因此，一个人想要通过某些渠道来修改户籍或身份证的出生时间记载并不困难。而保存在用人单位和社会保险机构的原始档案由于统一管理，在最初书写完成之后，进行随意修改的可能性比较小，并且，考虑到档案可能被修改，只认“最先记载”，可以有效避免通过修改职工档案记载而非法退休的情况。由此可见，在当时的社会背景下，《通知》在“当本人身份证与档案记载的出生时间不一致时，以本人档案最先记载的出生时间为准”的选择具有合理性。但是如果职工档案的最先记载与实际情况不符，此时仍然机械地“严格执行”《通知》的规定，会出现应当享受养老保险待遇的人无法享受，不应当享受的人却可以享受的结果，而这种结果正是《通知》出台想要解决的问题。这种结果的出现，不仅破坏了社会公正，也违背了法律规定劳动者出生时间认定标准的本意。使劳动者都能合法退休，享受养老保险待遇，避免因为劳动者出生时间记载与实际情况不符而导致的不公平后果是通过法律确立出生时间认定标准的立法初衷，因此这个认定标准的选择应当是事实的真实反映。

每个人在出生之后都要进行户籍申报，这是国家户籍管理的重要内容。

户口簿和身份证是公民从事社会活动时的重要身份证明。1958 年 1 月全国人民代表大会常务委员会第九十一次会议通过的《中华人民共和国户口登记条例》规定："中华人民共和国公民，都应当依照本条例的规定履行户口登记。""婴儿出生后一个月以内，由户主、亲属、抚养人或者邻居向婴儿常住地户口登记机关申报出生登记。"在户籍登记机关（公安机关）有户籍登记记载，同时户籍登记机关会发给户口簿。当父母或其他人拿着医院的出生证明向公安机关申报户籍后，户口簿上记载的出生时间就具有了公信力。需要本人证明自己的出生时间时，证明力最强的应当是户口簿上出生时间的记载。1985 年 9 月第六届全国人民代表大会常务委员会第十二次会议通过《中华人民共和国居民身份证条例》，由此我国开始实行居民身份证制度，居住在中华人民共和国境内的年满 16 周岁的中国公民应当依法申请领取中华人民共和国居民身份证。居民身份证成为 16 周岁以上我国公民的身份证明，上面明确记载了本人的出生时间。[1] 这个出生时间是根据本人户籍填写的。因此出生时间就又出现了一个具有公信力的证明文件：居民身份证。《居民身份证法》也明确规定当公民从事有关活动以身份证证明身份时，有关单位及其工作人员不得拒绝。随着户籍和身份证管理的全国计算机联网和二代身份证的申领，个人修改本人身份信息的成本和难度大大增加，在很大程度上降低了个人因为某种原因对本人信息进行不符合实际情况的修改的可能性和成功性，也在很大程度上降低了因为手工操作带来的书写错误。因此，户籍或身份证上记载的出生时间的真实性程度很高。从这一点分析，以户籍或身份证上记载的出生时间为标准判断劳动者是否达到法定退休年龄具有可行性和合理性。但是，身份证上出生时间的记载仍然可能与实际情况不符。

单纯以职工档案或身份证记载的出生时间为认定标准都无法完全保证实际情况得到真实的反映。对于劳动者出生时间的认定，职工档案记载和身份证记载都是一个用来证明实际情况的证据。就这两个证据的证明效力而言，身份证的证明效力大于职工档案的记载效力，这是因为：身份证是专门进行

[1] 2003 年 6 月 28 日第十届全国人大常委会第三次会议通过《中华人民共和国居民身份证法》（简称《居民身份证法》，2011 年 10 月修正），自 2004 年 1 月 1 日起施行，《中华人民共和国居民身份证条例》同时废止。

户籍管理的公安机关发放的，其出生时间的记载来源于户籍登记，户籍登记的出生时间是根据医院或有关机构的出生证明确定的，更接近事实，而且身份证是公民进行各种社会活动时身份的证明，具有普遍意义。不过，由于身份证上出生时间的记载也可能出现错误，因此在有其他证据证明身份证的出生时间记载与实际情况不符时，应当以实际情况为准。综上，立法确立的劳动者出生时间的认定标准应当是：当本人身份证记载的出生时间与职工档案不一致时，以本人身份证的记载为准；如果有证据证明，本人身份证记载错误，则以职工档案记载为准；如果有证据证明劳动者本人身份证与职工档案记载均与实际情况不符，则以实际情况为准。

第二节 劳动者的就业权利

一、权利与劳动者权利

根据历史的考证，权利是一个较晚出现在法学研究中的概念。“权利和义务作为一种文化和制度现象，是与法和国家一同出现于人类社会的。但是，作为明确的法哲学概念（范畴），它们仅有300余年的历史。”[1]对于权利的研究也一直是法学研究者一个锲而不舍的课题，其中产生了重要影响的学说就有资格说、主张说、自由说、利益说、法力说、可能说、规范说、选择说等，各种学说从不同角度来阐释权利，都有着各自的道理。在综合了这些学说中的合理因素后，有学者将法律权利概括为“是规定或隐含在法律规范中，实现于法律关系中的，主体以相对自由的作为或不作为的方式获得利益的一种手段”[2]。虽然在法学领域，更多的是从法定权利的角度研究权利，得到法律的承认从而能够得到法律有效的保护，在受损的时候能够得到

[1] 张文显著：《法哲学范畴研究》，中国政法大学出版社2001年版，第281页。

[2] 张文显著：《法哲学范畴研究》，中国政法大学出版社2001年版，第300～309页。

有力救济的权利才有实质意义，但权利本身并不要求得到法律的承认，或者说，法律承认的权利仅仅是权利的一部分，同时从历史发展的角度来看，权利是一个逐渐发展的过程，权利的需求也促使法律对没有承认的权利加以承认，从而扩大了法定权利的内容。从某种程度上，可以说，法律对权利的承认往往落后于权利最初的要求，也就是往往有了权利的需求之后，产生了对权利保护的意愿，从而才能有法律的承认。归根结底，法律是社会生活的反映，法律承认与创设的权利框架与社会生活紧密相连，这也就解释了为什么在不同的历史时期和不同的国家、地区范围内法律对权利的规定不同，人们对权利的要求也不尽一样。在各种权利共同组成的权利体系中，有些权利是人们在国家政治生活、经济生活、文化生活和社会生活中的根本权利，是源于社会关系的本质，与主体的生存、发展、地位直接相关，人生而应当有之，不可剥夺、转让，且为社会公认的权利。[1]其中，劳动权利是基本权利之一。

在劳动法领域，劳动者的权利指人在取得了劳动者资格后所享有的权利；劳动者的权利是一个权利的集合，是作为人的基本权利的劳动权利在人取得了劳动者资格后的具体体现。法律中已经明确规定的劳动者的权利是劳动者的法定权利，是劳动者应当享有的权利在法律中的确认。在理论上，劳动者的权利并不仅仅包括法律中已经明确规定的劳动者的权利。当然，只有得到了法律承认的权利才可以得到保护，但这并不影响劳动者权利的理论发展，劳动者的某些权利虽然在某一时间并没有得到法律的承认，但是并不意味着该权利在以后也不会得到法律的认可。为了使权利得到法律承认并得到法律的有效保护，劳动者权利的研究必须解决以下问题：劳动者应该享有什么权利，并推动这些权利为法律所承认。“工作权和就业中的权利不仅构成社会－经济权利的核心内容，也是基本人权。”[2]《联合国人权宣言》中规定：“（一）人人有权工作、自由选择职业、享受公正和合适的工作条件并享受免于失业的保障。（二）人人有同工同酬的权利，不受任何歧视。

[1] 张文显著：《法哲学范畴研究》，中国政法大学出版社 2001 年版，第 317 页。

[2] K. 德罗兹维基：《工作权与就业中的权利》，载［挪］A. 艾德、［芬］C. 克罗斯、［比］A. 罗萨斯编：《经济、社会和文化的权利》，黄列译，中国社会科学出版社 2003 年版，第 254 页。

（三）每一个工作的人，有权享受公正和合适的报酬，保证使他本人和家属有一个符合人的生活条件，必要时并辅以其他方式的社会保障。（四）人人有为维护其利益而组织和参加工会的权利。”《经济、社会及文化权利国际公约》中也规定，人人应有机会凭其自由选择和接受的工作来谋生的权利，为实现这一权利，国家应当采取措施，提供技术的和职业的指导和训练，以及在保障个人基本政治和经济自由的条件下达到稳定的经济、社会及文化的发展和充分的生产就业的计划、政策和技术；人人有权享受公正或良好的工作条件，特别是公平合理的劳动报酬、安全和卫生的工作条件、同等的提级机会以及休息时间的保证；人人享有组织和参加工会的权利和社会保障权利。

我国《宪法》中规定的公民劳动权利包括：（1）就业权。《宪法》第 42 条规定：“中华人民共和国公民有劳动的权利和义务。”为了保证公民劳动权利的实现，“国家通过各种途径，创造劳动就业条件，加强劳动保护，改善劳动条件，并在发展生产的基础上，提高劳动报酬和福利待遇。”“国家对就业前的公民进行必要的劳动就业训练。”《宪法》第 48 条规定：“中华人民共和国妇女在政治的、经济的、文化的、社会的和家庭的生活等各方面享有同男子平等的权利。国家保护妇女的权利和利益，实行男女同工同酬，培养和选拔妇女干部。”（2）休息权。《宪法》第 43 条规定：“中华人民共和国劳动者有休息的权利。国家发展劳动者休息和休养的设施，规定职工的工作时间和休假制度。”（3）社会保障和福利权。《宪法》第 44 条规定：“国家依照法律规定实行企业事业组织的职工和国家机关工作人员的退休制度。退休人员的生活受到国家和社会的保障。”《宪法》第 45 条规定：“中华人民共和国公民在年老、疾病或者丧失劳动能力的情况下，有从国家和社会获得物质帮助的权利。”（4）结社权。《宪法》第 35 条规定：“中华人民共和国公民有言论、出版、集会、结社、游行、示威的自由。”根据我国《劳动法》规定，我国劳动者享有以下具体权利：平等就业和选择职业的权利、取得劳动报酬的权利、休息休假的权利、获得劳动安全卫生保护的权利、接受职业技能培训的权利、享受社会保险和福利的权利、提请劳动争议处理的权利以及法律规定的其他劳动权利。

二、就业权利的法律保护

劳动就业权，简称就业权，是指具有劳动能力，达到法定就业年龄的劳动者获得劳动机会的权利，也称为狭义的劳动权或工作权。[1]联合国1948年通过的《世界人权宣言》中明确规定，人人有权工作、自由选择职业、享受公正和合适的工作条件并享受免于失业的保障。国际劳工组织1964年通过的《就业政策公约》中也明确规定，每个工人不论其种族、肤色、性别、宗教信仰、政治见解、民族血统或社会出身如何，都有选择职业的自由，并有获得必要技能和使用其技能与天赋的最大可能的机会，取得一项对其很合适的工作。

在劳动者享有的权利集合中，就业权是劳动者的基本权利，是劳动者享有其他各项权利的前提。劳动者只有获得了工作职位，才可能获得劳动报酬，才能够引出休息休假、劳动安全卫生保护的权利要求，才可能出现劳动争议，并为解决争议而要求拥有提请劳动争议处理的权利。劳动者就业的权利受到社会经济发展的限制，是一项消极的权利，是“只有在其权利受到损害时才能存在的具体的权利和现实的权利，而不是积极的权利，即当事人凭借自身努力就可以实现的权利。”[2]对于劳动者就业权的实现和保护，在法律中需要明确两个方面：一是国家有促进就业的责任。虽然基于社会实际情况无法保证每一位劳动者都可以就业，拥有一份工作，但是国家仍然有促进就业的责任。我国《宪法》就明确了“国家通过各种途径，创造劳动就业条件”，从而促进劳动者就业的责任。《劳动法》中也规定：“国家采取各种措施，促进劳动就业，发展职业教育”，“国家通过促进经济和社会发展，创造就业条件，扩大就业机会。国家鼓励企业、事业组织、社会团体在法律、行政法规规定的范围内兴办产业或者拓展经营，增加就业。国家支持劳动者自愿组织起来就业和从事个体经营实现就业。”“地方各级人民政府应当采取措施，发展多种类型的职业介绍机构，提供就业服务。”二是保护劳动者的平等就业、自由择业和职业安全。我国《劳动法》规定了“劳动者享有平等就

[1] 郭捷主编：《劳动法与社会保障法》，中国政法大学出版社2012年版，第58页。

[2] 郑尚元主编：《劳动法学》，中国政法大学出版社2004年版，第61页。

业和选择职业的权利”。同时规定：“劳动者就业，不因民族、种族、性别、宗教信仰不同而受歧视。”“妇女享有与男子平等的就业权利。在录用职工时，除国家规定的不适合妇女的工种或者岗位外，不得以性别为由拒绝录用妇女或者提高对妇女的录用标准。”在实践中，我国劳动领域中的歧视现象大量存在，其中既有有法不依的情形，也有法律规定不够完善的原因。为了保护劳动者的职业安全，《劳动法》和《劳动合同法》对用人单位解除劳动合同作出了条件限制。

第三节 在内地就业的台湾、香港、澳门人员

一、在内地就业的台港澳人员范围

台湾、香港、澳门人员在内地就业是指台湾居民，香港、澳门居民中的中国公民依法应聘受雇于内地用人单位从事一定社会劳动并取得劳动报酬或经营收入的行为。为维护台湾居民、香港和澳门居民中的中国公民（以下简称台、港、澳人员）在内地就业的合法权益，加强内地用人单位聘雇台、港、澳人员的管理，根据《劳动法》和有关法律、行政法规的规定，劳动和社会保障部于 2005 年 6 月发布了《台湾香港澳门居民在内地就业管理规定》。该规定适用于在内地就业的台、港、澳人员和聘雇或者接受被派遣台、港、澳人员的内地企业事业单位、个体工商户以及其他依法登记的组织（以下简称用人单位）。台湾、香港、澳门地区专家在内地就业的管理，国家另有规定的，从其规定。

在内地就业的台、港、澳人员包括：（1）与用人单位建立劳动关系的人员；（2）在内地从事个体经营的香港、澳门人员；（3）与境外或台、港、澳地区用人单位建立劳动关系并受其派遣到内地 1 年内（公历年 1 月 1 日起至 12 月 31 日止）在同一用人单位累计工作 3 个月以上的人员。

二、台港澳人员在内地就业的条件

台、港、澳人员在内地就业需要满足以下条件：（1）年龄 18 ～ 60 周岁（直接参与经营的投资者和内地急需的专业技术人员可超过 60 周岁）；（2）身体健康；（3）持有有效旅行证件（包括内地主管机关签发的台湾居民来往大陆通行证、港澳居民往来内地通行证等有效证件）；（4）从事国家规定的职业（技术工种）的，应当按照国家有关规定，具有相应的资格证明；（5）法律、法规规定的其他条件。

三、台港澳人员在内地就业的许可制度

台、港、澳人员在内地就业实行就业许可制度。用人单位拟聘雇或者接受被派遣台、港、澳人员的，应当为其申请办理《台港澳人员就业证》（以下简称就业证）；香港、澳门人员在内地从事个体工商经营的，应当由本人申请办理就业证。经许可并取得就业证的台、港、澳人员在内地就业受法律保护。就业证由国务院劳动保障行政部门统一印制。

用人单位为台、港、澳人员在内地就业申请办理就业证，应当向所在地的地（市）级劳动保障行政部门提交《台湾香港澳门居民就业申请表》和下列有效文件：（1）用人单位营业执照或登记证明；（2）拟聘雇或者接受被派遣人员的个人有效旅行证件；（3）拟聘雇或者接受被派遣人员的健康状况证明；（4）聘雇意向书或者任职证明；（5）拟聘雇人员从事国家规定的职业（技术工种）的，提供拟聘雇人员相应的职业资格证书；（6）法律、法规规定的其他文件。

劳动保障行政部门应当自收到用人单位提交的《台湾香港澳门居民就业申请表》和有关文件之日起 10 个工作日内作出就业许可决定。对符合法律规定条件的，准予就业许可，颁发就业证；对不符合法律规定条件不予就业许可的，应当以书面形式告知用人单位并说明理由。

香港、澳门人员在内地从事个体工商经营的，由本人持个体经营执照、健康证明和个人有效旅行证件向所在地的地（市）级劳动保障行政部门申请

办理就业证。劳动保障行政部门应当自收到香港、澳门人员提交的文件之日起 5 个工作日内办理。

就业证遗失或损坏的，用人单位应当向颁发该证的劳动保障行政部门申请为台、港、澳人员补发就业证。台、港、澳人员的就业单位应当与就业证所注明的用人单位一致。用人单位变更的，应当由变更后的用人单位到所在地的地（市）级劳动保障行政部门为台、港、澳人员重新申请办理就业证。

用人单位聘雇或者接受被派遣台、港、澳人员，实行备案制度。用人单位与聘雇的台、港、澳人员终止或者解除劳动合同，或者被派遣台、港、澳人员任职期满的，用人单位应当自终止、解除劳动合同或者台、港、澳人员任职期满之日起 10 个工作日内，到原发证机关办理就业证注销手续。在内地从事个体工商经营的香港、澳门人员歇业或者停止经营的，应当在歇业或者停止经营之日起 30 日内到颁发该证的劳动保障行政部门办理就业证注销手续。

用人单位与聘雇的台、港、澳人员应当签订劳动合同，并按照《社会保险费征缴暂行条例》的规定缴纳社会保险费。

四、台港澳人员的失业登记

台、港、澳人员在常住地稳定就业满 6 个月，并依法参加社会保险的，失业后如本人自愿，可到公共就业服务机构办理失业登记。

（一）注销台港澳人员就业证

台、港、澳人员终止就业后，应到台、港、澳人员就业证发证机关办理证件注销手续，发证机关为其出具失业证明文件。

（二）失业登记

台、港、澳人员凭失业证明文件及与原单位终止、解除劳动关系或解聘的证明，在常住地公共就业服务机构办理失业登记。台、港、澳人员凭公共就业服务机构出具的失业登记证明文件，享受就业服务和相应的失业保险待遇。

第四节　在我国就业的外国人

一、外国人的含义

（一）外国人的概念

外国人是指在一国境内不具有该国国籍而具有其他国家国籍的人。本节所称外国人，包括具有其他国家国籍的人和无国籍人。在我国就业的外国人，是指不具有我国国籍而在我国境内就业的人。

我国允许外国人在我国就业。从调整范围上看，劳动法并没有将外国人在我国境内就业排除在外，但是在很长一段时间里，中国人去国外工作的较多，外国人在我国就业的很少，并且大部分局限在聘请的外国专家范围之内。但是随着改革开放的深入，特别是我国加入世界贸易组织（WTO）之后，在我国境内金融、贸易等行业更为对外开放和全球化的国际大背景下，在我国境内就业的外国人人数不断增加，已经成为一个不容忽视的劳动者群体。

（二）取得永久居留资格的外国人

永久居留资格是一国政府根据本国的法律规定给予符合一定条件的外国人在本国居留而不受期限限制的一种资格。也就是说，取得永久居留资格的人仍然是外国人。根据《出境入境管理法》的规定，对中国经济社会发展做出突出贡献或者符合其他在中国境内永久居留条件的外国人，经本人申请和公安部批准，取得永久居留资格。外国人在中国永久居留是指外国人在中国居留期限不受限制。

申请在中国永久居留的外国人应当遵守中国法律、身体健康、无犯罪记录，并符合下列条件之一：（1）在中国直接投资、连续3年投资情况稳定且纳税记录良好的；（2）在中国担任副总经理、副厂长等职务以上或者具有副教授、副研究员等副高级职称以上以及享受同等待遇，已连续任职满4年，

4年内在中国居留累计不少于3年且纳税记录良好的；（3）对中国有重大、突出贡献以及国家特别需要的；（4）第（1）（2）（3）项所指人员的配偶及其未满18周岁的未婚子女；（5）中国公民或者在中国获得永久居留资格的外国人的配偶，婚姻关系存续满5年、已在中国连续居留满5年、每年在中国居留不少于9个月且有稳定生活保障和住所的；（6）未满18周岁未婚子女投靠父母的；（7）在境外无直系亲属，投靠境内直系亲属，且年满60周岁、已在中国连续居留满5年、每年在中国居留不少于9个月并有稳定生活保障和住所的。

取得永久居留资格的外国人有下列情形之一的，由公安部决定取消其在中国境内的永久居留资格：（1）对中国国家安全和利益造成危害的；（2）被处驱逐出境的；（3）弄虚作假骗取在中国境内永久居留资格的；（4）在中国境内居留未达到规定时限的；（5）不适宜在中国境内永久居留的其他情形。根据规定，凡持有中国《外国人永久居留证》的外籍人员，除政治权利和法律法规规定不可享有的特定权利和义务外，原则上和中国公民享有相同权利，承担相同义务。[1]

（三）华侨和外籍华人

华侨是指定居在国外的中国公民，即定居在国外具有中国国籍的人。外籍华人是指已经加入或取得居住国国籍的中国人。由于我国不承认双重国籍，中国人在取得外国国籍的同时，也就不再具有中华人民共和国国籍，因此，其虽称为“华人”，但其实是外国人。

二、外国人就业权利保护的国际标准

为保护外国人的就业权利，国际劳工组织先后在多个国际劳工公约和建议书中作出相关规定。早在国际劳工组织成立初期，1925年通过的《事故赔偿同等待遇公约》中就明确规定：“凡批准本公约的国际劳工组织会员国，

[1]《外国人在中国永久居留审批管理办法》，2004年8月公安部、外交部发布。《外国人在中国永久居留享有相关待遇办法》，2012年9月，中共中央组织部、人力资源和社会保障部、公安部等部门联合发布。

保证对于已批准本公约的任何其他会员国的国民在其国境内因工业意外事故而受伤害者，或对于需其赡养的家属，在工人赔偿方面，应给予与本国国民同等的待遇。”1939年，国际劳工组织就移民就业问题通过了专门的公约和建议书。1949年国际劳工组织通过了《移民就业公约（修订）》，该公约确立了在劳动领域内移民的国民待遇原则。根据公约的规定，对本国领土境内的合法移民，不分民族、种族、宗教和性别，在劳动报酬、工作时间、加班工时、带薪假期、关于家中工作的限制、准予就业年龄、学徒和职业培训、妇女和未成年人参加工作，参加工会组织并享受集体协议的成果，住房，社会保障等方面实行不比本国公民更为不利的待遇。国际劳工组织同年通过的《移民就业建议书（修订）》中对移民就业的问题作出了重要的补充。1962年，国际劳工组织通过的《社会政策（基本宗旨和准则）公约》在第三部分对移民工人作出了专门规定，进一步明确“移民工人至少将与在当地居住的工人同样地受到保护和分享利益”。1962年通过的《(社会保障）同等待遇公约》则明确规定，本国人与外国人在社会保障项目中享受同等待遇，要求“缔约国依照关于人权的各项国际文书，承担尊重并确保所有在其境内或受其管辖的移徙工人及其家庭成员，享有本公约所规定的权利，不分性别、种族、肤色、语言、宗教或信念、政治见解或其他意见、民族、族裔或社会根源、国籍、年龄、经济地位、财产、婚姻状况、出身或其他身份地位等任何区别。”

1990年12月联合国大会通过的《保护所有移徙工人及其家庭成员权利国际公约》规定了移徙工人（外国人）与本国人的平等待遇原则。在劳动领域具体表现为：（1）移徙工人在劳动报酬和其他劳动条件方面[1]应享有不低于适用于就业国国民的待遇；在私人雇佣合约中，克减平等待遇原则应属非法；缔约国应采取一切适当措施，确保移徙工人不因其逗留或就业有任何不正常情况而被剥夺因本原则而获得的任何权利，特别是雇主不得由于任何这种不正常情况而得免除任何法律的或合同的义务，或对其义务有任何方式的限制。（2）移徙工人及其家庭成员有权参加工会。（3）在社会保障方面，移

[1] 包括：（1）其他工作条件，即加班、工时、每周休假、有薪假日、安全、卫生、雇佣关系的结束，以及依照国家法律和惯例，本词所涵盖的任何其他工作条件；（2）其他雇佣条件，即最低就业年龄、在家工作的限制，以及依照国家法律和惯例经认为是雇佣条件的任何其他事项。

徙工人及其家庭成员在符合该国适用的立法以及适用的双边或多边条约规定的前提下，享有与就业国国民同样的待遇。

从保障人权的角度，允许外国人在本国工作并给予与本国人同等的待遇得到了世界各国的普遍认可，并为国际公约所确认，但是毕竟世界没有大同，各国仍然有权对外国人就业进行限制和管理，这同样为世界各国所普遍承认，国际公约也给予了肯定。联合国《保护所有移徙工人及其家庭成员权利国际公约》中就明确“移徙工人在就业国有权自由选择其有报酬的活动”是在符合“限制或条件”下进行的。就业国可以对任何移徙工人作出限制性的规定，包括：（1）根据本国利益的需要和国家立法的规定，限制从事某些种类的工作、职务、服务或活动。（2）根据其关于对境外取得的职业资格给予承认的立法规定，限制自由选择有报酬活动，但有关就业国应尽力对这类资格给予承认。

三、外国人在我国就业的管理

各国在允许非本国人在本国就业的同时，都作出了一定的限制性管理规定，我国也不例外。自 1985 年全国人大第六届常委会通过《中华人民共和国外国人入境出境管理法》[1] 首次对外国人来华工作作出规定以来，我国先后颁布了《外国人在中国就业管理规定》等一系列法律规定对外国人在我国就业进行管理。

（一）外国人在我国就业的条件

外国人在中国就业须具备下列条件：（1）年满 18 周岁，身体健康；（2）具有从事其工作所必需的专业技能和相应的工作经历；（3）无犯罪记录；（4）有确定的聘用单位；（5）持有有效护照或能代替护照的其他国际旅行证件。

（二）外国人在我国就业的岗位限制

根据我国现行的法律规定，外国人从事的就业岗位应当是有特殊需要，

[1]《出境入境管理法》自 2013 年 7 月 1 日起施行，该法同时废止。

国内暂缺适当人选，且不违反国家有关规定的岗位。除经文化部批准持《临时营业演出许可证》进行营业性文艺演出的外国人外，外国人不能在我国境内从事营业性文艺演出。另外，我国法律还禁止个体经济组织和公民个人雇用外国人。

（三）就业许可制度

外国人在我国就业实行就业许可制度。外国人应持职业签证入境（有互免签证协议的，按协议办理），入境后取得外国人就业证和外国人居留证件，方可在中国境内就业。[1]经过许可，在我国合法就业的外国人的劳动权利受到法律保护。

用人单位聘用外国人须为该外国人申请就业许可，经批准并取得“中华人民共和国外国人就业许可证书”（以下简称许可证书）后方可聘用。用人单位聘用外国人，须填写《聘用外国人就业申请表》，向其与劳动行政主管部门同级的行业主管部门（以下简称行业主管部门）提出申请，并提交相关文件资料。[2]经行业主管部门批准后，用人单位持申请表到本单位所在地的省、自治区、直辖市劳动行政部门或其授权的地市级劳动行政部门办理核准手续。由省、自治区、直辖市劳动行政部门或授权的地市级劳动行政部门指定的发证机关向用人单位签发许可证书。[3]

取得许可证书的用人单位，须由被授权单位向拟聘用的外国人发出通知签证函及许可证书。被用人单位拟聘用的外国人要凭许可证书、被授权单位

[1] 未取得居留证件的外国人，在中国留学、实习的外国人及持职业签证外国人的随行家属不得在中国就业。特殊情况，应由用人单位按规定的审批程序申领许可证书，被聘用的外国人凭许可证书到公安机关改变身份，办理就业证、居留证后方可就业。外国驻中国使领馆和联合国系统、其他国际组织驻中国代表机构人员的配偶在中国就业，应按《中华人民共和国外交部关于外国驻中国使领馆和联合国系统组织驻中国代表机构人员的配偶在中国任职的规定》执行，并按规定的审批程序办理有关手续。

[2] 相关文件资料包括：（1）拟聘用外国人履历证明；（2）聘用意向书；（3）拟聘用外国人原因的报告；（4）拟聘用的外国人从事该项工作的资格证明；（5）拟聘用的外国人健康状况证明；（6）法律、法规规定的其他文件。

[3] 中央级用人单位、无行业主管部门的用人单位聘用外国人，可直接到劳动行政部门发证机关提出申请和办理就业许可手续。外商投资企业聘雇外国人，无须行业主管部门审批，可凭合同、章程、批准证书、营业执照和法律规定的申请文件直接到劳动行政部门发证机关申领许可证书。

的通知函电及本国有效护照或能代替护照的证件，到中国驻外使、领馆申请职业签证。

用人单位应在被聘用的外国人入境后15日内，持许可证书、与被聘用的外国人签订的劳动合同及其有效护照或能代替护照的证件到原发证机关为外国人办理就业证，并填写外国人就业登记表。

外国人在中国就业的用人单位必须与其就业证所注明的单位相一致；在发证机关规定的区域内变更用人单位但仍从事原职业的，须经原发证机关批准，并办理就业证变更手续。外国人离开发证机关规定的区域就业或在原规定的区域内变更用人单位且从事不同职业的，须重新办理就业许可手续。

劳动行政部门对就业证实行年检。用人单位聘用外国人就业每满1年，应在期满前30日内到劳动行政部门发证机关为被聘用的外国人办理就业证年检手续。逾期未办的，就业证自行失效。外国人在中国就业期间遗失或损坏其就业证的，应立即到原发证机关办理挂失、补办或换证手续。

持有外国人永久居留证的外国人在中国就业，免办外国人就业证；符合条件的，可优先办理外国专家证、回国（来华）专家证以及各地人才工作居住证。

（四）外国人的社会保险

早在2001年，我国就与德国签订了有关社会保险的双边协议[1]，以保障中德双方驻外人员在参加社会保险的前提下，避免同时承担缔约两国法律规定的参加社会保险的义务，并享受相应的社会保险待遇。2012年，我国又与韩国签订了《中华人民共和国政府和大韩民国政府社会保险协定》[2]。我国

[1]《中华人民共和国与德意志联邦共和国社会保险协定》于2001年7月12日由中国劳动和社会保障部部长、德国劳动和社会事务部部长正式签署。2002年2月18日，两国有关机构签署了《关于实施中华人民共和国和德意志联邦共和国社会保险协定参保义务规定的行政协议》。双方商定，该协定于2002年4月4日正式生效。

[2] 2012年10月29日正式签署了《中华人民共和国政府和大韩民国政府社会保险协定》（以下简称《协定》）和《中华人民共和国政府和大韩民国政府社会保险协定议定书》（以下简称《议定书》）。2012年12月26日，两国有关机构签署了《关于实施中华人民共和国政府和大韩民国政府社会保险协定的行政协议》（以下简称《行政协议》）和《关于实施中华人民共和国政府和大韩民国政府社会保险协定议定书的谅解备忘录》（以下简称《谅解备忘录》）。双方商定，《协定》和《议定书》于2013年1月16日正式生效。

还先后与日本、法国、瑞士等国家开展了社会保险协定的磋商和谈判。

在国内立法上，《中华人民共和国社会保险法》（以下简称《社会保险法》）虽然将调整范围限定为“我国公民”[1]，但是该法同时规定，“外国人在中国境内就业的，参照本法规定参加社会保险”，以此保障在我国就业的外国人的社会保险权利。2011 年，人力资源和社会保障部发布了《在中国境内就业的外国人参加社会保险暂行办法》，以专门法律规定的形式承认了在我国境内就业的外国人享有社会保险的权利。根据该规定，在中国境内依法注册或者登记的企业、事业单位、社会团体、民办非企业单位、基金会、律师事务所、会计师事务所等组织（以下简称用人单位）依法招用的外国人，应当依法参加职工基本养老保险、职工基本医疗保险、工伤保险、失业保险和生育保险，由用人单位和本人按照规定缴纳社会保险费。与境外雇主订立雇佣合同后，被派遣到在中国境内注册或者登记的分支机构、代表机构（以下简称境内工作单位）工作的外国人，应当依法参加职工基本养老保险、职工基本医疗保险、工伤保险、失业保险和生育保险，由境内工作单位和本人按照规定缴纳社会保险费。用人单位招用外国人之后，法定时间内要为该外国人办理社会保险登记。参加社会保险的外国人，符合条件的，依法享受社会保险待遇。在达到规定的领取养老金年龄前离境的，其社会保险个人账户予以保留，再次来中国就业的，缴费年限累计计算；经本人书面申请终止社会保险关系的，也可以将其社会保险个人账户储存额一次性支付给本人。外国人死亡的，其社会保险个人账户余额可以依法继承。在中国境外享受按月领取社会保险待遇的外国人，应当至少每年向负责支付其待遇的社会保险经办机构提供一次由中国驻外使、领馆出具的生存证明，或者由居住国有关机构公证、认证并经中国驻外使、领馆认证的生存证明。外国人合法入境的，可以到社会保险经办机构自行证明其生存状况，不再提供生存证明。

持有外国人永久居留证的外国人，可以外国人永久居留证作为有效身份证件办理参加社会保险各项手续：在中国境内就业的，按照《社会保险法》有关规定参加各项社会保险；在中国境内居住但未就业，且符合统筹地区规

[1] 参见《社会保险法》第 1 条、第 2 条。

定的，可参照国内城镇居民参加城镇居民基本医疗保险和城镇居民社会养老保险，享受社会保险待遇。另外，还可按照《住房公积金管理条例》等规定，在工作地缴存和使用住房公积金，离开该地区时，可按规定办理住房公积金的提取或转移手续。

第四章

用人单位

第一节　用人单位的含义和范围

一、用人单位的含义

（一）用人单位的概念

用人单位的概念往往与劳动者相联系，如认为用人单位是指“具有用人权利能力和用人行为能力，使用一名以上职工并且向职工支付工资的单位”[1]，用人单位是指“依法招用和管理劳动者，形成劳动关系，支付劳动报酬的劳动组织”[2]，用人单位“是指与劳动者存在劳动关系的劳动力使用单位和个人”[3]，等等。从法律规定而言，《劳动法》中规定我国的用人单位是指“在中华人民共和国境内的企业、个体经济组织”，当“国家机关、事业组织、社会团体”中存在与之建立劳动合同关系的劳动者时，相对于这些劳动者，“国家机关、事业组织、社会团体”也可以称为《劳动法》上的用人单位。《劳动合同法》在肯定《劳动法》对用人单位范围的界定的同时，将用人单位扩大到民办非企业单位。《劳动合同法实施条例》中明确规定，依法成立的会计师事务所、律师事务所等合伙组织和基金会，属于《劳动合同法》规定的用人单位。

我国劳动法领域的用人单位这一概念，可以从以下三个方面理解，第一，用人单位是与劳动者相对应的概念，用人单位中的“人”是指劳动者，用人单位是具有用人资格的单位；第二，用人单位是享有用人权利和履行用

[1] 王全兴著：《劳动法》，法律出版社 2008 年版，第 105 ~ 106 页。

[2] 董保华著：《劳动关系调整的法律机制》，上海交通大学出版社 2000 年版，第 233 页。

[3] 许明月主编：《劳动法学》，重庆大学出版社 2003 年版，第 53 页。

人义务的组织，在我国现阶段不包括自然人个人[1]；第三，用人单位不仅包括企业等经济组织，也包括非经济组织。因此，用人单位的概念可以概括为：用人单位是指具有用人资格，享有用人权利，履行用人义务的社会组织。

（二）合法的用人单位与非法的用人单位

从《劳动法》和《劳动合同法》的条文表述分析，并没有明确要求用人单位必须是“合法的用人单位”。如果将合法设立或依法成立作为用人单位的一个必要条件，那么没有合法设立的单位都不属于劳动法上调整的用人单位范围，而在实际层面上，这些“单位”又确实在“用人”，实际上是“用人单位”。如果将这些单位排除在劳动法的主体适用范围之外，则与实际情况不符，如一些企业在设立过程中招用人员进行各种设立准备工作，如果按照现行法律将其按照普通民事关系处理并不妥当。

早在 1996 年，劳动部办公厅在对《关于对非法用工主体能否实施行政处罚的请示》的复函中就明确了对非法企业用人情况的态度：“对于存在违反劳动法律、法规行为的用人单位，劳动行政部门应依据《劳动法》等有关法律、法规的规定予以处理。对未经工商部门登记的用人单位，劳动行政部门除依据有关法律、法规对其劳动违法行为进行处理外，还可以提请有关部门对其非法经营行为进行处理。”复函中使用的语言是“对未经工商部门登记的”用人单位，显然，这里并没有为用人单位设定“合法”的前提条件。在一些情况下，不合法的用工问题往往与劳动关系的确认紧密相连。此时就出现了一个困境：如果将其作为劳动关系处理，那么也就承认了“非法单位”具有用人单位的合法地位；如果不将其作为劳动关系处理，则不利于保护劳动者的权益。在相关法律规定中基本采取了对“非法用人单位”依照劳动法律规定进行处罚，对“劳动者”比照劳动法律进行保护的态度。2004 年，国务院颁布的《劳动保障监察条例》中明确规定：“对无营业执照或者

[1] 有学者认为，“用人单位”一般指法人而不是自然人，这与计划经济的行政化的劳动用工制度是相符的。但目前我国的劳动力使用者，既有组织性质的“单位”，也有个体的“老板”。如果以“用人单位”来代称劳动力使用者，显然不周延，而且还造成在我国现实的企业劳动关系中，劳动者是自然人，而劳动力使用者只有组织而没有自然人，劳动者找不到与自己对立的自然人的现象。参见常凯主编：《劳动法》，高等教育出版社 2011 年版，第 112 页。

已被依法吊销营业执照，有劳动用工行为的，由劳动保障行政部门依照本条例实施劳动保障监察，并及时通报工商行政管理部门予以查处取缔。”2005年，劳动和社会保障部发布的《关于确立劳动关系有关事项的通知》中规定：“建筑施工、矿山企业等用人单位将工程(业务)或经营权发包给不具备用工主体资格的组织或自然人，对该组织或自然人招用的劳动者，由具备用工主体资格的发包方承担用工主体责任。”《劳动合同法》中规定：“对不具备合法经营资格的用人单位的违法犯罪行为，依法追究法律责任；劳动者已经付出劳动的，该单位或者其出资人应当依照本法有关规定向劳动者支付劳动报酬、经济补偿、赔偿金；给劳动者造成损害的，应当承担赔偿责任。”2003年的《工伤保险条例》中规定：“无营业执照或者未经依法登记、备案的单位以及被依法吊销营业执照或者撤销登记、备案的单位的职工受到事故伤害或者患职业病的，由该单位向伤残职工或者死亡职工的近亲属给予一次性赔偿，赔偿标准不得低于本条例规定的工伤保险待遇。”2010年修订后的《工伤保险条例》保留了这一规定。2010年人力资源和社会保障部发布的《非法用工单位伤亡人员一次性赔偿办法》中将“无营业执照或者未经依法登记、备案的单位以及被依法吊销营业执照或者撤销登记、备案的单位受到事故伤害或者患职业病的职工”定义为“非法用工单位伤亡人员”。《最高人民法院关于审理劳动争议案件适用法律若干问题的解释(三)》中规定：“劳动者与未办理营业执照、营业执照被吊销或者营业期限届满仍继续经营的用人单位发生争议的，应当将用人单位或者其出资人列为当事人。”“未办理营业执照、营业执照被吊销或者营业期限届满仍继续经营的用人单位，以挂靠等方式借用他人营业执照经营的，应当将用人单位和营业执照出借方列为当事人。”以上这些法律规定都没有从正面对用人单位是否包括“非法”单位作出正面答复，但是都明确对“非法”单位如何适用法律作出了例外规定，由此可以推论，立法者认为的用人单位应当是合法的用人单位。

二、用人单位的范围

从《劳动法》《劳动合同法》等法律规定分析，用人单位包括企业、个体经济组织、民办非企业单位、国家机关、事业单位和社会团体。《劳动合同法实施条例》中又特别规定："依法成立的会计师事务所、律师事务所等合伙组织和基金会，属于劳动合同法规定的用人单位。""劳动合同法规定的用人单位设立的分支机构，依法取得营业执照或者登记证书的，可以作为用人单位与劳动者订立劳动合同；未依法取得营业执照或者登记证书的，受用人单位委托可以与劳动者订立劳动合同。"由此可以推论出，以上这些用人单位的分支机构也能够成为法律上允许的用人单位。

（一）企业

1. 企业与企业法人

法人是与自然人相对应的民事主体，是具有民事权利能力和民事行为能力，依法独立享有民事权利和承担民事义务的社会组织。所谓社会组织，是指"按照一定的宗旨和条件建立起来的具有明确的活动目的和内容，有一定组织机构的有机整体"[1]。根据《民法通则》的规定，设立法人应当符合以下条件：（1）依法成立；（2）有必要的财产或者经费；（3）有自己的名称、组织机构和场所；（4）能够独立承担民事责任。我国的法人类型包括企业法人、机关法人、事业单位法人和社会团体法人。企业法人是指以营利为目的，独立从事商品生产和经营活动的法人。[2]企业法人的设立必须通过工商行政管理机构的审核，并取得《企业法人营业执照》。与企业法人相对应，机关、事业单位和社会团体法人可以统称为非企业法人。两者最大的区别在于企业法人具有营利性，而非企业法人的设立不以营利为目的。

企业法人是我国法定的用人单位，对于企业法人的分支机构是否属于用人单位则需要根据不同情况分别对待。取得营业执照的企业法人分支机构，可以成为劳动合同法上的用人单位；未取得营业执照，但是接受企业法人委托的分支机构，也可以成为用人单位。企业是依法成立的从事经营性活动的组织。企业并不必然为企业法人。根据《合伙企业法》和《个人独资企业法》的规定，合伙企业和个人独资企业并不是独立承担民事责任的企业法

[1] 魏振瀛主编：《民法》，北京大学出版社、高等教育出版社 2013 年版，第 75 页。

[2] 魏振瀛主编：《民法》，北京大学出版社、高等教育出版社 2013 年版，第 77 页。

人，但是作为企业，其仍然是用人单位。

2. 合伙企业

合伙是两个以上的人互约出资，经营共同事业。这里所说的人包括自然人、法人和其他组织；事业包括多种行业，可以是营利性的事务，也可以是非营利性的事务。《民法通则》中规定，个人合伙是指两个以上公民按照协议，各自提供资金、实物、技术等，合伙经营、共同劳动。个人合伙可以起字号，依法经核准登记，在核准登记的经营范围内从事经营。我国学者通说认为，合伙应当成为民事主体，《合伙企业法》的规定实际上承认了合伙的民事主体资格。也就是说，拥有字号，形成组织体的合伙，即合伙组织，特别是合伙企业具有民事主体资格；而有些合伙，并没有字号，是临时性的，其形式属于合伙合同，并不具备主体资格。

对于没有起字号和依法经核准登记从事经营活动的个人合伙（合伙合同），其雇用自然人从事劳动，按照目前的法律规定不属于劳动法的调整范围；对于有字号并经过核准登记的个人合伙，则需要对个人合伙核准登记的性质进行分析，即分析其在工商登记时的经营性质。

最高人民法院在《关于贯彻执行〈中华人民共和国民法通则〉若干问题的意见（试行）》中规定，个人合伙虽经工商行政管理部门错误地登记为集体所有制的企业，但实际为个人合伙的，应当按个人合伙或者个体工商户对待。也就是说，个人合伙在当时并不属于企业范围。

1997 年《合伙企业法》（2006 年修订）颁布后，个人合伙可以申请成为合伙企业。而合伙企业作为企业的一种形式，属于我国劳动法中的用人单位范围。根据《合伙企业法》的规定，自然人、法人和其他组织可以依法在我国境内设立普通合伙企业和有限合伙企业。普通合伙企业由普通合伙人组成，合伙人对合伙企业债务承担无限连带责任，《合伙企业法》对普通合伙人承担责任的形式有特别规定的除外。有限合伙企业由普通合伙人和有限合伙人组成，普通合伙人对合伙企业债务承担无限连带责任，有限合伙人以其认缴的出资额为限对合伙企业债务承担责任。合伙企业的成立应当依法经过企业登记机关的登记，并取得营业执照。

设立合伙企业，一般应当具备下列条件：（1）有 2 个以上合伙人。合伙人为自然人的，应当具有完全民事行为能力。（2）有书面合伙协议。（3）有合伙人认缴或者实际缴付的出资。（4）有合伙企业的名称和生产经营场所。（5）法律、行政法规规定的其他条件。

设立有限合伙企业除满足以上条件外，还应当符合以下条件：（1）有限合伙企业的合伙人为2个以上50个以下（法律另有规定的除外）；（2）至少有1个普通合伙人；（3）有限合伙企业名称中应当标明“有限合伙”字样；（4）有限责任合伙企业的合伙协议应当载明下列事项：普通合伙人和有限合伙人的姓名或者名称、住所，执行事务合伙人应具备的条件和选择程序，执行事务合伙人权限与违约处理办法，执行事务合伙人的除名条件和更换程序，有限合伙人入伙、退伙的条件、程序以及相关责任，有限合伙人和普通合伙人相互转变程序；（5）有限合伙人不得以劳务出资。

3. 个人独资企业

个人独资企业是指依法在我国境内由一个自然人投资设立的企业。目前我国允许设立的个人独资企业有两种：一种是根据《个人独资企业法》设立的不具有企业法人资格的个人独资企业；另一种是根据《公司法》规定，只有一个自然人股东的有限责任公司。

根据《个人独资企业法》设立的个人独资企业，是指由一个自然人投资设立，财产为投资人个人所有，投资人以其个人财产对企业债务承担无限责任的经营实体。这种个人独资企业不具有企业法人资格，其设立应当具备下列条件：（1）投资人为一个自然人；（2）有合法的企业名称；（3）有投资人申报的出资；（4）有固定的生产经营场所和必要的生产经营条件；（5）有必要的从业人员。个人独资企业的设立应当依法经过企业登记机关的登记，并取得营业执照。个人独资企业的名称应当与其责任形式及从事的营业相符合。

只有一个自然人股东的有限责任公司与非公司形式的个人独资企业之间的主要区别在于是否具有法人地位。一个自然人设立的有限责任公司，虽然其出资人仍然为一个自然人，但是其具有公司法人地位，一人有限责任公司的股东对公司的债务承担有限责任，只有在股东不能证明公司财产独立于股东自己的财产的情形下，才对公司债务承担连带责任。一个自然人只能投资设立一个一人有限责任公司。该一人有限责任公司不能投资设立新的一人有限责任公司。自然人设立的一人有限责任公司应当在公司登记中注明自然人独资并在公司营业执照中载明。

（二）国家机关、事业单位和社会团体

国家机关，即国家机关法人，包括权力机关法人、行政机关法人、司法机关法人和军事机关法人。权力机关法人是指各级权力机构，如全国人民代表大会及地方各级人民代表大会。行政机关法人包括国务院及其职能机构，如部、委、办等，以及地方各级政府及其职能部门。但各职能机构的所属部门及其派出机构，不为法人。司法机关法人包括各级人民法院和各级人民检察院。军事机关法人是指团以上具有独立编制的军事机关。[1]根据法律规定，有独立经费的机关从成立之日起，具有机关法人资格。

事业单位是我国特有的一类社会组织，是指国家为了社会公益目的，由国家机关举办或者其他组织利用国有资产举办的，从事教育、科技、文化、卫生等活动的社会服务组织。1952年，中央人民政府政务院发布的《关于全国各级人民政府、党派、团体及所属事业单位的国家工作人员实行公费医疗预防的指示》中首次规定了事业单位的外延，即“文化、教育、卫生、经济建设等”事业单位。[2]2011年，中共中央、国务院发布的《关于分类推进事业单位改革的指导意见》中，按照社会功能将现有事业单位划分为承担行政职能、从事生产经营活动和从事公益服务三个类别。对承担行政职能的，逐步将其行政职能划归行政机构或转为行政机构；对从事生产经营活动的，逐步将其转为企业；对从事公益服务的，继续将其保留在事业单位序列，强化其公益属性。根据职责任务、服务对象和资源配置方式等情况，将从事公益服务的事业单位细分为两类：承担义务教育、基础性科研、公共文化、公共卫生及基层的基本医疗服务等基本公益服务，不能或不宜由市场配置资源的，划入公益一类；承担高等教育、非营利医疗等公益服务，可部分由市场

[1] 魏振瀛主编：《民法》，北京大学出版社、高等教育出版社2013年版，第78～79页。

[2]《关于全国各级人民政府、党派、团体及所属事业单位的国家工作人员实行公费医疗预防的指示》中规定：“现在根据国家卫生人员力量与经济条件，决定将公费医疗预防的范围，自1952年7月份起，分期推广，使全国各级人民政府、党派、工青妇等团体、各种工作队以及文化、教育、卫生、经济建设等事业单位的国家工作人员和革命残废军人，得享受公费医疗预防的待遇。”

配置资源的，划入公益二类。根据法律规定，具备法人条件的事业单位，依法不需要办理法人登记的，从成立之日起，具有法人资格；依法需要办理法人登记的，经核准登记，取得法人资格。因此事业单位都是事业单位法人。事业单位经县级以上各级人民政府及其有关主管部门批准成立后，由县级以上各级人民政府机构编制管理机关所属的事业单位登记管理机构进行登记，颁发《事业单位法人证书》。

社会团体是指中国公民自愿组成，为实现会员共同意愿，按照其章程开展活动的非营利性社会组织。成立社会团体，应当经其业务主管单位审查同意，并依照规定进行登记。社会团体应当具备法人条件。社会团体登记管理机关是国务院民政部门和县级以上地方各级人民政府民政部门。准予登记的社会团体由相应的登记管理机关发给社会团体法人登记证书。[1]

（三）作为用人单位的个体经济组织

1994 年颁布的《劳动法》给予了个体经济组织用人单位的地位。从字面上理解，个体经济组织即从事个体经济的组织。在计划经济时代，基本没有个体经济存在的空间，因此，个体经济组织也就没有生存的土壤。党的十一届三中全会确立了经济体制改革的方向，农村和城镇的个体经济逐渐兴起。法律允许个体经济的存在和发展，个体经济组织也就逐渐出现和发展起来。1981 年 7 月，国务院发布的《关于城镇非农业个体经济若干政策性规定》承认了个体经济的合法性，认为："在我国社会主义条件下，遵守国家的政策和法律、为社会主义建设服务、不剥削他人劳动的个体经济，是国营经济和集体经济的必要补充。从事个体经营的公民，是自食其力的独立劳动者。"并规定："个体经营户，一般是一人经营或家庭经营；必要时，经过工商行政管理部门批准，可以请一至两个帮手；技术性较强或者有特殊技艺的，可以带两三个最多不超过五个学徒。"1982 年《宪法》中明确规定："在法律规定范围内的城乡劳动者个体经济，是社会主义公有制经济的补充。国

[1]《社会团体登记管理条例》，国务院 1998 年通过，2016 年 2 月根据《国务院关于修改部分行政法规的决定》修订。

家保护个体经济的合法的权利和利益。”[1]1984 年 2 月,《国务院关于农村个体工商业的若干规定》将农村个体工商业定义为“农村居民从事的适合个体经营的工业、手工业、商业、饮食业、服务业、修理业、运输业、房屋修缮业以及国家允许个体经营的其他行业”。与农村承包经营户不同，农村居民经营个体工商业需要向所在地工商行政管理机关申领营业执照。

1986 年通过的《民法通则》规定了两类个体经济组织：个体工商户和农村承包经营户。根据《民法通则》的规定，公民在法律允许的范围内，依法经核准登记，从事工商业经营的，为个体工商户；农村集体经济组织的成员，在法律允许的范围内，按照承包合同规定从事商品经营的，为农村承包经营户。个体工商户和农村承包经营户的主要区别为：(1) 从业的主体不同，农村承包经营户的主体必须为农村集体经济组织成员；(2) 个体工商户需要经过工商行政部门的核准登记，取得营业执照，农村承包经营户则依据承包合同取得相应的法律地位。1987 年 5 月，国务院颁布《城乡个体工商户管理暂行条例》，同年国家工商行政管理总局颁布《城乡个体工商户管理暂行条例实施细则》。根据以上法律规定的内容，有经营能力的城镇待业人员、农村村民以及国家政策允许的其他人员，可以申请从事个体工商业经营，依法经核准登记后成为个体工商户。1995 年劳动部发布的《关于贯彻执行〈中华人民共和国劳动法〉若干问题的意见》将属于《劳动法》规定的作为用人单位的个体经济组织限定在了“一般雇工在七人以下的个体工商户”，排除了农村承包经营户。

随着我国经济的发展，个体工商户已经远远超越了小门小户的局面，特别是 2011 年国务院发布的《个体工商户条例》取消了对个体工商户从业人员人数的限制。根据现行法律规定，个体工商户有权根据经营需要招用从业人员；个体工商户应当依法与招用的从业人员订立劳动合同，履行法律、行

[1] 1993 年、1999 年和 2004 年的《宪法修正案》均对此条进行了修正。2004 年的《宪法修正案》将其修正为：在法律规定范围内的个体经济、私营经济等非公有制经济，是社会主义市场经济的重要组成部分。国家保护个体经济、私营经济等非公有制经济的合法的权利和利益。国家鼓励、支持和引导非公有制经济的发展，并对非公有制经济依法实行监督和管理。

政法规规定和合同约定的义务，不得侵害从业人员的合法权益。[1]实践中已经出现了招用从业人员达到上百人的个体工商户，在生产经营规模上越来越像企业。

（四）律师事务所和会计师事务所

律师事务所是律师的执业机构。律师，是指依法取得律师执业证书，接受委托或者指定，为当事人提供法律服务的执业人员。根据《律师法》的规定，设立律师事务所应当具备下列条件：（1）有自己的名称、住所和章程；（2）有符合本法规定的律师；（3）设立人应当是具有一定的执业经历，且三年内未受过停止执业处罚的律师；（4）有符合国务院司法行政部门规定数额的资产。律师事务所可以由国家出资设立，法律也允许设立合伙律师事务所和个人律师事务所。设立合伙律师事务所，除应当符合以上律师事务所设立的基本条件外，还应当有三名以上合伙人，设立人应当是具有三年以上执业经历的律师。合伙律师事务所可以采用普通合伙或者特殊的普通合伙形式设立。合伙律师事务所的合伙人按照合伙形式对该律师事务所的债务依法承担责任。个人律师事务所的设立人应当是具有五年以上执业经历的律师，设立人对律师事务所的债务承担无限责任。法律明确将合伙律师事务所纳入用人单位的范围，对于个人律师事务所是否能够成为用人单位并没有明确。2012年司法部颁布的《律师事务所管理办法》（2016年9月修订）规定，个人律师事务所聘用律师和辅助人员的，应当与合伙律师事务所一样为其聘用的律师和辅助人员办理社会保险，因此个人律师事务所也应当成为法定的用人单位。[2]

会计师事务所是依法设立并承办注册会计师业务的机构。注册会计师是依法取得注册会计师证书并接受委托从事审计和会计咨询、会计服务业务的执业人员。注册会计师执行业务，应当加入会计师事务所。会计师事务所可以由注册会计师合伙设立。合伙设立的会计师事务所的债务，由合伙人按照

---

[1] 2014年《个体工商户条例》的修订维持了这一规定内容。

[2] 如《北京市律师事务所管理办法实施细则》第69条规定："律师事务所应当依法合规管理本所律师、申请律师执业的实习人员及聘用人员。规范劳动关系，执行国家规定的各项社会保险规定，保障律师正当执业权利。"其并没有将个人律师事务所排除在外。

出资比例或者协议的约定，以各自的财产承担责任。合伙人对会计师事务所的债务承担连带责任。

（五）民办非企业单位和基金会

民办非企业单位，是指企业、事业单位、社会团体和其他社会力量以及公民个人利用非国有资产举办的，从事非营利性社会服务活动的社会组织。民办非企业单位与私营企业的主要差别在于民办非企业单位从事的是非营利性的社会服务。根据目前的法律规定，民办非企业单位与事业单位的根本区别在于资产的来源不同。事业单位的资产来源于国有资产，民办非企业单位利用的是非国有资产。[3]国务院民政部门和县级以上地方各级人民政府民政部门是本级人民政府的民办非企业单位登记管理机关。国务院有关部门和县级以上地方各级人民政府的有关部门、国务院或者县级以上地方各级人民政府授权的组织，是有关行业、业务范围内民办非企业单位的业务主管单位。

申请设立民办非企业单位，应当具备下列条件：（1）经业务主管单位审查同意；（2）有规范的名称、必要的组织机构；（3）有与其业务活动相适应的从业人员；（4）有与其业务活动相适应的合法财产；（5）有必要的场所。准予登记的民办非企业单位，由登记管理机关登记民办非企业单位的名称、住所、宗旨和业务范围、法定代表人或者负责人、开办资金、业务主管单位，并根据其依法承担民事责任的不同方式，分别发给《民办非企业单位（法人）登记证书》《民办非企业单位（合伙）登记证书》《民办非企业单位（个体）登记证书》。持有《民办非企业单位（法人）登记证书》的民办非企业单位具有法人资格。持有《民办非企业单位（合伙）登记证书》的民办非企业单位，属于非营利性普通合伙，但是《合伙企业法》对其并不适用，民办非企业合伙的活动应当根据合伙协议进行，但是不能违反《民法通则》规定的有关基本原则和其他有关法律的强制性规定。[4]

[3] 有观点认为，为了社会公益事业目的，从事文化、教育、卫生、体育、新闻等公益事业的单位都属于事业单位，民办非企业单位也应视为事业单位。魏振瀛主编：《民法》，北京大学出版社、高等教育出版社 2013 年版，第 79 页。

[4] 魏振瀛主编：《民法》，北京大学出版社、高等教育出版社 2013 年版，第 102 ~ 103 页。

基金会，是指利用自然人、法人或者其他组织捐赠的财产，以从事公益事业为目的，依法成立的非营利性法人，分为面向公众募捐的基金会（简称公募基金会）和不得面向公众募捐的基金会（简称非公募基金会）。公募基金会按照募捐的地域范围，还可以分为全国性公募基金会和地方性公募基金会。国务院民政部门和省、自治区、直辖市人民政府民政部门是基金会的登记管理机关。准予登记的基金会，由登记管理机关发给《基金会法人登记证书》。基金会法人是一种特殊的社会团体法人，其财产来源于社会捐赠。基金会法人没有会员。基金会的设立人将财产转移给基金会后，并不成为基金会的成员，基金会成立后，为基金会捐赠财产的人，也非基金会的会员，无权组成会员大会对基金会进行控制。[1]

设立基金会，应当具备下列条件：（1）为特定的公益目的而设立；（2）全国性公募基金会的原始基金不低于 800 万元人民币，地方性公募基金会的原始基金不低于 400 万元人民币，非公募基金会的原始基金不低于 200 万元人民币，原始基金必须为到账货币资金；（3）有规范的名称、章程、组织机构以及与其开展活动相适应的专职工作人员；（4）有固定的住所；（5）能够独立承担民事责任。

第二节　招聘与录用过程中用人单位的权利

用人单位依法享有自主用人的权利。用人单位自主招聘和录用劳动者是用人单位自主用人权利的重要组成部分。在市场经济条件下，用人单位招用劳动者需要在劳动力市场上进行，无论是用人单位在劳动力市场上直接招用劳动者还是委托职业中介机构招用劳动者，在最终是否与劳动者签订劳动合同时，用人单位具有决定权。

[1] 魏振瀛主编：《民法》，北京大学出版社、高等教育出版社 2013 年版，第 80 页。

一、自主招聘与录用的权利

（一）自主招聘与录用权利的含义

用人单位享有自主招聘和录用的权利，是指用人单位有权利选择招聘和录用劳动者的具体方式和途径，有权决定招聘和录用的程序和条件。

1. 自主决定招聘和录用的方式和途径

用人单位有权决定具体的招聘和录用方式与途径，可以自主招聘，即可以利用本企业场所、企业网站等自有途径发布招聘信息招聘劳动者，也可以通过第三方招聘劳动者，包括委托公共就业服务机构或职业中介机构，参加职业招聘洽谈会，委托报纸、广播、电视、互联网站等大众传播媒介发布招聘信息等。

（1）委托公共就业服务机构或职业中介机构（以下统称就业服务机构）招聘

用人单位委托就业服务机构招聘劳动者，应当提供招聘人员简章，并出示营业执照（副本）或者有关部门批准其设立的文件、经办人的身份证件和受用人单位委托的证明，并与就业服务机构签订委托招聘合同。

用人单位与就业服务机构之间签订的委托招聘合同是平等主体之间签订的协议，属于民事合同的一种。我国《就业促进法》和《就业服务与就业管理规定》等有关法律规定关于用人单位和就业服务机构之间关系的条文，分别使用了“委托”[1]、“代理”[2]、“中介”[3]等概念。根据我国法律规定，代理包括委托代理、法定代理和指令代理三类。委托代理人按照被代理人的委托行使代理权，法定代理依照法律的规定行使代理权，指定代理按照人民法院或者指定单位的指定行使代理。显然，就业服务机构代理用人单位招聘劳动者属于委托代理，再加上《就业服务与就业管理规定》中对于用人单位和就业

[1] 例如,《就业服务与就业管理规定》第 10 条规定:“用人单位可以通过下列途径自主招用人员:(一)委托公共就业服务机构或职业中介机构；……”

[2] 例如,《就业服务与就业管理规定》第 26 条规定：“公共就业服务机构应当积极拓展服务功能，根据用人单位需求提供以下服务：……（二）代理招聘服务……”

[3] 例如,《就业促进法》第 39 条规定：“从事职业中介活动，应当遵循合法、诚实信用、公平、公开的原则。”第 41 条规定：“职业中介机构不得有下列行为：……（二）为无合法证照的用人单位提供职业中介服务；……”

服务机构之间的关系使用了“委托”的概念，那么是否可以认定用人单位和就业服务机构之间的合同属于《合同法》中所规定的委托合同关系？所谓委托合同是指委托人和受托人约定，由受托人处理委托人事务的合同。但是从用人单位具有招用劳动者的决定权，独立与就业服务机构推荐的劳动者签订劳动合同这一事实分析，用人单位和就业服务机构之间的合同更类似于《合同法》中的居间合同。所谓居间合同，是指居间人向委托人报告订立合同的机会或者提供订立合同的媒介服务，委托人支付报酬的合同。

（2）委托报纸、广播、电视、互联网站等大众传播媒介发布招聘信息进行招聘

委托大众媒介发布招聘信息进行招聘，也就是通常所说的发布招聘广告。用人单位和这些大众媒体企业之间要签订委托合同，双方的权利义务受到《合同法》调整的同时，还必须遵守《广告法》的相关规定。

2. 自主决定招聘和录用的程序与条件

用人单位有权决定招聘和录用的具体程序和条件。用人单位有权自主决定是否对劳动者进行面试、笔试；根据具体工作岗位的要求，用人单位有权决定招聘和录用劳动者的条件要求。

（二）自主招聘和录用权利的法定限制

1. 禁止非法招用童工

我国劳动法律规定，禁止用人单位招用16周岁以下的未成年人。用人单位招用人员时，必须核查被招用人员的身份证；对不满16周岁的未成年人，一律不得录用。用人单位违法招聘录用未成年人，即非法招用童工，应当承担相应的法律责任。比如由劳动保障行政部门按照法定标准处以行政罚款，责令用人单位限期将童工送回原居住地交其父母或者其他监护人，所需交通和食宿费用全部由用人单位承担。用人单位经劳动保障行政部门责令限期改正，逾期仍不将童工送交其父母或者其他监护人的，从责令限期改正之日起，由劳动保障行政部门按照法定标准处以罚款，并由工商行政管理部门吊销其营业执照或者由民政部门撤销民办非企业单位登记；用人单位是国家机关、事业单位的，由有关单位依法对直接负责的主管人员和其他直接责任人员给予降级或者撤职的行政处分或者纪律处分。用人单位非法招用童工，

在劳动过程中童工患病或者受伤的，用人单位应当负责送其到医疗机构治疗，并负担治疗期间的全部医疗和生活费用；童工伤残或者死亡的，用人单位由工商行政管理部门吊销营业执照或者由民政部门撤销民办非企业单位登记；用人单位是国家机关、事业单位的，由有关单位依法对直接负责的主管人员和其他直接责任人员给予降级或者撤职的行政处分或者纪律处分；用人单位还应当一次性地对伤残童工、死亡童工的直系亲属给予赔偿，赔偿金额按照国家工伤保险的有关规定计算。用人单位拐骗童工，强迫童工劳动，使用童工从事高空、井下、放射性、高毒、易燃易爆以及国家规定的第四级体力劳动强度的劳动，使用不满 14 周岁的童工，或者造成童工死亡或者严重伤残的，依照刑法关于拐卖儿童罪、强迫劳动罪或者其他罪的规定，依法追究刑事责任。

2. 招用特定劳动者的程序和条件要求

（1）招用外国人的特定条件和程序

用人单位招用外国人，应当在外国人入境前，按有关规定到当地劳动保障行政部门为其申请就业许可，经批准并获得《中华人民共和国外国人就业许可证书》后方可招用。用人单位招用外国人的岗位必须是有特殊技能要求、国内暂无适当人选的岗位，并且不违反国家有关规定。

（2）招用台港澳人员的特定程序

用人单位招用台、港、澳人员后，应当按照法律规定到当地劳动保障行政部门进行备案，并为其办理《台港澳人员就业证》。

（3）特定工种劳动者的招聘条件

用人单位招用从事涉及公共安全、人身健康、生命财产安全等特殊工种的劳动者，应当依法招用持相应工种职业资格证书的人员；招用未持相应工种职业资格证书人员的，须组织其在上岗前参加专门培训，使其取得职业资格证书后方可上岗。

3. 禁止歧视劳动者

用人单位有权决定招聘和录用劳动者的条件要求，但是这一条件要求必须是基于工作岗位本身的需要。用人单位有义务保障劳动者的平等就业权，向劳动者提供平等的就业机会和公平的就业条件，不能在招聘和录用过程中歧视劳动者。用人单位发布的招用人员简章或招聘广告，不得包含歧视性内容。在招聘劳动者时，用人单位不得以性别为由拒绝录用妇女或者提高对妇女的录用标准（国家规定的不适合妇女从事的工种或者岗位除外）；不得在劳动合同中规定限制女职工结婚、生育的内容；不得歧视残疾人；不得以是传染病病原携带者为由拒绝录用（经医学鉴定传染病病原携带者在治愈前或者排除传染嫌疑前，不得从事法律、行政法规和国务院卫生行政部门规定禁止从事的易使传染病扩散的工作除外）；不得强行将乙肝病毒血清学指标作为体检标准（国家法律、行政法规和国务院卫生行政部门规定禁止乙肝病原携带者从事的工作除外）。另外，用人单位招用人员还应当依法对少数民族劳动者给予适当照顾。

4. 遵守诚实信用原则

用人单位招聘和录用劳动者，应当遵守诚实信用原则。具体而言，用人单位应当提供真实的招聘信息，应当依法如实告知劳动者有关工作内容、工作条件、工作地点、职业危害、安全生产状况、劳动报酬以及劳动者要求了解的其他情况。用人单位不得以欺诈、胁迫的手段或者乘人之危，使劳动者在违背真实意思的情况下订立劳动合同，或者要求劳动者同意免除用人单位的法定责任或排除劳动者的权利，如要求劳动者同意以商业保险代替社会保险。如果有以上情形，劳动者和用人单位之间签订的劳动合同无效，用人单位应当向劳动者支付劳动报酬。劳动者也可以依法主张与用人单位解除劳动合同，用人单位应当依法向劳动者支付经济补偿。

二、对劳动者个人信息的知情权

在招聘过程中，用人单位享有求职劳动者个人相关信息的知情权，即用人单位有权要求应聘者提供与应聘岗位相关的信息。

（一）求职劳动者的个人信息

在招聘过程中，用人单位有权知晓劳动者的个人信息。对于劳动者而言，则表现为劳动者有义务如实提供相关信息。个人信息是指那些能够表明自然人个人特征的各种信息，如姓名、性别、年龄、身份证号码、住址、家庭情况等。我国首个涉及个人信息保护的法律规定——《电信和互联网用户个人信息保护规定》[1]将用户个人信息界定为："姓名、出生日期、身份证件号码、住址、电话号码、账号和密码等能够单独或者与其他信息结合识别用户的信息以及用户使用服务的时间、地点等信息。"国家质量监督检验检疫总局和国家标准化管理委员会在2012年11月颁布的《信息安全技术、公共及商用服务信息系统个人信息保护指南》中将个人信息界定为"可为信息系统所处理、与特定自然人相关、能够单独或通过其他信息结合识别该特定自然人的计算机数据"。并将个人信息分为个人敏感信息和个人一般信息。个人敏感信息是指，一旦遭到泄露或修改，会对标识的个人信息主体造成不良影响的个人信息。各行业个人敏感信息的具体内容根据接受服务的个人信息主体意愿和各自业务特点确定。例如，个人敏感信息可以包括身份证号码、手机号码、种族、政治观点、宗教信仰、基因、指纹等。个人一般信息是指个人敏感信息以外的个人信息。显然，通过列举的方式无法穷尽个人信息的所有内容，但概括而言，可以将个人信息概括为"有关个人身份、工作、家庭、财产、健康等与特定个人相关联的、反映个体特征的具有可识别性的信息"[2]。

用人单位有权知晓的劳动者个人信息应该以"与就业相关"为限，即用人单位只能要求劳动者提供与应聘岗位相关的个人信息。在德国，雇主要求劳动者提供的个人信息内容受到《基本法》中有关保障个人隐私权的规定的限制，因此雇主只能针对那些关系到雇主正当的可证明的利益的问题以及与建立雇佣关系需要回答的问题进行提问。求职者没有义务回答他不能接受的问题。为保护隐私权，现在德国总的趋势是对雇主询问求职者私生活的权利的限制越来越严格。举例而言，根据工作的要求，雇主也许会询问求职者是否有犯罪前科。应聘会计师或出纳员可以被问及有无财产犯罪的前科，应聘货车司机可以被问及有无交通肇事犯罪的前科。但是如果这些犯罪前科已经不再登记在联邦犯罪记录中心或是由于行为表现良好被相关政策认定其不必

[1]《电信和互联网用户个人信息保护规定》，工业和信息化部2013年7月公布。

[2] 王利明著：《人格权法研究》，中国人民大学出版社2012年版，第609页。

再列入记录名单中，即犯罪不严重或是5年前实施的犯罪，那么求职者就没有义务说明自己的犯罪前科或透露这些犯罪前科的潜在事实。另外，对于雇主对女性劳动者是否怀孕有无知情权，联邦劳动法院的观点有所变化。原来在很长一段时间内允许雇主不考虑拟招聘的职位而进行询问，联邦法院认为雇主有合法的基于财务状况的理由来询问一个求职者是否怀孕，因为雇员怀孕会给雇主带来沉重的经济负担，还会由于雇佣中的禁令和限制导致公司内部运作更加困难，但是1992年后，联邦劳动法院放弃了自己的观点，在招聘过程中询问求职者是否怀孕被认为违反了民法典的相关规定，一般不被许可。[1]

在法国，招聘方应当预告告知求职人员招聘中会采用的技术方法和收集信息的过程，如果没有事先通知求职人员，涉及个人的任何信息都不得收集，同时法律还禁止收集某些方面的个人信息，如应聘人员的健康状况、政治观点、宗教信仰、工会入会情况、社会出身、民族、妇女是否怀孕、家庭情况。在法国收集个人信息必须遵守“目的性原则”和“适当原则”。目的性原则是指收集的信息不论形式如何，只能用来评价应聘人员从事应聘岗位的工作能力；适当原则，是指这些信息必须和应聘的工作岗位有着直接的、必要的联系。例如，对于干部岗位，可通过个性考查了解应聘者的决策能力、精神活力和容忍度情况，而对于非干部岗位的应聘者就不应当考查和收集这些信息；对于干部岗位的应聘者，则不能考查和收集涉及家庭、体育或艺术爱好方面的信息。[2]我国劳动法律中对用人单位收集和知晓劳动者个人信息的范围规定不多，仅在体检项目等内容上有所限制，如《就业服务与就业管理规定》中规定用人单位招用人员，除国家法律、行政法规和国务院卫生行政部门规定禁止乙肝病原携带者从事的工作外，不得强行将乙肝病毒血清学指标作为体检标准，用人单位违反上述规定的，由劳动保障行政部门责令改正，并可处以罚款；对当事人造成损害的，应当承担赔偿责任。

（二）用人单位的知情权与劳动者个人信息权的协调

[1] [德]曼弗雷德·魏斯、马琳·施米特著:《德国劳动法与劳资关系》，倪斐译，商务印书馆2012年版，第85～87页。

[2] 郑爱青著:《法国劳动合同法概要》，光明日报出版社2010年版，第13～14页。

用人单位对本单位劳动者的管理是用人单位管理权的重要组成部分，用人单位有权知晓劳动者与其工作相关的个人信息，即用人单位对劳动者的个人信息享有知情权。作为自然人的劳动者，对个人信息享有个人信息权。个人信息权属于人格权的一种，是指信息主体对自己的个人信息所享有的进行支配并排除他人非法利用的权利。[1] 权利人有权禁止和排除他人非法收集、处理和利用本人的个人信息，权利人自身有权使用其个人信息，也可在知情同意的情形下允许他人收集、处理和利用其个人信息。[2] 在求职过程中，用人单位所得到的劳动者个人信息由劳动者本人提供，是基于劳动者的同意而取得的。通常基于权利人的同意而收集并持有个人的信息资料，应认为是合法的，但占有信息资料的个人和组织只能将这些信息用于法定的或当事人自愿同意使用的范围。[3] 因此，用人单位对于其取得的劳动者个人信息负有保密的义务，并应当在合理范围内使用。《就业服务与就业管理规定》明确规定，用人单位对取得的劳动者的各种信息资料具有保密义务，如果需要公开劳动者的个人资料信息和使用劳动者的技术、智力成果，须经劳动者本人书面同意；违反规定，侵害劳动者合法权益，造成财产损失或者其他损害的，依法承担民事责任，构成犯罪的，依法追究刑事责任。

（三）用人单位的知情权与劳动者如实告知个人信息的义务

用人单位对劳动者的相关信息享有知情权，根据法律规定，其有权知晓劳动者的真实个人信息，与此相对应的，劳动者需要履行如实告知的义务，即劳动者应当如实向用人单位告知以上信息。如果劳动者向用人单位提供虚假信息，则构成欺诈。劳动者在求职过程中存在欺诈行为，没有如实告知用人单位相关信息，使用人单位在违背真实意思的情况下与其签订劳动合同的，用人单位可以向劳动争议仲裁机构或人民法院主张该劳动合同无效，如果劳动争议仲裁机构或人民法院确认该劳动合同无效，那么对用人单位因此遭受的损害，有过错的劳动者应当承担赔偿责任。

[1] 王利明著：《人格权法研究》，中国人民大学出版社 2012 年版，第 611 页。

[2] 王利明著：《人格权法研究》，中国人民大学出版社 2012 年版，第 612 页。

[3] 王利明著：《人格权法研究》，中国人民大学出版社 2012 年版，第 630 页。

三、公平招聘的权利和禁止不正当竞争

用人单位在劳动力市场上招聘和录用劳动者，享有公平竞争的权利。在劳动力市场上，用人单位不因规模、性质等的不同而被差别对待，用人单位享有同等的招聘和录用劳动者的法律地位，接受平等的就业服务。用人单位在劳动力市场上享有公平竞争权利的同时，也需要履行相应的义务，法律禁止用人单位通过诋毁其他用人单位信誉、商业贿赂等不正当手段招聘人员，用人单位也不能为了取得竞争对手的商业秘密或取得竞争优势而采取不正当手段招用该用人单位的劳动者或与负有竞业限制义务的劳动者签订劳动合同。

（一）禁止用人单位使用不正当竞争手段招聘人员

在劳动力市场上，用人单位不能以不正当手段招聘劳动者。为了在招聘劳动者的过程中取得优势，诋毁其他用人单位的信誉，或采取商业贿赂的手段均为法律所禁止。法律禁止用人单位通过捏造、散布虚伪事实，损害其他用人单位商业信誉的手段招用劳动者；禁止用人单位采用财物或者其他手段进行贿赂以招聘劳动者。

（二）侵犯商业秘密和竞业限制

商业秘密是指不为公众所知悉，能为权利人带来经济利益，具有实用性并经权利人采取保密措施的技术信息和经营信息。用人单位为了取得竞争对手的商业秘密，招聘与竞争对手存在劳动关系的劳动者，该招聘行为具有违法性，通过招聘知晓竞争对手的商业秘密，从而给竞争对手造成损失的，应当承担赔偿责任。

在劳动法领域，竞业限制主要作为劳动者的一项义务而存在。劳动者的竞业限制可以理解为：通过法律规定或劳动者和用人单位约定在劳动合同存续期间和终止或者解除后的一定期限内，劳动者不得从事与该单位具有竞争性质的经济活动。这些竞争活动包括但不限于：劳动者到生产与该用人单位同类产品或者经营同类业务且有竞争关系的其他用人单位任职；劳动者和生产与该单位同类产品或者经营同类业务且有竞争关系的其他用人单位发生业务关系；劳动者自己或与他人共同生产与该单位有竞争关系的同类产品或者经营同类业务。

竞业限制作为劳动者的一项义务可以避免因劳动者利用从用人单位获得的有用信息和特殊技能进行的不正当竞争，对于社会经济的发展和市场竞争的公平有序具有重要意义。《劳动合同法》明确规定了劳动者负有竞业限制义务。[1]根据规定，对负有保密义务的劳动者，用人单位可以在劳动合同或者保密协议中与劳动者约定竞业限制条款，并约定在解除或者终止劳动合同后，在竞业限制期限内按月给予劳动者经济补偿。劳动者违反竞业限制约定的，应当按照约定向用人单位支付违约金。竞业限制的人员限于用人单位的高级管理人员、高级技术人员和其他负有保密义务的人员。竞业限制的范围、地域、期限由用人单位与劳动者约定，竞业限制的约定不得违反法律、法规的规定。在解除或者终止劳动合同后，负有竞业限制义务的人员到与本单位生产或者经营同类产品、从事同类业务的有竞争关系的其他用人单位任职，或者自己开业生产或者经营同类产品、从事同类业务的竞业限制期限，不得超过二年。在劳动力市场上，由于劳动者竞业限制义务的存在，新的用人单位也就不能去招用负有竞业限制义务的劳动者。如果某个用人单位为了取得竞争优势，招用负有竞业限制义务的劳动者，从而侵犯原用人单位的合法权益，那么就应当承担相应的法律责任。

[1]《劳动合同法》第 23 条和第 24 条。

第五章

政府与劳动就业

第一节 政府促进就业的法定职责

一、政府促进就业职责的法律规定

促进就业是政府的重要职责之一。“政府促进就业是指国家行政机关，在保障公民就业权、促进就业方面应履行的各项职责和义务。政府促进就业通常采取三方面措施，即政府促进宏观经济与就业的协调发展，通过发展经济，增加就业岗位；通过制定积极的就业政策，健全和发展就业服务体系；通过采取必要措施，帮助下岗失业人员和其他特殊群体实现再就业。”[1]在市场经济条件下，政府促进就业并不意味着政府为每个有劳动能力和劳动意愿的劳动者都安排一项工作，实现完全就业，事实上，这也是不可能实现的事情，完全就业是违背事物发展规律的幻想。政府促进就业的职责，是指政府有责任促进充分就业。所谓充分就业，是指“在一定工资水平下，愿意就业的劳动者都能够就业的状况，但由于存在信息不对称等问题，仍存在一定比例的供求不匹配的摩擦性的失业。”[2]也就是说，充分就业是将失业率保持在一定合理程度内的就业。国际上比较普遍的观点是，如果一个国家的失业率保持在 4% ~ 5%，则该国就实现了充分就业。

《劳动法》将促进就业作为政府职责给予明确规定。该法第 5 条规定：“国家采取各种措施，促进劳动就业。”第 10 条规定：“国家通过促进经济和社会发展，创造就业条件，扩大就业机会。”《就业促进法》更是将促进就业作为各级政府的法定职责加以明确。根据我国相关法律规定和政府各部门的职责划分，国务院和地方各级政府履行促进就业的政府职责，国务院劳动行政部门具体负责全国的促进就业工作，县级以上人民政府各有关部门按照各

[1] 杨德敏著：《促进就业的财政法保障研究》，中国政法大学出版社 2010 年版，第 53 页。

[2] 杨德敏著：《促进就业的财政法保障研究》，中国政法大学出版社 2010 年版，第 49 页。

自的职责分工，共同做好促进就业工作。

《就业促进法》明确规定：国务院要建立全国促进就业工作协调机制，研究就业工作中的重大问题，协调推动全国的促进就业工作；省、自治区、直辖市人民政府根据促进就业工作的需要，建立促进就业工作协调机制，协调解决本行政区域就业工作中的重大问题。国务院就业工作部际联席会议制度是国务院全国促进就业工作协调机制的重要载体。要建立健全促进就业工作协调机制，巩固和加强县级以上人民政府就业工作联席会议制度，强化统一领导、分工协作的工作机制。各有关部门要按照职责分工，切实履行职能，并加强协调配合，及时交流情况，解决问题。地方各级政府也要建立健全促进就业工作协调机制，巩固和加强县级以上人民政府就业工作联席会议制度，强化统一领导、分工协作的工作机制。

《就业促进法》规定：国家应当把扩大就业放在经济社会发展的突出位置，多渠道扩大就业；县级以上人民政府把扩大就业作为经济和社会发展的重要目标，纳入国民经济和社会发展规划，并制定促进就业的中长期规划和年度工作计划。县级以上人民政府通过发展经济和调整产业结构、规范人力资源市场、完善就业服务、加强职业教育和培训、提供就业援助等措施，创造就业条件，扩大就业。

根据《劳动法》《就业促进法》等相关法律的规定，我国促进就业的政策措施主要包括以下方面：（1）国家通过促进经济和社会发展，创造就业条件，扩大就业机会。一方面，国家鼓励企业、事业组织、社会团体在法律、行政法规规定的范围内兴办产业或者拓展经营，增加就业；另一方面，国家支持劳动者自愿组织起来就业和从事个体经营实现就业。（2）政府要采取各种措施，发展多种类型的职业介绍机构，为劳动者提供就业服务。（3）国家保障劳动者平等就业的权利。劳动者就业，不因民族、种族、性别、宗教信仰不同而受歧视。为保障妇女、残疾人、传染病病原携带者、少数民族人员、退出现役的军人等特殊群体的平等就业权利，对其就业采取特殊措施进行保障。（4）国家采取各种措施，发展职业教育，提高劳动者的素质，增强劳动者的就业能力。（5）建立和完善失业保险制度，为失业人员提供生活保障。

二、劳动就业行政管理主体的职责范围

各级政府，即各级国家行政机构，是国家就业职能的具体实施者。各级政府享有在劳动就业领域行使行政管理的职权。职权一词不仅指法律关系主体具有从事这种行为的资格或能力，也意味着其必须从事这一行为，否则就是失职或违法。[1]因此，国家机关的职权可以理解为国家机关的职责。[2]国务院，即我国中央人民政府，是全国劳动就业政策的制定者和执行者，地方各级政府在其职责范围内，贯彻实施国务院制定的全国就业政策，同时按照中央的劳动就业政策制定本地的具体劳动就业政策，并贯彻实施。在中央和地方各级政府中具体执行劳动就业政策的行政部门是中央和各级政府中的劳动行政部门。

1. 国务院劳动就业行政管理部门

国务院劳动就业行政管理部门是人力资源和社会保障部，根据第十一届全国人民代表大会第一次会议批准的国务院机构改革方案和《国务院关于机构设置的通知》（国发 [2008]11 号）设立，是具体负责全国促进就业工作的政府部门。

促进就业是人力资源和社会保障部的重要职责之一，主要包括：拟订统筹城乡的就业发展规划和政策，完善公共就业服务体系，拟订就业援助制度，完善职业资格制度，统筹建立面向城乡劳动者的职业培训制度，牵头拟订高校毕业生就业政策，会同有关部门拟订高技能人才、农村实用人才培养和激励政策。另外，在劳动就业方面，人力资源和社会保障部还负责拟订人力资源市场发展规划和人力资源流动政策，建立统一规范的人力资源市场，促进人力资源合理流动、有效配置和负责就业、失业、社会保险基金预测预警和信息引导，拟订应对预案，实施预防、调节和控制，保持就业形势稳定和社会保险基金总体收支平衡。人力资源和社会保障部内部设有就业促进司专门负责全国的就业促进工作。

[1] 沈宗灵主编：《法理学》，北京大学出版社 2003 年版，第 73 页。

[2] 杨紫烜主编：《经济法》，北京大学出版社、高等教育出版社 2014 年版，第 80 页。

2．地方劳动就业行政管理部门

地方各级政府中的劳动就业行政管理部门是地方政府的人力资源和社会保障厅、局。其在就业方面的主要职责是：（1）拟订并组织实施本行政区域的人力资源市场发展规划和人力资源流动政策，建立统一规范的人力资源市场，依法管理人力资源市场，促进人力资源合理流动、有效配置。（2）负责本行政区域的促进就业工作。拟订统筹城乡的就业发展规划和政策，完善公共就业服务体系，会同有关部门研究落实就业援助制度；拟订并落实职业资格制度相关政策，统筹建立面向城乡劳动者的职业培训制度；牵头拟订高校毕业生就业政策，会同有关部门拟订高技能人才、农村实用人才培养和激励政策。（3）负责本行政区域的就业、失业、社会保险基金预测预警和信息引导，拟订应对预案，实施预防、调节和控制，保持就业形势稳定和社会保险基金总体收支平衡。

第二节　政府促进就业的财税金融政策

为了促进就业，国家需要采取一系列的政策措施。与法律相比，政策具有灵活性的特征，面对不断变化的就业形势，采取不同的政策措施以促进就业是政府促进就业职责的重要体现。在政府的各项促进就业的政策中，财税金融政策具有重要的地位。

一、设立促进就业的专项财政资金

（一）就业专项资金

国家应当实行有利于促进就业的财政政策，加大资金投入，改善就业环境，扩大就业。根据《就业促进法》的规定，县级以上人民政府应当根据就业状况和就业工作目标，在财政预算中安排就业专项资金用于促进就业工作。就业专项资金用于职业介绍、职业培训、公益性岗位、职业技能鉴定、特定就业政策和社会保险等的补贴，小额贷款担保基金和微利项目的小额担保贷款贴息，以及扶持公共就业服务等。

（二）中小企业发展基金

中小企业是指生产经营规模属于中小型的各种形式的企业。按照企业从业人员、营业收入、资产总额等指标，中小企业划分为中型、小型、微型三种类型。[1] 中小企业的设立和发展，既是劳动者自主创业的渠道，也是增加就业岗位的途径。为促进中小企业的发展，2002 年我国颁布了《中小企业促进法》，并实施了一系列促进中小企业发展的政策措施。设立中小企业发展专项资金是促进中小企业发展的重要财政政策。

《中小企业促进法》中明确规定，国家设立中小企业发展基金，以促进中小企业的发展，为中小企业的发展提供资金支持。中央财政预算中的中小企业发展资金是国家中小企业发展基金最重要的来源[2]。中央财政预算中设立中小企业科目，安排扶持中小企业发展专项资金，用于促进中小企业服务体系建设，开展支持中小企业的工作，补充中小企业发展基金和扶持中小企业发展的其他事项。

国家中小企业发展基金主要用于以下事项的支出：（1）创业辅导和服务；（2）支持建立中小企业信用担保体系；（3）支持技术创新；（4）鼓励专业化发展以及与大企业的协作配套；（5）支持中小企业服务机构开展人员培训、信息咨询等项工作；（6）支持中小企业开拓国际市场；（7）支持中小企业实施清洁生产；（8）其他事项。

二、促进就业的税收优惠政策

促进就业的税收优惠可以分为直接税收优惠政策和间接税收优惠政策。直接税收优惠政策是指，直接鼓励失业人员自主创业、鼓励企业雇用工人，

[1] 具体标准见工业和信息化部、国家统计局、国家发展和改革委员会、财政部联合发布的《中小企业划型标准规定》，2011 年 6 月。

[2] 中小企业发展基金的其他来源包括：中小企业发展基金本身的基金收益、捐赠和其他资金。

直接扩大劳动力需求的税收优惠，如规定对符合法定条件的失业人员从事个体经营给予税收减免。间接税收优惠政策，是指促进经济发展、调整经济结构、鼓励第三产业及中小企业发展，间接扩大劳动力需求，从而实现促进就业的税收优惠措施，如对中小企业在所得税、增值税等方面的税收优惠。[1]

《就业促进法》明确规定，为促进就业，鼓励企业增加就业岗位，扶持失业人员和残疾人就业，国家对下列企业、人员依法给予税收优惠：（1）吸纳符合国家规定条件的失业人员达到规定要求的企业；（2）失业人员创办的中小企业；（3）安置残疾人员达到规定比例或者集中使用残疾人的企业；（4）从事个体经营的符合国家规定条件的失业人员；（5）从事个体经营的残疾人；（6）国务院规定给予税收优惠的其他企业、人员。

1998年以来，国家对下岗失业人员再就业实行了一系列税收优惠政策。随着作为过渡措施的下岗政策逐步退出历史舞台，国家对下岗失业人员再就业的税收优惠政策逐步演化为对失业人员就业的税收优惠措施。2014年，财政部、国家税务总局、人力资源和社会保障部联合发布《关于继续实施支持和促进重点群体创业就业有关税收政策的通知》；随后，国家税务总局、财政部 、人力资源和社会保障部、教育部、民政部联合发布《关于支持和促进重点群体创业就业有关税收政策具体实施问题的公告》（2014年第34号）；2015年，财政部、国家税务总局、人力资源和社会保障部、教育部联合发布《关于支持和促进重点群体创业就业税收政策有关问题的补充通知》；同年，国家税务总局、财政部、人力资源和社会保障部、教育部、民政部联合发布《关于支持和促进重点群体创业就业有关税收政策具体实施问题的补充公告》。

现行促进失业人员就业的税收优惠措施主要包括：（1）对持就业创业证的人员从事个体经营的，在3年内按每户每年8000元为限额依次扣减其当年实际应缴纳的营业税、城市维护建设税、教育费附加、地方教育附加和个人所得税。限额标准最高可上浮20%，各省、自治区、直辖市人民政府可根

[1] 参见郜风涛、张小建主编：《中国就业制度》，中国法制出版社2009年版，第176页；杨德敏著：《促进就业的财政法保障研究》，中国政法大学出版社2010年版，第84页。

据本地区实际情况在此幅度内确定具体限额标准，并报财政部和国家税务总局备案。（2）对商贸企业、服务型企业、劳动就业服务企业中的加工型企业和街道社区具有加工性质的小型企业实体，在新增加的岗位中，当年新招用在人力资源社会保障部门公共就业服务机构登记失业 1 年以上且持就业创业证人员，与其签订 1 年以上期限劳动合同并依法缴纳社会保险费的，在 3 年内按实际招用人数予以定额依次扣减营业税、城市维护建设税、教育费附加、地方教育附加和企业所得税优惠。定额标准为每人每年 4000 元，最高可上浮 30%，各省、自治区、直辖市人民政府可根据本地区实际情况在此幅度内确定具体定额标准，并报财政部和国家税务总局备案。

三、促进就业的金融优惠政策

鉴于我国金融行业的实际情况，为促进就业，解决劳动者自主创业和中小企业发展过程中的资金来源渠道缺乏、贷款困难的问题，我国政府在金融领域，特别是金融贷款方面采取了一系列的优惠政策。小额担保贷款是国家实行的一项促进就业的政策性贷款业务。随着经济的发展，中小企业在促进就业方面发挥着越来越重要的作用，为更好地促进中小企业的发展，从而促进就业，国家实行有利于促进就业的金融政策，增加中小企业的融资渠道，鼓励金融机构加大对中小企业的信贷支持，对中小企业和自主创业人员在一定期限内给予小额担保贷款等金融优惠政策扶持。

2002 年，中国人民银行、财政部、国家经贸委、劳动和社会保障部联合发布《下岗失业人员小额担保贷款管理办法》。根据该办法规定，凡年龄在 60 岁以内、身体健康、诚实信用、具备一定劳动技能的下岗失业人员，自谋职业、自主创业或合伙经营与组织起来就业的，其自筹资金不足部分，在贷款担保机构承诺担保的前提下，可以持劳动保障部门核发的再就业优惠证向商业银行或其分支机构申请小额担保贷款。贷款用作自谋职业、自主创业或合伙经营和组织起来就业的开办经费和流动资金。小额担保贷款利率按照中国人民银行公布的贷款利率水平确定，不得向上浮动。从事微利项目的小额担保贷款由中央财政据实全额贴息，展期不贴息。各省、自治区、直辖市以及地级以上市都要建立下岗失业人员小额贷款担保基金，所需资金主要由同级财政筹集，专户储存于同级财政部门指定的商业银行，封闭运行，专项用于下岗失业人员小额担保贷款。随后有关政府部门先后发布了一系列关于小额担保贷款的文件，逐渐完善小额担保贷款法律制度。

2003年，中国人民银行、财政部、国家发展和改革委员会、劳动和社会保障部发布《关于〈下岗失业人员小额担保贷款管理办法〉有关问题的补充通知》，规定小额担保贷款的贷款人范围从国有独资商业银行、股份制商业银行，扩大到还包括城市商业银行和城乡信用社，并将中央财政用于微利项目的小额担保贷款贴息时间从按年改为按季，并进一步改进了贴息方式。

2006年1月，财政部、中国人民银行、劳动和社会保障部联合发布《关于改进和完善小额担保贷款的通知》，进一步完善了小额担保贷款的管理办法，扩大贷款对象范围，完善财政贴息管理。

2015年，国务院发布《关于进一步做好新形势下就业创业工作的意见》，提出要引导银行业金融机构针对小微企业经营特点和融资需求特征，创新产品和服务。发展政府支持的融资性担保机构和再担保机构，完善风险分担机制，为小微企业提供融资支持，并将小额担保贷款调整为创业担保贷款，针对有创业要求、具备一定创业条件但缺乏创业资金的就业重点群体和困难人员，提高其金融服务可获得性，明确支持对象、标准和条件，贷款最高额度由针对不同群体的5万元、8万元、10万元不等统一调整为10万元。鼓励金融机构参照贷款基础利率，结合风险分担情况，合理确定贷款利率水平，对个人发放的创业担保贷款，在贷款基础利率基础上上浮3个百分点以内的，由财政给予贴息。简化程序，细化措施，健全贷款发放考核办法和财政贴息资金规范管理约束机制，提高代偿效率，完善担保基金呆坏账核销办法。

2016年9月，财政部发布《普惠金融发展专项资金管理办法》，在中央财政设立用于支持普惠金融发展的专项转移支付资金，用于包括创业担保贷款贴息及奖补在内的四个方向。[1]根据该办法的规定，为实施更加积极的就业政策，以创业创新带动就业，助力大众创业、万众创新，专项资金安排支出用于对符合政策规定条件的创业担保贷款[2]给予一定贴息，减轻创业者和用人单位负担，支持劳动者自主创业、自谋职业，引导用人单位创造更多就业岗位，推动解决特殊困难群体的结构性就业矛盾。对符合规定发放的个人和小微企业创业担保贷款，财政部门可按照国家规定的贴息标准予以贴息。专项资金贴息的个人创业担保贷款，最高贷款额度为10万元，贷款期限最长不超过3年，贷款利率可在贷款合同签订日贷款基础利率的基础上上浮一定幅度；专项资金贴息的小微企业创业担保贷款，贷款额度由经办银行根据小微企业实际招用符合条件的人数合理确定，最高不超过200万元，贷款期限最长不超过2年，贷款利率由经办银行根据借款人的经营状况、信用情况等与借款人协商确定。创业担保贷款财政贴息，在国家规定的贷款额度、利率和贴息期限内，按照实际的贷款额度、利率和计息期限计算。

第三节 促进高校毕业生就业的政策

近年来出现的高校毕业生就业难的现象，在一定程度上要归因于1999年开始的“高校扩招”政策。高校扩招政策的出台本身就有缓解当时就业压力的原因。然而，高校扩招本身也为日后高校毕业生就业困难埋下了伏笔。虽然扩招当年减少了新增劳动力数量，但劳动力本身的就业需求只不过是做

[1] 四个使用方向为：县域金融机构涉农贷款增量奖励、农村金融机构定向费用补贴、创业担保贷款贴息及奖补、政府和社会资本合作（PPP）项目以奖代补。

[2] 创业担保贷款，是指以具备规定条件的创业者个人或小微企业为借款人，由创业担保贷款担保基金提供担保，由经办此项贷款的银行业金融机构发放，由财政部门给予贴息（小微企业自行选择贴息或担保中的一项），用于支持个人创业或小微企业扩大就业的贷款业务。担保基金，指由地方政府出资设立的，用于为创业担保贷款提供担保的专项基金。担保基金由政府指定的公共服务机构或其委托的融资性担保机构负责运营管理。

了一个时间上的后移，大部分高校学生经过四年大学学习仍然要就业。2003年，1999年首次高校扩招的学生毕业，高校毕业生就业难的问题也开始出现。为了缓解高校毕业生的就业难题，从2003年起，国家就开始采取一些针对高校毕业生实施的就业促进措施。2016年10月，人力资源和社会保障部、教育部发布《关于实施高校毕业生就业创业促进计划的通知》，从2016年起实施“高校毕业生就业创业促进计划”，通过能力提升、创业引领、校园精准服务、就业帮扶、权益保护等措施，促进高校毕业生就业创业。

一、高等学校毕业生就业政策的改革

1993年，中共中央、国务院发布的《中国教育改革和发展纲要》提出，要改革计划经济时期高等学校毕业生的“统包统分”和“包当干部”的就业制度，开始实行少数毕业生由国家安排就业，多数由学生“自主择业”的就业政策。随着社会主义市场经济体制的建立和劳动人事制度的改革，除对师范学科和某些艰苦行业、边远地区的毕业生，实行在一定范围内定向就业外，大部分毕业生实行在国家方针政策指导下，通过人才劳务市场，“自主择业”的就业办法。与此相配套，建立人才需求信息、就业咨询指导、职业介绍等社会中介组织，为毕业生就业提供服务。2002年3月，国务院办公厅转发教育部、公安部、人事部、劳动和社会保障部联合发布的《关于进一步深化普通高等学校毕业生就业制度改革有关问题意见》，针对高校扩招后，高校毕业生数量迅速增加所带来的就业压力，开始实施市场导向、政府调控、学校推荐、学生与用人单位双向选择的高校毕业生就业机制，拓宽高校毕业生的就业渠道。

二、鼓励高校毕业生基层就业的政策

2003年6月，共青团中央、教育部、财政部和人事部联合发布《关于实施大学生志愿服务西部计划的通知》，启动大学生志愿服务西部计划。

2005年6月，中共中央办公厅发布《关于引导和鼓励高校毕业生面向基层就业的意见》。根据该意见，从 2005 年起国家开始实行引导和鼓励高校毕业生面向基层就业的政策，包括：（1）鼓励高校毕业生到西部地区和艰苦地区就业的优惠政策；（2）鼓励支持高校毕业生到基层自主创业和灵活就业；（3）支持各类中小企业和非公有制单位聘用高校毕业生；（4）建立高校毕业生就业见习制度；（5）在公务员录用上逐步实行向有基层工作经验的高校毕业生倾斜；（6）实施高校毕业生到农村服务计划；（7）推广高校毕业生进村、进社区工作。

2009 年，国务院办公厅发布《关于加强普通高等学校毕业生就业工作的通知》，继续鼓励高校毕业生到城乡基层、中西部地区和中小企业就业。面向基层就业专门项目[1]的高校毕业生开始享有工伤保险待遇，由负责发放高校毕业生工作、生活补贴的部门发放；相关费用，纳入财政给予的工作、生活补贴范围；参加各专门项目的事业单位相对应的自然减员空岗，全部聘用服务期满的高校毕业生；到乡镇事业单位服务的高校毕业生服务满 1 年后，在现岗位空缺情况下，经考核合格，即可与所在单位签订不少于 3 年的聘用合同。各省、自治区、直辖市县及县以上相关的事业单位公开招聘工作人员，应拿出不低于 40%的比例，聘用各专门项目服务期满考核合格的高校毕业生。

2013 年，国务院办公厅发布的《关于做好 2013 年全国普通高等学校毕业生就业工作的通知》中提出，要开发城乡基层特别是城市社区和农村公共管理及社会服务工作岗位，引导高校毕业生到基层就业；提出开展农业技术推广服务特岗计划试点，选拔一批高校毕业生到乡镇担任特岗人员。

2015 年，国务院《关于进一步做好新形势下就业创业工作的意见》中再次提出鼓励高校毕业生多渠道就业。把高校毕业生就业摆在就业工作首位。完善工资待遇进一步向基层倾斜的办法，健全高校毕业生到基层工作的服务保障机制，鼓励毕业生到乡镇特别是困难乡镇机关事业单位工作。对高校毕业生到中西部地区、艰苦边远地区和老工业基地县以下基层单位就业、

[1] 面向基层就业的专门项目是指国家自 2003 年开始实施的“选聘高校毕业生到村任职”、“三支一扶”（支教、支农、支医和扶贫）、“大学生志愿服务西部计划”、“农村义务教育阶段学校教师特设岗位计划”等项目。

履行一定服务期限的，按规定给予学费补偿和国家助学贷款代偿。结合政府购买服务工作的推进，在基层特别是街道（乡镇）、社区（村）购买一批公共管理和社会服务岗位，优先用于吸纳高校毕业生就业。

（一）大学生志愿服务西部计划

大学生志愿服务西部计划开始于2003年，也就是高考扩招后的第一批大学生毕业同一年，其解决高校毕业生就业的目的非常明显。计划内容是按照公开招募、自愿报名、组织选拔、集中派遣的方式，每年招募一定数量的普通高等学校（以下简称“高校”）应届毕业生，到西部贫困县的乡镇从事为期1～2年的教育、卫生、农技、扶贫以及青年中心建设和管理等方面的志愿服务工作。

除国家规定的高校毕业生就业优惠政策外，国家还出台了专门优惠政策，以鼓励大学毕业生参加该计划。

（二）高校毕业生农村服务计划

高校毕业生农村服务计划，包括“三支一扶”计划、农村义务教育阶段学校教师特设岗位计划、“选聘高校毕业生到村任职工作”的农村基层服务项目。

1.“三支一扶”计划[1]

从2006年开始，国家开展“高校毕业生到农村基层从事支教、支农、支医和扶贫工作计划”，即“三支一扶”计划，由人事部、教育部、财政部、农业部、卫生部、国务院扶贫办、共青团中央联合成立全国“三支一扶”工作领导小组和工作协调管理办公室，负责总体规划、协调和指导工作。各省（自治区、直辖市）成立由人事、教育、财政、农业、卫生、扶贫、团委等部门组成的工作领导小组和工作协调管理办公室，研究制定具体的实施办法，落实本地区基层服务岗位，负责组织报名、招募、审核、体检、培训、派遣及相关材料的上报等工作。

该计划的招募对象主要为全国普通高校应届毕业生，要求具备以下条

[1]《关于组织开展高校毕业生到农村基层从事支教、支农、支医和扶贫工作的通知》，2006年中组部、人事部、教育部、财政部、农业部、卫生部、国务院扶贫开发领导小组办公室、共青团中央联合发布。

件：（1）政治素质好，热爱社会主义祖国，拥护党的基本路线和方针政策；（2）学习成绩合格，具有相应的专业知识；（3）具有敬业奉献精神，遵纪守法，作风正派；（4）身体健康。

招募工作应坚持“公开、平等、竞争、择优”的原则，要求有一定比例的名额招募家庭经济困难的学生。每年 4 月底前，省级工作协调管理办公室要收集、汇总乡镇一级教育、农业、卫生、扶贫等基层岗位需求信息，并上报全国“三支一扶”工作协调管理办公室，同时面向社会公开发布。“三支一扶”计划服务期限一般为 2 ~ 3 年，工作期间给予一定的生活、交通补贴，统一办理人身意外伤害保险和住院医疗保险。“三支一扶”计划的大学毕业生在服务期满后，享有就业优惠政策。

2016 年 4 月，中共中央组织部、人力资源和社会保障部等九部门发布《关于实施第三轮高校毕业生“三支一扶”计划的通知》，决定 2016 ~ 2020 年实施第三轮高校毕业生“三支一扶”计划。按照新的政策要求，招募计划适当向辖区内的贫困地区、艰苦边远地区和少数民族地区倾斜。各地要在重点开发支教、支农、支医和扶贫岗位的基础上，落实中央新的部署要求，进一步加大扶贫岗位开发力度，积极拓展供销合作、农村合作经济、农村电子商务、农村饮水安全、农田水利、生态保护、文化建设等领域服务岗位，努力满足基层公共服务体系建设和民生事业发展的需要。对“三支一扶”的高校毕业生，建立教育和培训制度，从 2016 年起在全国实施能力提升专项培训计划。对于服务期间的待遇，通知要求建立工作生活补贴标准动态调整机制，全面落实社会保险政策，同时从 2016 年起，给予每名新招募且在岗服务满 6 个月以上的“三支一扶”人员一次性安家补贴。

“三支一扶”大学生在服务期满后，享受各项就业创业优惠政策，主要包括：（1）机关事业单位定向考录（招聘）。（2）享受各项大学生或青年创业政策支持。（3）享受公共就业服务。（4）服务期满考核合格的“三支一扶”人员，3 年内报考硕士研究生的，初试总分加 10 分，同等条件下优先录取。对于已被录取为研究生的应届高校毕业生参加“三支一扶”计划的，学校应为其保留入学资格。高职（高专）毕业生参加“三支一扶”计划服务期满考核合格的，可免试入读成人高等学历教育专科起点本科。服务期满考核合格且符合相应条件的，可按规定享受相应的学费补偿和助学贷款代偿政策。

2. 农村义务教育阶段学校教师特设岗位计划[1]

从 2006 年起，国家开始组织实施“农村义务教育阶段学校教师特设岗位计划”（以下简称“特岗计划”）。通过公开招聘高校毕业生到西部地区“两基”攻坚县县以下农村学校任教，引导和鼓励高校毕业生从事农村义务教育工作，在创新农村学校教师的补充机制，逐步解决农村学校师资总量不足和结构不合理等问题，提高农村教师队伍的整体素质的同时，也为高校毕业生提供了新的就业途径。特岗计划的实施范围以国家西部地区“两基”攻坚县为主（含新疆生产建设兵团的部分团场），包括纳入国家西部开发计划的部分中部省份的少数民族自治州，适当兼顾西部地区一些有特殊困难的边境县、少数民族自治县和少小民族县。特岗计划所需资金由中央和地方财政共同承担，以中央财政为主。中央财政设立专项资金，用于特设岗位教师的工资性支出。特设岗位教师在聘任期间，执行国家统一的工资制度和标准，其他津贴补贴由各地根据当地同等条件公办教师年收入水平和中央补助水平综合确定。省级财政负责统筹落实资金，用于解决特设岗位教师的地方性补贴、必要的交通补助、体检费和按规定纳入当地社会保障体系，享受相应的社会保障待遇（政府不安排商业保险）应缴纳的相关费用，以及特设岗位教师岗前集中培训和招聘的相关工作等费用。

特设岗位教师实行公开招聘，合同管理，聘期为 3 年。合同中应详细明确规定用人单位和应聘人员双方的权利和义务。

特设岗位教师招聘对象和条件为：（1）以高等师范院校和其他全日制普通高校应届本科毕业生为主，可招少量应届师范类专业专科毕业生。（2）取得教师资格，具有一定教育教学实践经验，年龄在 30 岁以下的全日制普通高校往届本科毕业生。（3）参加过“大学生志愿服务西部计划”、有从教经历的志愿者和参加过半年以上实习支教的师范院校毕业生同等条件下优先。

[1]《农村义务教育阶段学校教师特设岗位计划实施方案》，2006 年，教育部、财政部、人事部、中编办联合发布；《关于继续组织实施“农村义务教育阶段学校教师特设岗位计划”的通知》，2009 年 2 月，教育部、财政部、人力资源和社会保障部、中央编办联合发布。

（4）报名者应同时符合教师资格条件要求和招聘岗位要求。

特设岗位教师享受《中共中央办公厅　国务院办公厅印发〈关于引导和鼓励高校毕业生面向基层就业的意见〉的通知》（中办发 [2005]18 号）和人事部等部门《关于组织开展高校毕业生到农村基层从事支教、支农、支医和扶贫工作的通知》（国人部发 [2006]16 号）规定的各项优惠政策。符合相应条件要求的特设岗位教师，可按规定推荐免试攻读教育硕士。特设岗位教师 3 年聘期视同“农村学校教育硕士师资培养计划”要求的 3 年基层教学实践。3 年聘期结束后，对自愿留在本地学校的，要负责落实工作岗位，将其工资发放纳入当地财政统发范围，保证其享受当地教师同等待遇。城市、县镇学校教师岗位空缺需补充人员时，优先聘用特设岗位教师。

聘任期间，特设岗位教师户口和档案关系的管理，由省级人民政府根据当地实际情况确定。档案关系原则上统一转至工作学校所在地的县级政府教师人事档案管理部门。各受援县（市）和学校，要为特设岗位教师提供相应的周转住房和必要的生活条件。

3. “选聘高校毕业生到村任职工作”的农村基层服务项目

2008 年，中共中央组织部发布《关于选聘高校毕业生到村任职工作的意见》，决定从 2008 年开始选聘高校毕业生到村任职工作。选聘对象为 30 岁以下应届和往届毕业的全日制普通高校专科以上学历的毕业生。选聘的基本条件是：（1）思想政治素质好，作风踏实，吃苦耐劳，组织纪律观念强。（2）学习成绩良好，具备一定的组织协调能力。（3）自愿到农村基层工作。（4）身体健康。参加人力资源和社会保障部、团中央等部门组织的到农村基层服务的“三支一扶”、“志愿服务西部计划”等活动期满的高校毕业生，本人自愿且具备选聘条件的，经组织推荐可作为选聘对象。

选聘的高校毕业生在村工作期限一般为 2 ~ 3 年。工作期满后，经组织考核合格、本人自愿的，可继续聘任。经过选聘的高校毕业生在农村基层的任职一般可分为以下情况：选聘的高校毕业生是中共正式党员的，一般安排担任村党委组织书记助理职务；是中共预备党员的或非中共党员的，一般安排担任村委会主任助理职务；是共青团员的，可安排兼任村团组织书记、副书记职务。经过一段时间的实际工作，被大多数党员和群众认可的，可通过推荐参加选举担任村党组织书记、副书记等职务。选聘到村任职的高校毕业生为“村级组织特设岗位”人员，系非公务员身份，工作管理及考核比照公务员的有关规定进行，由乡镇党委、政府负责；人事档案由县委组织部门管理或县级人事部门所属人才服务机构免费代理，党团关系转至所在村。

工作期间，县级组织人事部门与高校毕业生签订聘任合同。具体待遇如下：（1）比照本地乡镇从高校毕业生中新录用公务员试用期满后工资水平确定工作、生活补贴标准，在艰苦边远地区工作的，按规定发放艰苦边远地区津贴，补贴、津贴按月发放。此外，中央财政按人均2000元的标准发放一次性安置费。（2）在村任职期间，办理养老和医疗、人身意外伤害商业保险。养老保险走社会保险渠道，医疗、人身意外伤害保险走商业保险渠道。养老社会保险，保费金额可比照当地事业单位人员相应保险费的缴费基数和缴费比例计算；单位缴纳的部分由负责发放到村任职高校毕业生工作、生活补贴的部门缴纳，个人缴纳的部分由负责发放到村任职高校毕业生工作、生活补贴的部门在个人补贴收入中代扣代缴，具体手续由县（市、区）负责发放到村任职高校毕业生工作、生活补贴的部门到当地社会保险经办机构办理。医疗、人身意外伤害商业保险，由省级组织实施高校毕业生到村任职工作的单位通过竞争性谈判方式，招标选定合适的保险公司，确定保险具体项目和保费金额；参加商业保险的费用，由负责发放到村任职高校毕业生工作、生活补贴的部门缴纳。有条件的地方，也可为到村任职高校毕业生办理住房公积金等。（3）符合国家助学贷款代偿政策规定、聘期考核合格的，其在校期间的国家助学贷款本息由国家代为偿还。（4）在村任职2年以上，具备“选调生”条件和资格的，经组织推荐，可参加选调生统一招考。（5）在村任职2年后报考党政机关公务员享受优惠政策，由中央机关及其直属机构公务员招考和省级公务员主管部门组织本辖区的公务员招考时，在有关招考政策中予以明确。（6）聘期工作表现良好、考核合格的，报考研究生享受优惠政策，具体政策由教育部予以明确。（7）被党政机关或企事业单位正式录用（聘用）后，在村任职工作时间可计算工龄、社会保险缴费年限。（8）到西部和艰苦地区农村任职的，户口可留在现户籍所在地。

三、高校毕业生就业见习制度

2006年2月，人事部、教育部、财政部、劳动和社会保障部、国务院国有资产监督管理委员会、国防科学技术工业委员会联合发布《关于建立高校毕业生就业见习制度的通知》，开始建立高校毕业生就业见习制度。通知要求地方政府有关部门根据实际需要，联系部分企事业单位，为高校毕业生建立见习基地或提供见习岗位，安排见习指导老师，组织开展见习和就业培训，促进尽快就业。各地要在认真考察用人单位的工作岗位、工作环境的基础上，将条件合格并有积极性的企事业单位，确定为见习单位。要广泛收集见习单位的见习岗位信息，并定期予以发布。对于有一定规模、各方面条件较好且能持续提供较多见习岗位的见习单位，可以将其确定为高校毕业生就业见习基地，并予以挂牌。见习基地挂牌期限一般确定为3年。3年期满，经考核合格的可继续挂牌。地方政府要鼓励并有计划地组织当地未就业高校毕业生参加就业见习，帮助未就业高校毕业生通过就业见习扩展就业机会。

大学毕业生的见习期限一般为6个月，最长不超过1年，在见习期间被见习单位正式录（聘）用的，在该单位的见习期可以作为工龄计算。见习活动结束后，要指导见习单位对高校毕业生进行考核鉴定，出具见习证明，作为用人单位招聘和选用见习高校毕业生的依据之一。见习期间由见习单位和地方政府提供基本生活补助。政府人事部门所属人才中介服务机构为见习高校毕业生免费提供人事代理等服务。各级公共就业服务机构要加强对参加见习高校毕业生的失业登记管理和就业服务工作。各级人事、劳动保障、教育部门要会同有关部门及时了解见习高校毕业生的求职需求和用人单位的用人需求，适时组织公益性的规模适度的供需见面会、双向选择活动，帮助见习高校毕业生顺利实现就业。见习期满仍没有落实就业单位的高校毕业生，由政府所属人才中介服务机构、公共职业介绍机构和高校毕业生就业服务机构继续进行就业指导和推荐就业。各地在做好回到原籍的未就业高校毕业生就业见习工作的前提下，可以根据本地区人才引进工作的需要，吸纳非本地生源毕业生参加就业见习，改善本地人才队伍结构，满足本地区经济社会发展对人才的需求。非本地生源毕业生参加见习享受的优惠政策，由各地根据实际情况自行制定。

四、困难家庭高校毕业生的就业援助政策

对困难家庭的高校毕业生，高校可根据实际情况给予适当的求职补贴。各级机关考录公务员、事业单位招聘工作人员时，免收困难家庭高校毕业生的报名费和体检费。对离校后未就业回到原籍的困难家庭高校毕业生，各地公共就业服务机构要摸清底数，免费提供政策咨询、职业指导、职业介绍和人事档案托管等服务，并组织他们参加就业见习、职业技能培训等促进就业的活动。对登记失业的高校毕业生，各地要将他们纳入当地失业人员扶持政策体系。对就业困难的高校毕业生和零就业家庭的高校毕业生，实施一对一职业指导、向用人单位重点推荐、公益性岗位安置等帮扶措施，按规定落实社会保险补贴、公益性岗位补贴等就业援助政策。

从2013年起，国家开始对享受城乡居民最低生活保障家庭的毕业年度内高校毕业生给予一次性求职补贴。[1]根据规定，在毕业年度内有就业意愿并积极求职的享受城乡居民最低生活保障家庭的高校毕业生有资格领取一次性求职补贴。一次性求职补贴的发放坚持自愿申请、公开公正、属地管理、专款专用的原则。各高校应组织符合条件的高校毕业生在离校前集中申请一次性求职补贴。申请一次性求职补贴的高校毕业生应当提交申请材料[2]。各高校要对申请材料进行初审，并将初审通过的申请补贴人员名单在校园内公示。各高校将公示无异议的申请补贴人员名单及申请材料汇总报送高校所在地人力资源社会保障部门。人力资源社会保障部门应及时对申请材料进行审核，审核通过后将补贴发放人员名单报送高校所在地同级财政部门。财政部门将补贴资金支付到高校毕业生在银行开立的个人账户。

[1]《关于做好高校毕业生求职补贴发放工作的通知》，2013年人力资源和社会保障部、教育部、财政部发布。

[2] 申请材料包括：一次性求职补贴申请书、高校毕业生所在家庭享受城乡居民最低生活保障的证明、本人身份证件复印件、个人银行账户等。

五、离校未就业高校毕业生就业促进计划[1]

从 2013 年起，离校未就业高校毕业生就业促进计划开始实施。该计划实施的目的是使有就业意愿的离校未就业高校毕业生在毕业半年内实现就业或参加到就业准备活动之中。具体内容为：

（1）地方各级人力资源社会保障部门所属公共就业人才服务机构和基层公共就业服务平台要面向所有离校未就业高校毕业生（包括户籍不在本地的高校毕业生）开放，办理求职登记或失业登记手续。基层平台根据高校或教育部门提供的有就业意愿的未就业高校毕业生实名制信息，主动联系离校未就业的高校毕业生，对回到当地求职的，掌握就业服务需求；对未回当地的，掌握就业状况并宣讲政策。

（2）对实名登记的所有未就业高校毕业生，提供具有针对性的职业指导。通过向高校毕业生宣讲就业政策和就业形势，帮助高校毕业生了解当地人力资源市场供求情况，树立正确的求职就业观念；通过开展职业素质测评，帮助高校毕业生了解自身特点、职业能力，合理确定求职方向；通过组织团体指导、应聘模拟训练等活动，帮助高校毕业生提高求职应聘能力。

（3）提供就业信息。对有求职意愿的高校毕业生，各地要及时提供就业信息。广泛收集发布岗位信息，有针对性地开展分行业、分专业专场招聘活动和网络招聘活动。要以地级城市或省（区、市）为单位，建立招聘信息互联共享机制，实现辖区内招聘信息联网共享，使高校毕业生在各级公共就业人才服务机构和基层公共就业服务平台都能看到及时有效的招聘信息。通过短信、微博等方式，为登记求职的离校未就业高校毕业生定制定向发布就业信息。对吸纳离校未就业高校毕业生的企业，帮助其按规定享受相关扶持政策。

（4）提供创业服务。对有创业意愿的高校毕业生，各地要纳入当地创业服务体系，提供政策咨询、项目开发、创业培训、融资服务、跟踪扶持等“一条龙”创业服务。会同有关部门落实好小额担保贷款及贴息、税费减免、

[1]《人力资源和社会保障部关于实施离校未就业高校毕业生就业促进计划的通知》，人力资源和社会保障部，2013 年。

落户等各项创业扶持政策。对实名登记的非本地户籍的自主创业高校毕业生，各地都要给予与本地户籍自主创业高校毕业生同等的政策扶持。积极推进大学生创业孵化园建设，大力支持离校未就业高校毕业生从事网络创业。

（5）开展重点就业帮扶。各地要将零就业家庭、经济困难家庭、残疾等就业困难的未就业高校毕业生列为重点工作对象，提供“一对一”个性化就业帮扶，确保实现就业。对残疾高校毕业生，要配合残联向用人单位重点推荐，落实企业按比例吸纳残疾人就业的政策。对接受各项就业创业服务后仍难以实现就业的，可开发临时性就业岗位，保障其基本生活有着落。按规定落实好城乡低保家庭毕业年度内高校毕业生求职补贴政策。

（6）组织就业见习。对有就业见习意愿的高校毕业生，各地要及时纳入就业见习工作对象范围，确保其能够随时参加。结合当地产业发展和市场需求，以企业为主体建立并拓展一批见习基地，大力开发就业见习岗位。通过多种途径发布就业见习岗位信息，组织开展见习供需见面活动。规范见习管理，加强见习期间的跟踪指导、考核监督、安全管理，提高见习质量。落实见习期间基本生活费补助政策，积极协调财政部门根据实际情况适当提高补助标准。

（7）组织职业培训。对有培训意愿的离校未就业高校毕业生，各地要结合其专业特点，组织参加职业培训和技能鉴定，按规定落实相关补贴政策。结合当地产业发展和市场需求开发适合高校毕业生的培训项目，及时向社会发布本地区政府补贴培训职业（工种）目录。在全国范围内组织开展“离校未就业高校毕业生技能就业专项活动”，动员国家级重点以上技工院校和职业培训机构开展有针对性的技能培训。

（8）提供人事劳动保障代理服务。地方各级公共就业人才服务机构要为离校未就业高校毕业生免费提供档案托管、人事代理、社会保险办理和接续等一系列服务，简化服务流程，提高服务效率；有条件的地方可对到小微企业就业的离校未就业高校毕业生，提供免费的人事劳动保障代理服务。

（9）加强劳动权益保护。各地要加大人力资源市场监管力度，严厉打击招聘过程中的欺诈行为，及时纠正性别歧视和其他各类就业歧视。加大劳动用工、缴纳社会保险费等方面的劳动保障监察力度，切实维护高校毕业生就业后的合法权益。

六、鼓励高校毕业生自主创业的政策

2010 年 4 月，人力资源和社会保障部、教育部、财政部、中国人民银行、国家税务总局、国家工商行政管理总局联合发布的《关于实施 2010 高校毕业生就业推进行动大力促进高校毕业生就业的通知》中提出，要实施“创业引领计划”，推进高校毕业生自主创业，完善创业扶持政策。同年 5 月，人力资源和社会保障部发布《关于实施大学生创业引领计划的通知》，决定从 2010 年开始实施为期 3 年的创业引领计划，使有创业愿望并具备一定条件的大学生都得到创业培训，准备创业的大学生都得到创业指导服务，引导和带领大学生通过创业实现就业。2014 年，人力资源和社会保障部等九部门发布《关于实施大学生创业引领计划的通知》，开始实施新一轮“大学生创业引领计划”，继续为大学生创业提供包括普及创业教育、加强创业培训、提供工商登记和银行开户便利、提供多渠道资金支持、提供创业经营场所支持和加强创业公共服务在内的政策支持，以创新引领创业，以创业带动就业。

七、鼓励用人单位录用高校毕业生的政策

（一）中小企业和非公有制单位聘用高校毕业生的优惠政策

国家采取措施支持各类中小企业和非公有制单位聘用高校毕业生。通过大力发展劳动密集型产业、服务业、小型微型企业和创新型科技企业，将中小企业扶持政策与做好高校毕业生就业工作相结合，鼓励企业积极吸纳高校毕业生就业。

对招收高校毕业生达到一定数量的中小企业，地方财政优先考虑安排扶持中小企业发展资金，并优先提供技术改造贷款贴息。劳动密集型小企业当年新招收登记失业高校毕业生达到一定比例的，可按规定申请最高不超过 200 万元的小额担保贷款，并享受财政贴息。对企业招收就业困难高校毕业

生、签订劳动合同并缴纳社会保险费的，按规定给予社会保险补贴。

非公有制单位聘用非本地生源的高校毕业生，省会及省会以下城市取消落户限制。到中小企业和非公有制单位就业的高校毕业生，在专业技术职称评定、科研项目经费申请、科研成果或荣誉称号申报等方面，享受与国有企事业单位同类人员同等待遇。对他们当中从事科技工作的，在按规定程序申请国家和地方科研项目和经费、申报有关科研成果或荣誉称号时，要根据情况给予重视和支持。到非公有制单位就业的高校毕业生，参加了基本养老保险的，今后考录或招聘到国家机关、事业单位工作，其缴费年限可合并计算为工龄。

（二）鼓励科研项目单位录用高校毕业生的政策

为拓宽高校毕业生就业渠道，2009 年 2 月，科技部、教育部、财政部、人力资源和社会保障部、国家自然科学基金委员会联合发布《关于鼓励科研项目单位吸纳和稳定高校毕业生就业的若干意见》，鼓励重大科研项目承担单位聘用优秀高校毕业生作为科研助理或辅助人员参与研究工作。从 2009 年起，国家鼓励高校、科研机构和企业，按照公开、自愿、双向选择的原则，在所承担的民口科技重大专项、973 计划、863 计划、科技支撑计划项目以及国家自然科学基金的重大重点项目实施过程中，聘用高校毕业生作为研究助理或辅助人员参与研究工作，并根据国家有关规定签订服务协议，明确双方的权利、责任和义务。聘用对象主要以优秀的应届毕业生为主，包括高校以及有学位授予权的科研机构培养的博士研究生、硕士研究生和本科生。项目承担单位聘用高校毕业生参与研究，其劳务性费用和有关社会保险费补助按规定从项目经费中的“劳务费”科目列支。重大科研项目聘用高校毕业生作为研究助理和辅助人员参与研究，其劳务性费用和社会保险费补助开支标准，原则上按相应岗位在当地的实际情况由项目承担单位确定。聘用期满，根据工作需要可以续聘或到其他岗位就业，就业后工龄与参与项目研究期间的工作时间合并计算，社会保险缴费年限合并计算。

2010 年 3 月，科学技术部办公厅、教育部办公厅、财政部办公厅联合发布《关于进一步加强科研项目吸纳高校毕业生就业有关工作的通知》，要求科研项目承担单位要根据项目研究需要提出和发布岗位需求的高校毕业生信息，按照双向选择和平等自愿的原则，选聘毕业生担任项目科研助理，并按照项目经费的管理规定编制或调整项目预算，给予聘用的高校毕业生合理待遇。

第四节　失业保险制度的建立和完善

积极的就业政策，并不意味着劳动者都能够就业，而是通过各种政策措施促进就业，将失业率控制在社会可接受的范围之内，因此，在积极就业政策之下，失业是一个不能避免的问题。劳动者失业将失去工资收入的保障，随之可能陷入生活的贫困，因此失业保险制度的建立尤为必要。失业保险制度是我国社会保险制度的重要组成部分，2010 年颁布的《社会保险法》将失业保险列为我国法定社会保险项目之一。失业保险，是指劳动者因失业而暂时中断生活来源的，在法定期间内从国家和社会获得经济和物质帮助的社会保险项目。失业保险制度是失业保险项目得以顺利实行的制度保障。

一、失业保险制度与就业促进的关系

失业保险制度不仅能够为失业人员提供经济支持，而且可以促进失业者尽快重新就业。早在 1934 年，国际劳工组织就通过了《失业补贴公约》和同名建议书，对失业者提供保障。1952 年《社会保障最低标准公约》再次强调，要求成员国向失业者定期提供失业津贴。公约所保护的失业者是指有能力工作而且适宜从事工作，但由于没有能力得到合适的就业机会而根据国家法律或条例停发工资的人。1988 年国际劳工大会通过的《促进就业和失业保护公约》与同名建议书在肯定失业保险对失业者生活补贴的同时，开始强调失业保险对促进就业的作用。失业保险制度建立的主要目的在于保障失业者的基本生活，满足失业者及其家庭成员的基本生活需求。随着失业保险

制度的发展，失业保险对就业的促进功能不断被发掘。我国《就业促进法》将失业保险制度作为一项促进就业政策加以规定："国家建立健全失业保险制度，依法确保失业人员的基本生活，并促进其实现就业。"

在制度层面上，我国失业保险制度主要有以下促进就业的内容：(1) 以有就业意愿作为失业人员领取失业保险金的前提条件；(2) 失业保险金领取有期限的限制；(3) 失业保险基金支出范围中有就业促进的项目。

（一）失业人员有就业意愿

为促进就业，失业保险并不为自愿失业的人员提供保护。促进就业的功能在失业人员领取和停止领取失业保险金的条件规定中有所体现。根据《社会保险法》的规定，失业人员领取失业保险金的条件之一是已经进行失业登记，并有求职要求。当劳动者与用人单位解除或终止劳动合同后，成为失业人员的劳动者应当及时到指定的公共就业服务机构办理失业登记。同时，该法将"无正当理由，拒不接受当地人民政府指定部门或者机构介绍的适当工作或者提供的培训"规定为失业人员停止领取失业保险金的法定情形之一。

《劳动合同法》规定的劳动合同终止情形包括：(1) 劳动合同期满的；(2) 劳动者开始依法享受基本养老保险待遇的；(3) 劳动者死亡，或者被人民法院宣告死亡或者宣告失踪的；(4) 用人单位被依法宣告破产的；(5) 用人单位被吊销营业执照、责令关闭、撤销或者用人单位决定提前解散的；(6) 法律、行政法规规定的其他情形。在 (1)(4)(5) 的情形下，劳动者都不是因为自身原因而丧失工作机会，因此，在以上情形下失业者在社会保险经办机构办理了失业登记后有权享受失业保险待遇。

劳动合同的解除，是指劳动合同签订以后，尚未履行完毕之前，由于一定事由的出现，劳动合同效力终止。《劳动合同法》允许劳动者和用人单位双方在协商一致的情况下解除劳动合同，并对劳动者和用人单位单方行使合同解除权的情形作出了明确规定。用人单位单方行使解除权从而与劳动者解除劳动合同，显然不属于劳动者自愿失业的情况。劳动者提出解除劳动合同可以分为两种情况：一种是协商解除，即劳动者提出解除合同后与用人单位协商，从而解除劳动合同；另一种是劳动者单方行使合同的解除权，《劳动合同法》分别在第37条和第38条对此作出规定。[1]在协商解除劳动合同时，如果是劳动者主动提出或者劳动者根据《劳动合同法》第37条的规定行使解除权解除劳动合同，那么劳动者成为失业人员，是否有资格领取失业保险金，也就是说，此时劳动者是否有"自愿失业"的嫌疑？现行法律规定对此作出了肯定的回答。[2]不过，虽然劳动者主动提出解除劳动合同有各种各样的理由，并不能排除劳动者不想再工作的情况，但是显然不能将劳动者主动解除劳动合同等同于自愿失业，当劳动合同解除后，失业的劳动者持用人单位开具的劳动合同解除证明办理失业保险登记的，应当认为其有劳动的意愿。

判断失业者有劳动意愿，并非自愿失业的另一个客观条件是失业者应当接受适当的工作机会或职业培训。根据《社会保险法》的规定，失业人员"无正当理由，拒不接受当地人民政府指定部门或者机构介绍的适当工作或者提供的培训"，则失去领取失业保险金的资格，即当失业人员无正当理由拒不接受适当工作或培训时推断其不再有劳动意愿，不再属于"非自愿失业"。失业人员拒绝接受工作的理由是否属于正当理由要具体情况具体分析。《社会保险法》和《失业保险条例》对"拒不接受当地人民政府指定的部门

[1]《劳动合同法》第37条规定："劳动者提前三十日以书面形式通知用人单位，可以解除劳动合同。劳动者在试用期内提前三日通知用人单位，可以解除劳动合同。"第38条规定："用人单位有下列情形之一的，劳动者可以解除劳动合同：（一）未按照劳动合同约定提供劳动保护或者劳动条件的；（二）未及时足额支付劳动报酬的；（三）未依法为劳动者缴纳社会保险费的；（四）用人单位的规章制度违反法律、法规的规定，损害劳动者权益的；（五）因本法第二十六条第一款规定的情形致使劳动合同无效的；（六）法律、行政法规规定劳动者可以解除劳动合同的其他情形。用人单位以暴力、威胁或者非法限制人身自由的手段强迫劳动者劳动的，或者用人单位违章指挥、强令冒险作业危及劳动者人身安全的，劳动者可以立即解除劳动合同，不需事先告知用人单位。"

[2]《失业保险金申领发放办法》（2000年10月，劳动和社会保障部发布）将非因本人意愿中断就业者限定在终止劳动合同、被用人单位解除劳动合同和根据《劳动法》第32条第（二）、（三）项与用人单位解除劳动合同的人员范围之内。其中根据《劳动法》第32条第（二）（三）项解除劳动合同的情形为："用人单位以暴力、威胁或者非法限制人身自由的手段强迫劳动的"和"用人单位未按照劳动合同约定支付劳动报酬或者提供劳动条件的"。依据以上规定，劳动者在自身依法预告解除劳动合同和与用人单位协商解除劳动合同的情形下不能享受失业保险待遇。

或者机构介绍的适当工作”并没有次数要求。[1]

（二）失业保险金领取有期限的限制

失业人员领取失业保险金有期限的限制。根据《社会保险法》的规定，失业人员失业前，用人单位和本人累计缴费满1年不足5年的，领取失业保险金的期限最长为12个月；累计缴费满5年不足10年的，领取失业保险金的期限最长为18个月；累计缴费10年以上的，领取失业保险金的期限最长为24个月。重新就业后，再次失业的，缴费时间重新计算，领取失业保险金的期限与前次失业应当领取而尚未领取的失业保险金的期限合并计算，最长不超过24个月。

（三）失业保险基金的促进就业支出

《失业保险条例》将“领取失业保险金期间接受职业培训、职业介绍的补贴”列入失业保险基金的支出范围，使我国失业保险法律制度在建立之初就含有了就业促进的功能。

2005年，国务院《关于进一步加强就业再就业工作的通知》中开始允许东部地区在结合本地实际情况下进行扩大失业保险基金支出范围试点。随后，劳动和社会保障部于2006年1月发布的《关于适当扩大失业保险基金支出范围试点有关问题的通知》规定，试点地区的失业保险基金可用于职业培训补贴、职业介绍补贴、社会保险补贴、岗位补贴和小额担保贷款贴息支出。享受上述补贴和贴息的对象为领取失业保险金期间的失业人员。2014年，人力资源和社会保障部、财政部、国家发展和改革委员会、工业和信息化部发布《关于失业保险支持企业稳定岗位有关问题的通知》，决定对于采取有效措施稳定就业岗位的实施兼并重组企业、化解产能严重过剩企业和淘

[1] 在一些地方规定中，有了次数的规定。如2008年北京市劳动和社会保障局发布的《关于执行〈北京市失业保险规定〉有关问题的通知》中就明确要求：失业人员无正当理由三次不接受劳动保障行政部门指定的职业介绍服务机构介绍的工作的，失业保险经办机构停发其失业保险金和其他失业保险待遇，并取消其在本次失业期间再次申领失业保险金的资格。另外，怠于领取失业保险金也可能造成待遇的丧失，如根据北京市的规定，失业人员在领取失业保险金期间，连续两个月无故不领取失业保险金的，失业保险经办机构停发其失业保险金和其他失业保险待遇，其未领取的期限予以保留。《上海市失业保险办法》（1999年颁布）也明确规定，无正当理由三次拒绝就业服务机构提供适当的就业机会才停止领取失业保险金。

汰落后产能企业，由失业保险基金给予稳定岗位补贴，用于职工生活补助、缴纳社会保险费、转岗培训、技能提升培训等相关支出。2015 年，国务院发布的《关于进一步做好新形势下就业创业工作的意见》提出，将失业保险基金支持企业稳岗政策实施范围由兼并重组企业、化解产能过剩企业、淘汰落后产能企业这三类企业扩大到所有符合条件的企业。

二、失业保险的对象

失业保险的对象是指失业保险所保障的社会成员范围，也称为失业保险的覆盖范围，或失业保险的覆盖面。对个人而言，失业是指具有劳动能力的人没有工作的一种生活状态。根据本人的主观意愿，可以将失业分为自愿失业和非自愿失业。自愿失业是指有劳动能力的人自愿不工作的状态；非自愿失业是指有劳动能力并且有工作意愿的人找不到工作的状态。失业保险的对象是非自愿失业的人员，即有劳动能力和劳动愿望，但是得不到工作机会的人员。根据我国现行的法律规定，享受失业保险待遇的条件之一是用人单位和劳动者缴纳失业保险费满 1 年，因此我国失业保险制度覆盖的人群实际上是“就业后再失业”的失业人员，不包括在一定时间内没有找到工作的新生劳动力。

我国失业保险制度的建立是随着国有企业改革和劳动合同制度的建立开始的。1999 年颁布的《失业保险条例》取代了《国有企业职工待业保险规定》，前者与后者有着必然的历史联系。在保障范围上，《失业保险条例》将失业保险覆盖的人群范围从“国有企业职工”扩大到城镇企业的职工，即国有企业、城镇集体企业、外商投资企业、城镇私营企业以及其他城镇企业的职工，在企业和职工本人缴费达到法定 1 年的期限以后失去工作，依法享受相应的失业保险待遇。1999 年颁布的《社会保险费征缴暂行条例》将失业保险的覆盖范围进一步扩大。根据该条例规定，省、自治区、直辖市人民政府根据当地实际情况，可以规定将社会团体及其专职人员、民办非企业单位及其职工以及有雇工的城镇个体工商户及其雇工纳入失业保险的范围，从而将社会团体的专职人员、民办非企业单位的职工和有雇工的城镇个体工商户及其雇工纳入失业保险的覆盖人群中。2010 年颁布的《社会保险法》第 2 条规定："国家建立基本养老保险、基本医疗保险、工伤保险、失业保险、生育保险等社会保险制度，保障公民在年老、疾病、工伤、失业、生育等情况下依法从国家和社会获得物质帮助的权利。"就失业保险制度而言，《社会保险法》看似将"失业保险"扩大到"公民"范围，但是在第五章失业保险中规定"职工应当参加失业保险"，因此，是否将公务员和比照公务员法管理的事业单位工作人员纳入失业保险范围是一个需要解决的问题。在地方立法中，有些明确规定了国家机关中失业保险的参加人员仅包括"合同制"职工。[1]

公务员是指依法履行公职、纳入国家行政编制、由国家财政负担工资福利的工作人员。《公务员法》规定："国家建立公务员保险制度，保障公务员在退休、患病、工伤、生育、失业等情况下获得帮助和补偿。"但在现阶段，尚没有适用于全国范围的公务员失业保险的法律规定。长期以来，事业单位的工作人员往往给人以工作稳定的印象。但随着事业单位的改革，失业的风险同样摆在了事业单位的工作人员面前。2000 年 8 月，中共中央办公厅发布的《深化干部人事制度改革纲要》要求"破除事业单位目前实际存在的干部身份终身制，全面推行聘用制"，"单位与职工按照国家有关法律法规，在平等自愿、协商一致的基础上，签订聘用合同，明确双方的责任、义务和权利"。但对于实施聘用制后事业单位工作人员的社会保障问题没有给予明确。随后，人事部发布的《关于加快推进事业单位人事制度改革的意见》（2000 年）对聘用制进行了较为明确的规定：事业单位全面实行聘用制度，事业单位与职工之间依法签订聘用合同，并建立解聘辞聘制度。聘用制的实施，打破了事业单位工作人员工作的长期性和稳定性。实施聘用，必然有聘用和没有聘用之分，而对于解聘和辞聘后，通过"出口"出去的事业单位原工作人员的社会保险，该意见没有给予明确。虽然 2002 年 7 月人事部发布的《关于在事业单位试行人员聘用制度意见的通知》（国务院办公厅转发）中明确，

[1] 如《浙江省失业保险条例》第 2 条规定："在本省行政区域内的所有企业、事业单位、社会团体、民办非企业单位、有雇工的城镇个体工商户及与其形成劳动关系的职工、雇工，应当依照本条例规定参加失业保险。国家机关及与其形成劳动关系的合同制职工依照本条例规定参加失业保险。"

"受聘人员与所在聘用单位的聘用关系解除后，聘用单位要按照国家有关规定及时为职工办理社会保险关系调转手续，做好各项社会保险的衔接工作"。但如何衔接却没有明确的下文。由于失业风险没有社会保障项目覆盖，聘用制度的真正作用也大打折扣。2014 年，国务院颁布的《事业单位人事管理条例》中明确规定：事业单位及其工作人员依法参加社会保险，工作人员依法享受社会保险待遇。因此，伴随着事业单位改革的推进，事业单位工作人员成为失业保险所覆盖的人员是大势所趋。

三、失业保险基金

（一）失业保险基金的筹集

失业保险基金是保障失业人员生活需要和失业保险制度有序运行的重要经济基础。根据我国的法律规定，失业保险基金主要来源于用人单位和劳动者缴纳的失业保险费。

《失业保险条例》规定的失业保险费缴费标准为用人单位按照本单位工资总额的 2% 缴纳，劳动者按照本人工资的 1% 缴纳。2015 年，人力资源和社会保障部、财政部发布《关于调整失业保险费率有关问题的通知》。根据这一通知，从 2015 年 3 月 1 日起，失业保险费率暂由现行规定的 3% 降至 2%，单位和个人缴费的具体比例由各省、自治区、直辖市人民政府确定。

根据《社会保险法》和《失业保险条例》的规定，用人单位应当依法向当地社会保险经办机构办理失业保险登记，参加失业保险。用人单位自用工之日起 30 日内应当为其职工向社会保险经办机构申请办理失业保险登记。如果用人单位没有按时办理失业保险登记，社会保险经办机构有权依法核定其应当缴纳的失业保险费。用人单位如果没有依法向社会保险经办机构申报应当缴纳的社会保险费数额，按照该单位上月缴费额的 110% 确定应当缴纳数额；缴费单位补办申报手续后，由社会保险费征收机构依法进行结算。用人单位未按时足额缴纳失业保险费的，由社会保险费征收机构责令其限期缴纳或者补足。用人单位逾期仍未缴纳或者补足社会保险费的，社会保险费征收机构可以向银行和其他金融机构查询其存款账户，并可以申请县级以上有关行政部门作出划拨社会保险费的决定，书面通知其开户银行或者其他金融机构划拨社会保险费。用人单位账户余额少于应当缴纳的社会保险费的，社会保险费征收机构可以要求该用人单位提供担保，签订延期缴费协议。用人单位未足额缴纳社会保险费且未提供担保的，社会保险费征收机构可以申请人民法院扣押、查封、拍卖其价值相当于应当缴纳社会保险费的财产，以拍卖所得抵缴社会保险费。

失业保险费是失业保险基金的重要组成部分。在失业保险费之外，失业保险基金的其他来源主要包括失业保险基金的利息收入和政府的财政补贴。

（二）失业保险基金的支出

在失业保险制度建立之初，失业保险基金支出的主要方面是失业保险金的发放。随着失业保险促进就业的功能为社会所接受，促进就业方面的支出也逐渐成为失业保险基金支出的重要部分。

我国的失业保险基金用于下列支出：（1）失业保险金；（2）领取失业保险金期间的医疗补助金；（3）领取失业保险金期间死亡的失业人员的丧葬补助金和其供养的配偶、直系亲属的抚恤金；（4）领取失业保险金期间接受职业培训、职业介绍的补贴，补贴的办法和标准由省、自治区、直辖市人民政府规定；（5）国务院规定或者批准的与失业保险有关的其他费用。

四、失业保险待遇

（一）失业保险金

失业人员有权根据法律规定领取失业保险金。领取失业保险金应当符合以下条件：（1）失业前用人单位和本人已经缴纳失业保险费满 1 年；（2）非因本人意愿中断就业；（3）已经进行失业登记，并有求职要求。失业保险金的领取有期限的限制，根据失业前用人单位和本人缴费的年限不同，失业人员有权领取不同期限的失业保险金。

根据《社会保险法》的规定，失业人员在领取失业保险金期间有下列情形之一的，停止领取失业保险金，并同时停止享受其他失业保险待遇：（1）重新就业的；（2）应征服兵役的；（3）移居境外的；（4）享受基本养老保险待遇的；（5）无正当理由，拒不接受当地人民政府指定部门或者机构介绍的适当工作或者提供的培训的。

（二）领取失业保险金期间的基本医疗保险待遇

根据《社会保险法》的规定，职工应当参加职工基本医疗保险，由用人单位和职工按照国家规定共同缴纳基本医疗保险费。参加了基本医疗保险的职工，在患病接受医疗服务时，符合基本医疗保险药品目录、诊疗项目、医疗服务设施标准以及急诊、抢救的医疗费用，按照国家规定从基本医疗保险基金中支付。

失业人员在领取失业保险金期间，参加职工基本医疗保险，享受基本医疗保险待遇。失业人员应当缴纳的基本医疗保险费从失业保险基金中支付，个人不缴纳基本医疗保险费。

失业人员在领取失业保险金期间死亡的，参照当地对在职职工死亡的规定，向其遗属发给一次性丧葬补助金和抚恤金，所需资金从失业保险基金中支付。

第六章

禁止就业歧视

第一节　就业歧视概述

一、就业歧视的含义和类型

（一）就业歧视的含义

所谓歧视，是指一种差别对待，即对不同的人基于某种特殊情况或条件给予的不同对待。社会学者认为，歧视与不平等相联系，具有贬义色彩，是指“由于某些人是某一群体或类属之成员而对他们施以不公平或不平等的待遇”[1]。法学领域的歧视概念与社会学中的歧视概念具有一定的共同性，同样强调了其消极性，从而不是一个中性概念，“歧视既可以包括不合理的不同待遇（直接歧视），也可以包括不合理的相同待遇（间接歧视）；歧视可以是故意的，也可以是非故意的，甚至是无意识的行为但导致了不同的待遇和后果”[2]。在讨论歧视的时候，往往设定一个违法的前提，即歧视是一种违法的差别对待。《世界人权宣言》明确：“人人有资格享有本宣言所载的一切权利和自由，不分种族、肤色、性别、语言、宗教、政治或其他见解、国籍或社会出身、财产、出生或其他身份等任何区别。”“不分……任何区别”意味着平等，因此，凡是基于“种族、肤色、性别、语言、宗教、政治或其他见解、国籍或社会出身、财产、出生或其他身份”等因素而有所差别对待即构成歧视。

就业歧视是歧视在就业领域内的具体体现。国际劳工组织 1958 年通过的《（就业和职业）歧视公约》将就业歧视定义为：“基于种族、肤色、性别、宗教、政治见解、民族血统或社会出身等原因，具有取消或损害就业或职业机会均等或待遇平等作用的任何区别、排斥或优惠”；“有关会员国经与

[1]［美］戴维·波普诺：《社会学》，李强等译，中国人民大学出版社 2004 年版，第 306 页。

[2] 李薇薇、Lisa Stearns 主编：《禁止就业歧视：国际标准和国内实践》，法律出版社 2006 年版，第 47 页。

有代表性的雇主组织和工人组织（如存在此种组织）以及其他适当机构协商后可能确定的、具有取消或损害就业或职业机会均等或待遇平等作用的其他此种区别、排斥或优惠。”我国《劳动法》规定：“劳动者享有平等就业和选择职业的权利”，“劳动者就业，不因民族、种族、性别、宗教信仰不同而受歧视。”《就业促进法》也作了类似的规定。[1]根据以上对歧视的理解，我们可以将就业歧视定义为：违反法律规定，对劳动者根据种族、肤色、性别、语言、宗教、政治或其他见解、国籍或社会出身、财产、出生或其他身份等因素而给予差别对待，从而不合理地限制或剥夺劳动者的平等就业权利。

（二）就业歧视的类型

《劳动法》规定的就业歧视类型包括民族、种族、性别、宗教信仰歧视四种。《就业促进法》在重述了以上四种就业歧视类型的基础上，还规定“用人单位招用人员，不得歧视残疾人”；“用人单位招用人员，不得以是传染病病原携带者为由拒绝录用”；“农村劳动者进城就业享有与城镇劳动者平等的劳动权利，不得对农村劳动者进城就业设置歧视性限制”。

在法律明确列举的以上歧视类型之外，我国社会生活中还存在很多其他的歧视类型，如年龄歧视、基因歧视、相貌歧视、身高歧视，等等。出现以上这些没有在《劳动法》和《就业促进法》中列举的歧视类型，劳动者能否得到法律的保护？作为对社会生活的规范，法律本身具有滞后性的特点，不能也无法穷尽社会中可能出现的各种类型的歧视，因此法律中所明确的歧视类型仅是举例性的列举，各种类型的歧视都属于法律应当规范的歧视。

二、就业歧视诉讼

《就业促进法》第62条规定：“违反本法规定，实施就业歧视的，劳动者可以向人民法院提起诉讼。”从而第一次在法律中明确了劳动者遭受就业

[1]《就业促进法》第3条规定：劳动者依法享有平等就业和自主择业的权利。劳动者就业，不因民族、种族、性别、宗教信仰等不同而受歧视。

歧视时的权利救济途径。在我国，劳动争议有其特殊的解决途径。根据《劳动争议调解仲裁法》的规定，劳动争议发生后，一般情况下，劳动争议双方（劳动者和用人单位）要先经过劳动争议仲裁程序解决争议，然后才能进入诉讼。也就是说，劳动争议仲裁程序先于诉讼，并且是进入诉讼之前的必经程序。根据《就业促进法》的规定，针对发生在劳动者和用人单位之间的就业歧视争议，可以向法院提起诉讼，而没有涉及仲裁程序。就业歧视争议可能发生在求职者与用人单位、求职者与职业中介机构之间，由于求职者与职业中介机构之间并不会发生劳动关系，因此基于职业中介机构的歧视行为而产生的争议，根据《就业促进法》的规定通过诉讼程序解决，并不存在疑问，而对求职者与用人单位之间发生就业歧视争议时是否应当首先适用劳动争议仲裁程序则存在疑虑。

从《就业促进法》和《劳动争议调解仲裁法》各自的调整范围分析，两者有一个时间上的差异：《就业促进法》所调整的时间范围，是劳动者与用人单位尚未发生劳动关系，或者说是在劳动者的求职过程中，与用人单位产生劳动关系之前；而《劳动争议调解仲裁法》所调整的劳动争议，发生在劳动者与用人单位建立了劳动关系之后。因此，求职阶段的就业歧视争议，依照《就业促进法》的规定，可以直接进入诉讼程序。如果歧视发生在劳动关系存续的过程之中，例如，某用人单位在与劳动者签订劳动合同之后，因为健康原因（如发现劳动者是乙肝病毒携带者）而与劳动者解除劳动合同，此时劳动者应该申请劳动争议仲裁还是直接向法院起诉？有学者认为，“如果用人单位违反了《就业促进法》的有关规定，对法律所保护的特定群体（如女性、残疾人、乙肝病毒携带者等）进行了歧视待遇，劳动者不需要经过劳动争议仲裁程序，而是可以直接向人民法院提起诉讼。”[1]。但是，根据《就业促进法》提起的诉讼，仅仅是基于“歧视”的诉讼，那么在涉及劳动合同的场合，例如用人单位因歧视而解除劳动合同，法院是否可以根据劳动者的诉求判决解除劳动合同违法，从而要求用人单位承担法律责任？本书认为，此时适用劳动争议处理程序更为妥当。

[1] 贾俊玲主编：《劳动法学》，北京大学出版社 2013 年版，第 55 页。

就业歧视案件进入诉讼程序后，按照《民事诉讼法》中“谁主张，谁举证”的证明规则，劳动者要证明用人单位或职业介绍机构存在就业歧视。实践中劳动者往往因为无法举证而败诉。从美国的经验来看，原告（劳动者）一旦初步证明存在歧视，证明责任就转移给了雇主，雇主必须证明其没有违反禁止歧视的规定。原告只承担“初步证明”或证明存在“歧视的事实”的责任。只要原告所列举的事实有足够理由使法官相信发生了歧视，或有证据表明可能发生了歧视，事实上的歧视就确立了。确立事实上歧视所需的证据标准比民事案件中所适用的证据标准要低。[1]我国应当完善就业歧视诉讼中举证责任的相关法律规定，从而更好地为劳动者提供法律救济。

第二节　禁止就业民族种族歧视

一、禁止就业民族种族歧视的法律规定

就业民族种族歧视，是指违反法律规定，因劳动者民族种族因素而给予的差别对待，从而不合理地限制或剥夺劳动者的平等就业权利。民族，“指具有共同语言、共同地域、共同经济生活以及表现于共同文化上的共同心理素质的人的共同体”[2]。我国有 56 个民族。种族，即人种，指“具有共同起源和共同遗传特征的人群”[3]。

国际劳工组织通过的一系列消除歧视、保障就业平等的国际劳工公约和建议书中都明确将民族种族歧视作为歧视的一种情形予以规定。《（就业和职业）歧视公约》将基于种族和民族血统原因，具有取消或损害就业或职业

[1] 李薇薇著：《反歧视法原理》，法律出版社 2012 年版，第 129 页。

[2] 中国社会科学院语言研究所词典编辑室编：《现代汉语词典》，商务印书馆 2012 年版，第 904 页。

[3] 中国社会科学院语言研究所词典编辑室编：《现代汉语词典》，商务印书馆 2012 年版，第 1690、1094 页。

机会均等或待遇平等作用的任何区别、排斥或优惠规定为歧视。《社会政策（基本宗旨和准则）公约》将消除种族歧视作为社会政策的目的之一加以规定。《就业政策公约》也规定，每个工人不论其种族、民族血统，都有选择职业的自由，并有获得必要技能和使用其技能与天赋的最大可能的机会，取得一项对其很合适的工作。我国《劳动法》明确规定，劳动者就业，不因民族种族不同而受歧视。《就业促进法》中也有相同的规定，并同时规定各民族劳动者享有平等的劳动权利，用人单位招用人员，应当依法对少数民族劳动者给予适当照顾。

二、少数民族人员就业的法律保障

我国是一个多民族的国家，除汉族以外，还有众多的少数民族，对少数民族人员就业实行特殊保障，是我国民族政策的重要组成部分。《就业促进法》规定，用人单位招用人员，应当依法对少数民族劳动者给予适当照顾。根据我国《民族区域自治法》等法律法规的规定，在保障少数民族人员就业方面，主要有以下内容：

1. 民族自治地方的自治机关采取各种措施从当地民族中大量培养各级干部，各种科学技术、经营管理等专业人才和技术工人。

2. 民族自治地方的自治机关录用工作人员的时候，对实行区域自治的民族和其他少数民族的人员应当给予适当的照顾。

3. 民族自治地方的企业、事业单位在招收人员的时候，要优先招收少数民族人员，并且可以从农村和牧区少数民族人口中招收；上级国家机关隶属的在民族自治地方的企业、事业单位在招收人员时，应当优先招收当地少数民族人员。

4. 上级国家机关帮助民族自治地方从当地民族中大量培养各种专业人才和技术工人。

5. 城市人民政府有关部门应当重视少数民族专业技术人员的培养和使用，鼓励企业招收少数民族职工，对进入本市兴办企业和从事其他合法经营活动的外地少数民族人员，应当根据情况提供便利条件，予以支持。

第三节　禁止就业性别歧视

一、就业性别歧视的含义

性别歧视是基于人的生理性别或社会性别而产生的歧视与偏见。该词起源于 20 世纪 60 年代的美国，泛指一切歧视女性的态度和做法。当时的研究表明，一切与男性有关的特点及事务都被看作有价值的、规范的，而与女性有关的一切则被贬值，被认为是偏离常规的。[1] 联合国《消除对妇女一切形式的歧视公约》将“对妇女的歧视”定义为：“基于性别而作的任何区别、排除和限制。其作用或目的是要妨碍或破坏对在政治、经济、社会、文化、公民或任何其他方面的人权和基本自由的承认，以及妇女不论已婚未婚在男女平等的基础上享有或行使这些人权和基本自由。”性别歧视是基于性别而产生的歧视，虽然在社会实践中大量表现为对女性的歧视，但是性别歧视本身并不仅限于歧视女性。

就业性别歧视，是性别歧视在就业领域的体现，是指违反法律规定，根据劳动者性别因素而给予差别对待，从而不合理地限制或剥夺劳动者的平等就业权利。虽然在某些行业中有对男性的就业歧视，但是整体上就业领域的性别歧视更多地体现为对女性劳动者的歧视。男女平等是社会进步、文明发展的表现。在当今社会，妇女已经成为劳动者的重要组成部分。但是由于各种原因，女性在整体上与男性相比，会遇到更多的就业困难。例如，女性的身体结构和生理机能特点决定了女性与男性不同；“男主外，女主内”的社会固化观念使得同等条件下用人单位更倾向于招用男性劳动者；女性因为生育等原因更容易失去工作。消除性别歧视，保障女性劳动者平等的就业权利一直是劳动法的重要内容。

[1] 李傲著：《性别平等的法律保障》，中国社会科学出版社 2009 年版，第 38 页。

二、域外法律经验

就劳动法而言，早期的劳动法是以保护女性劳动者和童工为主要内容的。国际劳工组织最早通过的国际劳工公约即以保护女性劳动者权益为内容。国际劳工组织1919年通过的《保护生育公约》明确规定，女性劳动者有权获得生育假期和生育津贴。1935年通过的《(妇女)井下作业公约》规定，任何妇女，不论其年龄如何，一概不得受雇从事矿山井下作业。1951年通过的《同酬公约》要求各会员国应通过与确定报酬标准的现行方法相适应的手段，促进并在尽可能与这些方法协调的情况下保证在所有工人中实行对男女工人同等价值的工作付予同等报酬的原则，并明确报酬"包括因工人就业而由雇主直接或间接以现金或实物向其支付的常规的、基本的或最低的工资或薪金，以及任何附加报酬"，"对男女工人同等价值的工作付予同等报酬"是指"不以性别歧视为基础而确定的报酬标准"。由于男性劳动者和女性劳动者在很多时候从事的劳动不同，公约确定的"同等价值"标准具有重要意义。国际劳工组织1952年通过的《保护生育公约(修订)》，扩大了生育保护的女性从业范围，明确"不分年龄、民族、种族或信仰，不论已婚或未婚的任何女性"，都享受公约所规定的产假假期和生育津贴。1958年《(就业和职业)歧视公约》要求会员国"要承诺宣布和遵守一项旨在以符合国家条件和惯例的方法促进就业与职业机会均等和待遇平等的国家政策"，以消除包括性别在内的各项歧视。国际劳工组织1981年通过的《有家庭责任的工人公约》虽然适用于"对赡养的子女负有责任的男女工人"，但是在实际社会生活中，女性对家庭承担了更多的责任，因此该公约实际上更是对女性劳动者的保护，是对男女平等的促进。公约规定："为了确立男女工人的机会和待遇平等，各会员国应在国家政策的目标中规定允许现有一份工作或希望得到一份工作的、有家庭责任的人员能够在不受歧视的情况下，若有可能在职业和家庭责任之间不发生冲突的情况下，行使其工作或就业的权利。"1975年，国际劳工大会通过了《国际劳工组织女工机会和待遇平等宣言》，并为此目的通过了《关于行动计划的决议》，再次强调了国际社会在这方面的承诺。该宣言强调，虽然妇女平等与改善所有工人的总体条件密切相连，但必须消除一切形式的性别歧视。2000年，国际劳工组织对1952年通过的《保护生育公约（修订）》进行新的修订。修订后的《保护生育公约》将生育保护的女性范围进一步扩大到包括从事非典型形式工作的所有就业女性，为所有就业女性提供更为完善的生育保护内容。

男女就业平等同样是各国劳动法中的重要制度。根据英国《性别歧视法》的规定，某人基于性别，相较于男性，在对待女性时，给予较不利的待遇的，则构成直接性别歧视。[1]如果对妇女使用的某一个规定、标准或惯常做法尽管也同样地适用于男性，但是它却使相当大比例的妇女相比男性而言受到了损害，而且这种损害不能以与性别无关的理由证明为正当，并最终导致了对某个具体的妇女（原告）损害的话，就构成了间接性别歧视。[2]英国《同酬法》规定，在同一工厂工作或适用相似劳动条件的情形下，倘若女性劳工受雇所做的工作与任一男性劳工相似，则女工的劳动契约必须隐含有同等对待条款。[3]《法国劳动法典》规定，招聘启事或任何形式的公开招聘广告中都不得指明招聘对象的性别和家庭状况，招聘单位也不得以性别或家庭状况为由拒绝聘用。在招聘、晋升、续订劳动合同方面，雇主不能因为妇女怀孕就拒绝招聘或在试用期解除劳动合同，或调动岗位。禁止雇主打听或者让人打听关于女职工怀孕的信息。女性应聘者如果怀孕也没有义务告知招聘方自己怀孕的信息，女职工也没有义务告诉雇主自己的怀孕情况，除非是为了享受国家法律法规对女职工怀孕的特别保护待遇。[4]

三、我国的法律规定

实行男女平等是我国的基本国策，我国法律一直重视男女平等。《宪法》规定："中华人民共和国妇女在政治的、经济的、文化的、社会的和家庭的生活等各方面享有同男子平等的权利。""国家保护妇女的权利和利益，实行

[1] 饶志静著：《英国反就业性别歧视法研究》，法律出版社 2011 年版，第 70 页。
[2] 饶志静著：《英国反就业性别歧视法研究》，法律出版社 2011 年版，第 74 页。
[3] 饶志静著：《英国反就业性别歧视法研究》，法律出版社 2011 年版，第 112 页。
[4] 郑爱青著：《法国劳动合同法概要》，光明日报出版社 2010 年版，第 11 页。

男女同工同酬。”《劳动法》《劳动合同法》《妇女权益保障法》《女职工劳动保护特别规定》等法律法规中都有明确保护女性劳动者的规定，保护女性与男性平等的就业权利。

（一）禁止性别歧视

消除对女性的性别歧视，集中体现在两个方面：一是男女享有平等的就业权利，二是同工同酬。《劳动法》规定：“妇女享有与男子平等的就业权利。在录用职工时，除国家规定的不适合妇女的工种或者岗位外，不得以性别为由拒绝录用妇女或者提高对妇女的录用标准。”“工资分配应当遵循按劳分配原则，实行同工同酬。”《就业促进法》也规定：“国家保障妇女享有与男子平等的劳动权利。用人单位招用人员，除国家规定的不适合妇女的工种或者岗位外，不得以性别为由拒绝录用妇女或者提高对妇女的录用标准。用人单位录用女职工，不得在劳动合同中规定限制女职工结婚、生育的内容。”《妇女权益保障法》[1]在第四章专章对妇女的劳动权益作出了规定，特别明确了女性与男性享有平等的劳动权利。根据该法的规定，国家保障妇女享有与男子平等的劳动权利。各单位在录用职工时，除不适合妇女的工种或者岗位外，不得以性别为由拒绝录用妇女或者提高对妇女的录用标准。各单位在录用女职工时，应当依法与其签订劳动（聘用）合同或者服务协议，劳动（聘用）合同或者服务协议中不得规定限制女职工结婚、生育的内容。禁止录用未满16周岁的女性未成年人，国家另有规定的除外。实行男女同工同酬。妇女在享受福利待遇方面享有与男子平等的权利。在晋职、晋级、评定专业技术职务等方面，应当坚持男女平等的原则，不得歧视妇女。任何单位均应根据妇女的特点，依法保护妇女在工作和劳动时的安全和健康，不得安排不适合妇女从事的工作和劳动。妇女在经期、孕期、产期、哺乳期受特殊保护。任何单位不得因结婚、怀孕、产假、哺乳等情形，降低女职工的工资，辞退女职工，单方解除劳动（聘用）合同或者服务协议。但是，女职工要求终止劳动（聘用）合同或者服务协议的除外。各单位在执行国家退休制

[1] 1992年4月3日第七届全国人民代表大会第五次会议通过，根据2005年8月28日第十届全国人民代表大会常务委员会第十七次会议《关于修改〈中华人民共和国妇女权益保障法〉的决定》修正。

度时，不得以性别为由歧视妇女。《女职工劳动保护特别规定》规定，用人单位不得因女职工怀孕、生育、哺乳而降低其工资、予以辞退、与其解除劳动或者聘用合同。

（二）禁止女职工从事的劳动范围

由于女性的身体结构和生理机能与男性不同，有些工作会给女性的身体健康带来危害。从保护女职工的生命安全、身体健康的角度出发，法律规定了女职工禁止从事的劳动范围。《劳动法》第 59 条规定："禁止安排女职工从事矿山井下、国家规定的第四级体力劳动强度的劳动和其他禁忌从事的劳动。"女职工禁忌从事的劳动范围包括：（1）矿山井下作业；（2）体力劳动强度分级标准中规定的第四级体力劳动强度的作业；（3）每小时负重 6 次以上、每次负重超过 20 公斤的作业，或者间断负重、每次负重超过 25 公斤的作业。

（三）女职工特殊生理期间的保护

对女职工特殊生理期间的保护是指对女职工在经期、孕期、产期、哺乳期的保护，也称为女职工的"四期"保护。

1. 经期保护

经期保护是指对女职工在月经期间的各种保护。《劳动法》第 60 条规定："不得安排女职工在经期从事高处、低温、冷水作业和国家规定的第三级体力劳动强度的劳动。"法定女职工经期禁忌从事的劳动范围具体包括：（1）冷水作业分级标准中规定的第二级、第三级、第四级冷水作业；（2）低温作业分级标准中规定的第二级、第三级、第四级低温作业；（3）体力劳动强度分级标准中规定的第三级、第四级体力劳动强度的作业；（4）高处作业分级标准中规定的第三级、第四级高处作业。

2. 孕期保护

孕期保护是指对女职工在怀孕期间的各种保护。《劳动法》第 61 条规定："不得安排女职工在怀孕期间从事国家规定的第三级体力劳动强度的劳动和孕期禁忌从事的劳动。对怀孕 7 个月以上的女职工，不得安排其延长工作时间和夜班劳动。"《女职工劳动保护特别规定》中规定，女职工在孕期不能适应原劳动的，用人单位应当根据医疗机构的证明，予以减轻劳动量或者安排其他能够适应的劳动。对怀孕 7 个月以上的女职工，用人单位不得延长劳动时间或者安排夜班劳动，并应当在劳动时间内安排一定的休息时间。怀孕女职工在劳动时间内进行产前检查，所需时间计入劳动时间。

法定怀孕女职工禁忌从事的劳动范围具体包括：（1）作业场所空气中铅及其化合物、汞及其化合物、苯、镉、铍、砷、氰化物、氮氧化物、一氧化碳、二硫化碳、氯、己内酰胺、氯丁二烯、氯乙烯、环氧乙烷、苯胺、甲醛等有毒物质浓度超过国家职业卫生标准的作业；（2）从事抗癌药物、己烯雌酚生产，接触麻醉剂气体等的作业；（3）非密封源放射性物质的操作，核事故与放射事故的应急处置；（4）高处作业分级标准中规定的高处作业；（5）冷水作业分级标准中规定的冷水作业；（6）低温作业分级标准中规定的低温作业；（7）高温作业分级标准中规定的第三级、第四级的作业；（8）噪声作业分级标准中规定的第三级、第四级的作业；（9）体力劳动强度分级标准中规定的第三级、第四级体力劳动强度的作业；（10）在密闭空间、高压室作业或者潜水作业，伴有强烈振动的作业，或者需要频繁弯腰、攀高、下蹲的作业。

3. 产期保护

产期保护是指对女职工生育期间的保护，包括产假和产假期间的待遇。《劳动法》第 62 条规定：“女职工生育享有不少于 90 天的产假。”《女职工劳动保护特别规定》中规定：“女职工生育享受 98 天产假，其中产前可以休假 15 天；难产的，增加产假 15 天；生育多胞胎的，每多生育 1 个婴儿，增加产假 15 天。女职工怀孕未满 4 个月流产的，享受 15 天产假；怀孕满 4 个月流产的，享受 42 天产假。”

《社会保险法》对生育保险作出了规定。根据该法规定，职工应当参加生育保险，由用人单位按照国家规定缴纳生育保险费，职工不缴纳生育保险费。用人单位已经缴纳生育保险费的，其职工享受生育保险待遇；职工未就业配偶按照国家规定享受生育医疗费用待遇，所需资金从生育保险基金中支付。生育保险待遇包括生育医疗费用和生育津贴。生育医疗费用包括下列各项：（1）生育的医疗费用；（2）计划生育的医疗费用；（3）法律、法规规定的其他项目费用。职工有下列情形之一的，可以按照国家规定享受生育津贴：（1）女职工生育享受产假；（2）享受计划生育手术休假；（3）法律、法规规定的其他情形。生育津贴按照职工所在用人单位上年度职工月平均工资计发。《女职工劳动保护特别规定》进一步明确：女职工产假期间的生育津贴，对已经参加生育保险的，按照用人单位上年度职工月平均工资的标准由生育保险基金支付；对未参加生育保险的，按照女职工产假前工资的标准由用人单位支付。女职工生育或者流产的医疗费用，按照生育保险规定的项目和标准，对已经参加生育保险的，由生育保险基金支付；对未参加生育保险的，由用人单位支付。

4. 哺乳期保护

哺乳期保护是对女职工在哺乳不满 1 周岁婴儿期间的保护。《劳动法》第 63 条规定："不得安排女职工在哺乳未满 1 周岁的婴儿期间从事国家规定的第三级体力劳动强度的劳动和哺乳期禁忌从事的其他劳动，不得安排其延长工作时间和夜班劳动。"《女职工劳动保护特别规定》规定："对哺乳未满 1 周岁婴儿的女职工，用人单位不得延长劳动时间或者安排夜班劳动。用人单位应当在每天的劳动时间内为哺乳期女职工安排 1 小时哺乳时间；女职工生育多胞胎的，每多哺乳 1 个婴儿每天增加 1 小时哺乳时间。"

法定女职工在哺乳期禁忌从事的劳动范围包括：（1）孕期禁忌从事的劳动范围的第一项、第三项、第九项；（2）作业场所空气中锰、氟、溴、甲醇、有机磷化合物、有机氯化合物等有毒物质浓度超过国家职业卫生标准的作业。

第四节　禁止就业残疾歧视

一、残疾人概念和残疾人评定标准

1993 年，联合国通过的《残疾人机会均等标准规则》在总结了联合国有关残疾概念发展的基础上，从残疾本身出发，指出残疾"泛指世界各国任何人口出现的许许多多的各种功能上的限制。人们出现的残疾既可以是生理、智力或感官上的缺陷，也可以是医学上的状况或精神疾病。此种缺陷、状况或疾病有可能是长期的，也可能是过渡性质的"。同时将残疾与障碍联系起来，将“障碍”定义为“是指机会的丧失或受到限制，无法与其他人在同等基础上参与社会生活”。并指出使用残疾、障碍等术语时，要“确认有必要既看到个人需要（诸如康复和技术辅助器材等），同时还应该看到社会环境的缺欠（阻碍参与的种种障碍）”。联合国《残疾人权利公约》从残疾本身和外部环境两个方面来表述残疾，认为“残疾是一个演变中的概念，残疾是伤残者和阻碍他们在与其他人平等的基础上充分和切实地参与社会的各种态度和环境障碍相互作用所产生的结果”，将残疾人定义为“包括肢体、精神、智力或感官有长期损伤的人，这些损伤与各种障碍相互作用，可能阻碍残疾人在与他人平等的基础上充分和切实地参与社会”。

我国《残疾人保障法》将残疾人定义为：“是指在心理、生理、人体结构上，某种组织、功能丧失或者不正常，全部或者部分丧失以正常方式从事某种活动能力的人。”“残疾人包括视力残疾、听力残疾、言语残疾、肢体残疾、智力残疾、精神残疾、多重残疾和其他残疾的人。”中国残疾人联合会（以下简称中国残联）1995年确定了中国残疾人评定标准，并制发了我国第一代残疾人证。2008年，中国残联发布《关于制发第二代〈中华人民共和国残疾人证〉的通知》，将残疾评定标准确定为国务院批准的《第二次全国残疾人抽样调查残疾标准》，并制发第二代残疾人证。《第二次全国残疾人抽样调查残疾标准》是我国现行的残疾人评定标准。根据这一标准，我国残疾标准分为单项残疾和多重残疾两个部分。单项残疾分为视力残疾、听力残疾、言语残疾、肢体残疾、智力残疾和精神残疾六类。存在两种或两种以上残疾的为多重残疾。多重残疾按所属残疾中的最重类别残疾分级标准进行分级。

1. 视力残疾。视力残疾是指由于各种原因导致双眼视力低下并且不能矫正或视野缩小，以致影响其日常生活和社会参与，包括盲及低视力。视力残疾根据最佳矫正视力的程度分为4级，其中，一级最重，四级最轻，一、二级为盲，三、四级为低视力。

2. 听力残疾。听力残疾是指人由于各种原因导致双耳不同程度的永久性听力障碍，听不到或听不清周围环境声及言语声，以致影响其日常生活和社会参与。听力残疾根据听力障碍的程度分为4级，一级最重，四级最轻。

3. 言语残疾。言语残疾是指由于各种原因导致的不同程度的言语障碍，经治疗 1 年以上不愈或病程超过两年者，不能或难以进行正常的言语交往活动，以致影响其日常生活和社会参与（3 岁以下不定残）。言语残疾包括失语、运动性构音障碍、器官结构异常所致的构音障碍、发声障碍（嗓音障碍）、儿童言语发育迟滞、听力障碍所致的语言障碍和口吃。言语残疾分为 4 级，一级最重，四级最轻。

4. 肢体残疾。肢体残疾是指人体运动系统的结构、功能损伤造成四肢残缺或四肢、躯干麻痹（瘫痪）、畸形等而致人体运动功能不同程度地丧失以及活动受限或参与的局限。肢体残疾包括：上肢或下肢因伤、病或发育异常所致的缺失、畸形或功能障碍；脊柱因伤、病或发育异常所致的畸形或功能障碍；中枢、周围神经因伤、病或发育异常造成躯干或四肢的功能障碍。肢体残疾分 4 级，一级最重，四级最轻。

5. 智力残疾。智力残疾是指智力显著低于一般人水平，并伴有适应行为的障碍。智力残疾包括：在智力发育期间（18 岁之前），由于各种有害因素导致的精神发育不全或智力迟滞；或者智力发育成熟以后，由于各种有害因素导致智力损害或智力明显衰退。智力残疾分级为 4 级，一级最重，四级最轻。

6. 精神残疾。精神残疾是指各类精神障碍持续 1 年以上未痊愈，由于存在认知、情感和行为障碍，以致影响其日常生活和社会参与。18 岁以上（含 18 岁）的精神障碍患者根据《世界卫生组织残疾评定量表Ⅱ》（WHO-DAS Ⅱ）分数和适应行为表现，18 岁以下者依据适应行为的表现，可把精神残疾划分为 4 级，一级最重，四级最轻。

二、就业残疾歧视的含义

残疾歧视是基于残疾而给予的不平等对待。联合国《残疾人权利公约》明确“基于残疾的歧视”是指：“基于残疾而作出的任何区别、排斥或限制。其目的或效果是在政治、经济、社会、文化、公民或任何其他领域，损害或取消在与其他人平等的基础上，对一切人权和基本自由的认可、享有或行使。”同时公约还认为“基于残疾的歧视包括一切形式的歧视，包括拒绝提供合理便利”。根据公约的规定，“合理便利”是指根据具体需要，在不造成过度或不当负担的情况下，进行必要和适当的修改和调整，以确保残疾人在与其他人平等的基础上享有或行使一切人权和基本自由。

就业领域内的残疾歧视是残疾歧视在就业领域的具体体现，是指基于劳动者在心理、生理、人体结构上，某种组织、功能丧失或者不正常，部分丧失劳动能力而排斥或限制其进入劳动领域的歧视情况。与正常人相比，由于身体方面的原因，残疾人的劳动行为能力受到一定的限制，在就业过程中很容易受到歧视待遇。就业残疾歧视侵害了有劳动能力的残疾人的平等就业权利，是我国现实社会中表现得比较明显的就业歧视类型之一。

三、禁止就业残疾歧视的国际立法

联合国《国际人权宣言》提出，人人享有婚姻权、财产所有权、平等享用公用设施的权利、享受社会保障的权利，并有权行使经济、社会和文化方面的各种权利。这里的“人人”当然包括残疾人在内。联合国《国际人权公约》《弱智人权利公约》《残疾人权利宣言》等也都明确残疾人享有以上权利。

联合国《社会进步与发展宣言》中指出：“有必要保障残疾人的权利，并保证他的福利和康复，以及每个人都有权并有机会参加劳动。”联合国大会于 1982 年通过《关于残疾人的世界行动纲领》，其宗旨是要推行有关残疾预防和康复的有效措施，促进实现以下目标：使残疾人得以“充分参与”社会生活和发展，并享有“平等地位”，也就是说具有与全体公民同等的机会，平等分享因社会和经济发展而改善的生活条件。其要求会员国制定政策并设立各项服务的支助性机构，以保证城乡残疾人都能有平等的机会从事生产性的有酬工作；会员国应该采取包括给予奖励在内的保障名额办法给残疾人保留或指派职位，给残疾人小型企业和合作企业提供贷款或赠款，给雇用残疾人的企业减税，与其签订独家承办合同或赋予其优先生产权、合同优待或其他技术、财政援助等措施扶持残疾人参加劳动。为保障残疾人能够顺利工作,《关于残疾人的世界行动纲领》还要求会员国支持发展辅助器械，并使残疾人容易得到工作所需的辅助器械和援助，并要求政府、雇主组织、工人组织在中央和地方各级互相合作，拟定共同的战略和共同的行动纲领，以保证残疾人能有较好的就业机会，为残疾人就业提供各种服务，包括职业评估及指导、职业培训、就业安置和后续工作，应该为那些有特殊需求或有特别严重障碍而不能适应竞争性就业要求的残疾人提供受保护的职业，这种办法的形式可以是生产车间、居家工作、自营职业以及在竞争性工作中受保护的条件下雇用少数有严重残疾的人。联合国 1993 年通过的《残疾人机会均等标准规则》规定，在就业方面，各国应确认残疾人须能特别是在就业领域享有人权的原则。无论在农村还是在城市，他们必须在劳动力市场上享有从事生产性有偿就业的同等机会。就业领域的法律和条例不应歧视残疾人，不应对他们的就业设置障碍；各国应积极支持残疾人参加公开的就业，可以通过各种措施实现这种积极支持，诸如职业培训、奖励性的定额办法、预留名额或分配就业、向小型企业发放贷款或补助金，以及对雇用残疾工人的企业授予独家合同或优先生产权利、税收优惠、履约补贴或提供其他技术或财政援助。各国应鼓励企业雇主为安排残疾人工作作出合理的调整。为保障残疾人就业，各国行动方案应包括：(1) 采取措施，妥善设计和改造工作场所和楼房，使之对各种残疾人无障碍；(2) 支持使用新技术，研制和生产辅助器材、工具和设备，并采取措施，使残疾人能够获得这些器材和设备，以便他们获得和保持就业；(3) 提供适当的培训、安置和不间断的支助，如个人协助和传译服务。为保障残疾人的平等就业，各国应发起支持旨在提高群众认识的宣传运动，务求消除对残疾工人的不良态度和偏见。在采取以上措施的同时，各国应以雇主身份，为残疾人在公共部门的就业创造有利的条件；国家、工人组织和雇主应共同合作，确保公平的招聘和晋升政策、就业条件、工资标准、为防止工伤和损伤而改进劳动环境的措施以及对工伤者的康复措施。任何时候，目的都应是使残疾人能在公开的劳动力市场上获得就业。对于无法在公开就业中满足需要的那些残疾人，组织小型的保护性或支助性就业形式也许是一种选择办法。重要的是，应评估此种方案的质量，看其有无重要作用，是否足以为残疾人提供机会以利于其在劳动力市场上获得就业。

各国应采取措施使私营部门和非正规部门的培训和就业方案把残疾人包括在内；国家、工人组织和雇主应与残疾人组织共同合作，采取一切措施为残疾人创造培训和就业机会，包括为残疾人安排灵活性工作时间、非全日制工作、协作作业、自营职业和相应的照料。

为促进、保护和确保所有残疾人充分和平等地享有一切人权和基本自由，并促进对残疾人固有尊严的尊重，联合国于2006年通过了《残疾人权利公约》，要求缔约国承诺确保并促进充分实现所有残疾人的一切人权和基本自由，使其不受任何基于残疾的歧视。在工作和就业方面，公约要求缔约国确认残疾人在与其他人平等的基础上享有工作权，包括有机会在开放、具有包容性和对残疾人不构成障碍的劳动力市场和工作环境中，为谋生自由选择或接受工作的权利。为保障和促进工作权（包括在就业期间致残者的工作权）的实现，缔约国应当采取适当步骤，包括通过立法，除其他外：在一切形式就业的一切事项上，包括在征聘、雇用和就业条件、继续就业、职业提升以及安全和健康的工作条件方面，禁止基于残疾的歧视；保护残疾人在与其他人平等的基础上享有公平和良好的工作条件，包括机会均等和同值工作同等报酬的权利，享有安全和健康的工作环境，包括不受骚扰的权利，并享有申诉的权利；确保残疾人能够在与其他人平等的基础上行使工会权；使残疾人能够切实参加一般技术和职业指导方案，获得职业介绍服务、职业培训和进修培训；在劳动力市场上促进残疾人的就业机会和职业提升机会，协助残疾人寻找、获得、保持和恢复工作；促进残疾人自营就业、创业经营、创建合作社和个体开业的机会；在公共部门雇用残疾人；以适当的政策和措施，其中可以包括平权行动方案、奖励和其他措施，促进私营部门雇用残疾人；确保在工作场所为残疾人提供合理便利；促进残疾人在开放的劳动力市场上获得工作经验；促进残疾人的职业和专业康复服务、保留工作和恢复工作方案。公约还要求缔约国确保残疾人不被奴役或驱役，并在与其他人平等的基础上受到保护，不被强迫或强制劳动。

国际劳工组织1983年通过《残疾人职业康复和就业公约》，要求所有会员国视职业康复的目的为使残疾人获得、保持和提升到适当职业，从而促进他们参与或重新参与社会。所有会员国应根据国家条件、实际情况和可能，制定、实施并定期检查残疾人职业康复和就业的国家政策，此项政策应致力于保证为各类残疾人提供适当的职业康复措施，以及增加残疾人在公开劳动力市场中的就业机会。根据公约的规定，会员国制定实施的残疾人职业康复和就业的国家政策应基于残疾工人与一般工人平等机会的原则，对男女残疾工人的平等机会和待遇应予重视。为保障残疾工人与其他工人有效的平等机会和待遇而制定的积极的特别措施，不应认为是对其他工人的歧视。公约还要求所有会员国通过法律、法规或符合国家条件和惯例的其他办法，采取必要步骤使公约得到实施。会员国主管机关应采取措施为残疾人提供职业指导、职业培训、安置、就业和其他有关服务并对之进行评价，以保证残疾人获得、保持职业及提升；现有的针对一般工人的服务在可能和适当情况下，应经必要调整后对残疾工人使用；会员国还应采取措施促进在农村和边远社区建立及发展残疾人职业康复和就业服务。公约要求所有会员国致力于保证对康复顾问和负责残疾人职业指导、职业培训、安置和就业的其他符合要求的工作人员的培训和使用。

四、我国的法律规定

1990 年颁布、2008 年修订的《残疾人保障法》对残疾人就业作了专章的规定。《就业促进法》明确规定，国家保障残疾人的劳动权利。各级人民政府应当对残疾人就业统筹规划，为残疾人创造就业条件。用人单位招用人员，不得歧视残疾人。2007 年国务院颁布的《残疾人就业条例》对残疾人就业作出了更为详细的规定。以上法律法规初步奠定了我国残疾人就业的法律制度框架。

残疾人就业保障的原则是保障有劳动能力的残疾人平等就业的权利，国家和用人单位要为残疾人就业提供便利。我国残疾人劳动就业，实行集中与分散相结合的方针。集中就业，是指由国家和社会通过举办集中使用残疾人的企业或事业组织，集中招用残疾人就业；分散就业，是指普通用人单位按照法定比例安排残疾人就业，或者残疾人自主创业。国家采取优惠政策和扶持保护措施，通过多渠道、多层次、多种形式，使残疾人劳动就业逐步普及、稳定、合理。政府和社会举办残疾人福利企业、盲人按摩机构和其他福利性单位，集中安排残疾人就业。县级以上人民政府应当将残疾人就业纳入国民经济和社会发展规划，制定优惠政策和具体扶持保护措施，为残疾人就业创造条件。用人单位应当依照法律规定，履行扶持残疾人就业的责任和义务。

（一）建立按比例安排残疾人就业制度

我国实行按比例安排残疾人就业制度。根据《残疾人保障法》《残疾人就业条例》等法律法规的规定，用人单位应当按照法律规定的比例安排残疾人就业，并为其选择适当的工种和岗位。达不到规定比例的，按照国家有关规定履行保障残疾人就业义务。国家鼓励用人单位超过规定比例安排残疾人就业。一般用人单位安排残疾人就业的法定比例为不得低于本单位在职职工总数的 1. 5%。集中使用残疾人的用人单位中从事全日制工作的残疾人职工，应当占本单位在职职工总数的 25% 以上。集中使用残疾人就业的用人单位是指政府和社会依法兴办的残疾人福利企业、盲人按摩机构和其他福利性单位。

残疾人福利企业，是指依法在工商行政管理机关登记注册，安置残疾人职工占职工总人数 25% 以上，残疾人职工人数不少于 10 人的企业。残疾人福利企业资格由省级民政部门确定，报民政部备案。依法取得残疾人福利企业资格的用人单位依法享有国家的残疾人就业优惠政策。盲人按摩机构，是指依法在卫生行政部门登记的、集中安排视力残疾人就业的盲人按摩医院、诊所，以及在工商行政管理机关登记注册的、集中安排视力残疾人就业的盲人保健按摩院、所。其他福利性单位包括工疗机构（集就业和康复为一体的，组织精神、智力等残疾人员参加适当生产劳动和实施康复治疗与训练的集中安置残疾人的单位，包括精神病院附设的康复车间、企业附设的工疗车间、基层政府和组织兴办的工疗站等）、托养服务工场、职业康复工场等集中安置残疾人达到规定比例和条件的单位。盲人按摩机构和其他福利性单位如享受国家的各项残疾人就业优惠，需要取得县级以上残疾人联合会的资格认定。

（二）设立残疾人就业保障金

残疾人就业保障金，是指安排残疾人就业达不到法定比例的用人单位依法缴纳的专门用于残疾人就业的专项资金。根据《残疾人就业条例》的规定，用人单位安排残疾人就业达不到法定比例的，应当依法缴纳残疾人就业保障金。依法征收的残疾人就业保障金纳入财政预算，专项用于残疾人职业培训以及为残疾人提供就业服务和就业援助。

（三）促进残疾人就业的政策措施

1. 县级以上人民政府应当拓宽残疾人就业渠道，开发适合残疾人就业的公益性岗位，保障残疾人就业；县级以上人民政府发展社区服务事业的，应当优先考虑残疾人就业。

2. 县级以上地方人民政府及其有关部门应当确定适合残疾人生产、经营的产品、项目，优先安排集中使用残疾人的用人单位生产或者经营，并根据集中使用残疾人的用人单位的生产特点确定某些产品由其专产。政府采购，在同等条件下，应当优先购买集中使用残疾人的用人单位的产品或者服务。

3. 国家对集中使用残疾人的用人单位依法给予税收优惠，并在生产、经营、技术、资金、物资、场地使用等方面给予扶持。国家鼓励扶持残疾人自主择业、自主创业。对残疾人从事个体经营的，应当依法给予税收优惠，有关部门应当在经营场地等方面给予照顾，并按照规定免收管理类、登记类和证照类的行政事业性收费；对自主择业、自主创业的残疾人在一定期限内给予小额信贷等扶持。

4. 地方各级人民政府应当多方面筹集资金，组织和扶持农村残疾人从事种植业、养殖业、手工业和其他形式的生产劳动。有关部门对从事农业生产劳动的农村残疾人，应当在生产服务、技术指导、农用物资供应、农副产品收购和信贷等方面给予帮助。

（四）残疾人就业权利保护

法律规定，在招用、转正、晋级、职称评定、劳动报酬、生活福利、休息休假、社会保险等方面，不得歧视残疾人。残疾职工所在单位应当根据残疾职工的特点，提供适当的劳动条件和劳动保护，并根据实际需要对劳动场所、劳动设备和生活设施进行改造。国家采取措施，保障盲人保健和医疗按摩人员从业的合法权益。残疾职工所在单位应当对残疾职工进行岗位技术培训，提高其劳动技能和技术水平。任何单位和个人不得以暴力、威胁或者非法限制人身自由的手段强迫残疾人劳动。

就我国目前的实际情况而言，残疾人就业存在困难，甚至残疾人在参加正常社会活动时都存在困难，如公共无障碍设施的缺乏，导致残疾人往往被困在家中，即使实现就业也往往是在家庭所在地周围，这些都进一步造成了残疾人就业的困难。集中就业的好处在于统一的安排，但是也往往使残疾人虽然实现了就业，但并没有真正融入社会生活之中。因此，对无障碍环境的立法亟须加强。《残疾人保障法》对无障碍环境有专章的规定，在社会生活中，无障碍设施的建设也正在逐步完善，但是仍然存在很多需要改进之处。

第五节　禁止就业健康歧视

一、就业健康歧视的概念

就业健康歧视是一种基于劳动者身体情况的歧视。健康是指一个人在身体、精神方面都处于良好状态，包括身体健康和心理健康。传统理论认为，基于健康状况的就业歧视问题主要是针对残疾人的歧视，健康状况歧视的概念是由残疾歧视的概念发展而来的，因此，广义上的健康歧视包括残疾歧视。狭义上的健康歧视，是指残疾歧视之外，基于劳动者身体健康状况的一种歧视。[1]

对于健康歧视，《就业促进法》规定禁止歧视传染病病原携带者。在社会实践中，还出现了诸如基因歧视等新的健康歧视类型。基因歧视是指对携带某些致病基因的劳动者的歧视。[2]基因是生物体遗传的基本单

[1] 本节内容是从狭义上分析和阐述健康歧视的。

[2] 2010年，三位大学毕业生参加广东省佛山市公务员招录考试，因在体检中被查出携带地中海贫血基因而被取消录用资格，于是三人向法院提出诉讼。一审判决三位大学毕业生败诉，三人提出上诉，二审判决驳回上诉，维持原判。终审法院在作出判决的同时，也向当地人力资源和社会保障局发出司法建议。法院认为，公务员体检是一项长期的工作，本案出现的问题在今后亦有可能同样出现。为妥善处理该类纠纷，积极回应民众的关切，建议当地人力资源和社会保障局对没有明显临床症状的地中海贫血患者，能否进入公务员序列等问题进行调研，并层报相关主管部门。唐梦：《中国基因歧视第一案考生终审败诉，再检结果一致》，《南方日报》，2010年9月6日，http://news.qq.com/a/20100906/000784.htm，最后访问时间，2016年12月6日。

位。[1]随着基因研究的深入，研究者发现某些疾病与基因紧密联系，并由此确定携带某些基因的人容易患某些疾病，但是研究的结果也仅仅是证明了两者的相关性，致病基因携带者患病的概率大大增加，并不意味着携带某些基因的人就一定会患上某种疾病，基因的携带者更不能等同于疾病患者。因此，不能因为劳动者携带致病基因而剥夺或限制其就业权利。2008 年，美国通过了《反对基因信息歧视法》，禁止雇主就聘用、解雇、工作安排或晋升事项作决定时使用个人基因信息。根据该法的规定，雇主、雇佣代理机构、劳工组织或者培训项目在赔偿金、雇佣条款、条件或权利上对个人实施歧视，或者因基因信息而剥夺个人就业机会的行为，均属非法。雇员的个人基因信息必须在独立档案中予以保存并被视为机密医疗记录，除特殊情形外，禁止披露基因信息。[2]我国尚没有禁止基因歧视的明确法律规定。

二、我国对传染病病原携带者就业的法律规定

传染病是指具有传染性的疾病。[3]传染病病原携带者是指感染病原体无临床症状但能排出病原体的人。传染病病原携带者不同于传染病病

[1] 中国社会科学院语言研究室编：《现代汉语词典》，商务印书馆 2012 年版，第 601 页。

[2] [美] 乔伊·沃尔特玛斯等编：《美国禁止残疾与基因信息歧视法解读》，蒋月、郑净方译，商务印书馆 2012 年版，第 43~44 页。特殊情形包括：(1) 基于雇员或成员的请求而披露；(2) 向职业人员或其他健康研究者披露；(3) 应法院命令而披露；(4) 倘若该信息与调查有关，向调查的政府官员披露；(5) 基于家庭与医疗休假法的证明要求或请求而披露；(6) 向公共健康机构披露。

[3]《传染病防治法》第 3 条规定，本法规定的传染病分为甲类、乙类和丙类。甲类传染病是指：鼠疫、霍乱。乙类传染病是指：传染性非典型肺炎、艾滋病、病毒性肝炎、脊髓灰质炎、人感染高致病性禽流感、麻疹、流行性出血热、狂犬病、流行性乙型脑炎、登革热、炭疽、细菌性和阿米巴性痢疾、肺结核、伤寒和副伤寒、流行性脑脊髓膜炎、百日咳、白喉、新生儿破伤风、猩红热、布鲁氏菌病、淋病、梅毒、钩端螺旋体病、血吸虫病、疟疾。丙类传染病是指：流行性感冒、流行性腮腺炎、风疹、急性出血性结膜炎、麻风病、流行性和地方性斑疹伤寒、黑热病、包虫病、丝虫病，除霍乱、细菌性和阿米巴性痢疾、伤寒和副伤寒以外的感染性腹泻病。上述规定以外的其他传染病，根据其暴发、流行情况和危害程度，需要列入乙类、丙类传染病的，由国务院卫生行政部门决定并予以公布。

人。[1]为了公众的健康，避免传染病的流行，对传染病病人进行就业限制是必要的。但是，如果传染病病原携带者经过医学证明在日常生活接触中不具有传染性，不会造成他人的感染，则应当保护这些传染病病原携带者的就业权。同时，要对公众的健康权进行保护。不同的传染病病原具有不同的传染途径，传染病病原携带者的就业应当以保证在传染病病原携带者的就业过程中无传染危险为前提。当传染病病原在日常生活中不具有传染性时，传染病病原携带者应当享有平等的就业权利。若传染病病原携带者可能发生病变，在发病后具有传染性，则需要隔离而不能继续工作。

隔离治疗是我国对传染病人、疑似病人和传染病病原携带者的法定治疗原则。"隔离"的目的是防止传染病的扩散。同时，《传染病防治法》也明确规定："传染病病人、病原携带者和疑似传染病病人，在治愈前或者在排除传染病嫌疑前，不得从事法律、行政法规和国务院卫生行政部门规定禁止从事的易使该传染病扩散的工作。"从条文内容分析，法律本身强调的是"禁止从事易使传染病扩散的工作"，而并不是禁止从事所有的工作。《就业促进法》进一步明确，用人单位招用人员，不得以是传染病病原携带者为由拒绝录用。但是，经医学鉴定的传染病病原携带者在治愈前或者排除传染嫌疑前，不得从事法律、行政法规和国务院卫生行政部门规定禁止从事的易使传染病扩散的工作。《就业服务与就业管理规定》对乙肝病原携带者也作了同样的规定。

对于特殊行业和特殊岗位的工作人员，法律对从业者的身体健康情况也给予了明确。《食品安全法》[2]规定，食品生产经营者应当建立并执行从业人员健康管理制度。患有国务院卫生行政部门规定的有碍食品安全疾病的人

[1]《传染病防治法实施办法》第73条规定，传染病病人、疑似传染病病人，是指根据国务院卫生行政部门发布的《中华人民共和国传染病防治法规定管理的传染病诊断标准》，符合传染病病人和疑似传染病病人诊断标准的人。

[2] 2009年2月，中华人民共和国第十一届全国人民代表大会常务委员会第七次会议通过，自2009年6月1日起施行；2015年4月，中华人民共和国第十二届全国人民代表大会常务委员会第十四次会议修订。

员，不得从事接触直接入口食品的工作。《食品安全法实施条例》[1] 进一步规定，从事接触直接入口食品工作的人员患有痢疾、伤寒、甲型病毒性肝炎、戊型病毒性肝炎等消化道传染病，以及患有活动性肺结核、化脓性或者渗出性皮肤病等有碍食品安全的疾病的，食品生产经营者应当将其调整到其他不影响食品安全的工作岗位。

2006 年国务院发布的《艾滋病防治条例》明确规定，任何单位和个人不得歧视艾滋病病毒感染者、艾滋病病人及其家属。艾滋病病毒感染者、艾滋病病人及其家属享有的婚姻、就业、就医、入学等合法权益受法律保护。

针对我国乙肝病原携带者大量存在和社会生活中对乙肝病原携带者存在的就业歧视现象，2007 年 5 月劳动和社会保障部与卫生部联合颁布的《关于维护乙肝表面抗原携带者就业权利的意见》明确规定，要保护乙肝表面抗原携带者的就业权利。乙肝表面抗原携带者虽被乙肝病毒感染，也具有传染性，但肝功能在正常范围，肝组织无明显损伤，不表现临床症状，在日常工作、社会活动中不会对周围人群构成威胁。乙肝病毒主要有血液、母婴垂直（分娩和围产期）和性接触三种传播途径，不会通过呼吸道和消化道传染，一般接触也不会造成乙肝病毒的传播。因此，除国家法律、行政法规和卫生部规定禁止从事的易使乙肝扩散的工作外，用人单位不得以劳动者携带乙肝表面抗原为理由拒绝招用或者辞退乙肝表面抗原携带者。严格规范用人单位的招、用工体检项目，保护乙肝表面抗原携带者的隐私权。用人单位在招、用工过程中，可以根据实际需要将肝功能检查项目作为体检标准，但除国家法律、行政法规和卫生部规定禁止从事的工作外，不得强行将乙肝病毒血清学指标作为体检标准。各级各类医疗机构在对劳动者开展体检过程中要注意保护乙肝表面抗原携带者的隐私权。

三、用人单位的知情权

我国现行的法律规定中没有明确规定用人单位能否要求劳动者告知其

[1] 2009 年 7 月 8 日国务院第 73 次常务会议通过，2009 年 7 月 20 日公布并施行，2016 年 2 月修订。

本人的健康情况。根据现行法律规定，虽然劳动者入职体检仍然没有为法律所禁止，但是在体检项目上已经排除了乙肝病原的监测（特殊行业和岗位除外），因此对于用人单位而言，通过入职体检结果知晓劳动者是否为乙肝病原携带者的途径基本被排除。用人单位对劳动者信息（包括健康信息）的知情权，是用人单位保障本单位工作环境安全的内在要求。保证工作环境的安全是用人单位的义务，而用人单位履行保证工作环境安全的义务不仅仅是要保证机械设备等“物”不会对劳动者造成伤害，遵守有关的劳动安全卫生标准，减少和避免职业病的发生，同时也应当保证排除“人”的伤害。因此，用人单位应当对劳动者的身体健康信息（特别是传染病信息）享有知情权。当然，用人单位知情权的确立不应成为歧视的借口。法律应当设定劳动者在求职和履行劳动合同过程中将与工作岗位有关的身体健康状况对用人单位的告知义务，以及对因没有履行这一义务造成的后果应当承担的相应法律责任；用人单位在知晓劳动者的健康信息后，负有保密义务，一般情况下不得向他人（包括本单位其他劳动者）泄露该信息。

第六节　禁止就业户籍歧视

一、就业户籍歧视的含义

户籍歧视，是社会出身歧视的一种表现，是因我国户籍制度而产生的一种歧视，具体可表现为对农业户籍人员的歧视和对非本地户籍人员的歧视。就业户籍歧视，则是户籍歧视在就业领域的体现。就业户籍歧视可以分为户籍性质歧视和户籍地域歧视。户籍性质歧视，是指对城乡不同户籍的人在就业上实行差别对待；户籍地域歧视，是指对本地户籍和非本地户籍的人在就业上实行差别对待。[1]

[1] 常凯主编：《劳动法》，高等教育出版社 2011 年版，第 203 页。

户籍性质歧视主要表现为对农村户籍的歧视，即对进城务工的农业户籍人员的歧视（农民工歧视）。农村富余劳动力向非农业领域和城镇转移，是经济发展的必然和社会进步的重要标志，是工业化和现代化的必然趋势。我国长期以来实行的户籍制度产生了城乡二元的就业体系，农业户籍人员进入城镇务工存在着各种各样的限制，但是按照劳动者享有的劳动权和平等的就业权的内在要求，农业户籍人员与城市劳动者一样，享有平等的就业权利。对农业户籍的劳动者就业应当坚持公平对待、合理引导、完善管理、搞好服务的原则，取消对农业户籍劳动者进城务工就业的不合理限制，不得干涉企业自主合法使用农村劳动者，各行业和工种尤其是特殊行业和工种要求的技术资格、健康条件等，对农业户籍人员和城镇户籍人员应一视同仁。农村劳动者享有《劳动法》规定的各项权利。《就业促进法》规定，农村劳动者进城就业享有与城镇劳动者平等的劳动权利，不得对农村劳动者进城就业设置歧视性限制。

户籍地域歧视主要表现为对不具有本地户籍的人员的歧视，也就是对外地人的歧视。本地人是指具有本地户籍的人，这个"本地"可以界定为一个省、自治区、直辖市，也可以界定为一个县、市，甚至是更小的行政单位。相对于"本地人"而言，任何不具有本地户籍的人都是外地人。在计划经济时代，由于全国各地人员流动并不频繁，本地人基本上都在本地生活和工作，但是随着改革开放的不断开展，社会主义市场经济体制的建立和发展，以及我国用工制度的改革，人员在各地之间的广泛流动加剧。虽然户籍对劳动者就业的影响在逐步缩小，但是因为户籍而产生的地域歧视仍然是劳动者就业中的重要问题。

二、我国户籍制度的建立和改革

户籍制度的建立，既是国家人口管理的需要，也是证明公民身份，保护公民合法权利的需要。1951 年 7 月，公安部颁布了《城市户口管理暂行条例》，开始对城市中的所有居民进行户籍管理。1953 年，政务院发出的《关于劝阻农民盲目流入城市的指示》规定，未经劳动部门许可或介绍者，不得擅自去农村招收工人，开始了对农民向城市流动的限制。但在当时仍然是“劝阻”和“说服教育”，并没有更为严厉的措施。针对农村人口外流程度的加重，1956年国务院发出《关于防止农村人口盲目外流的指示》，1957年12月，中共中央、国务院联合发出《关于制止农村人口盲目外流的指示》，将“农民拒于城门之外”。1958年1月通过的《中华人民共和国户口登记条例》将“新中国成立以来日渐形成的城乡有别的户口登记制度与限制迁移制度固定下来”[1]。根据该规定，公民迁出本户口管辖区，由本人或者户主在迁出前向户口登记机关申报迁出登记，领取迁移证件，注销户口。城镇和农村户籍分别登记，公民由农村迁往城市，必须持有城市劳动部门的录用证明、学校的录取证明或者城市户口登记机关准予迁入的证明，向常住地户口登记机关申请办理迁出手续，由此形成了本地户籍与外地户籍、城镇户籍与农村户籍的分别登记管理制度。计划经济时期的计划管理进一步固化了城乡二元的户籍制度。

改革开放之后，随着我国商品生产和商品交换的迅速发展，乡镇工商业蓬勃兴起，农业户籍人口开始大量向城镇流动。1984年10月13日，国务院发出《关于农民进入集镇落户问题的通知》，要求各级人民政府积极支持有经营能力和有技术专长的农民进入集镇经营工商业，公安部门应准予其落常住户口，统计为非农业人口。1985年7月，公安部发布《关于城镇暂住人口管理的暂行规定》，对城镇暂住人口进行登记管理，对本乡镇以外的人来集镇拟暂住3日以上的，由留宿暂住人口的户主或者本人向公安派出所或户籍办公室申报暂住登记，离开时申报注销。对暂住时间拟超过3个月的16周岁以上的人，须申领《暂住证》。

1997年6月，国务院批转的公安部《小城镇户籍管理制度改革试点方案》和《关于完善农村户籍管理制度的意见》明确规定：从农村到小城镇务工或者兴办第二产业、第三产业的人员，小城镇的机关、团体、企业、事业单位聘用的管理人员、专业技术人员，在小城镇购买了商品房或者已有合法自建房的居民，以及与其共同居住的直系亲属，可以办理城镇常住户口。

[1] 余德鹏著：《城乡社会：从隔离走向开放——中国户籍制度与户籍法研究》，山东人民出版社2002年版，第18页。

2001 年 3 月，国务院批转了公安部《关于推进小城镇户籍管理制度改革的意见》，对办理小城镇常住户口的人员，不再实行计划指标管理。在县级市市区、县政府驻地及其他建制镇有合法固定住所、稳定的职业或生活来源的人员及与其共同居住生活的直系亲属，均可办理城镇常住户口。已在小城镇办理的蓝印户口、地方城镇居民户口、自理口粮户口等，符合上述条件的，统一登记为城镇常住户口。2010 年 4 月，国务院《关于转移农村劳动力，保障农民工权益工作情况的报告》指出，深化户籍制度改革，加快落实放宽中小城市、小城镇特别是县城和中心镇落户条件的政策，促进符合条件的农业转移人口在城镇落户并享有与当地城镇居民同等的权益。城乡二元的户籍制度逐渐被打破。2011 年 2 月，国务院办公厅发布的《关于积极稳妥推进户籍管理制度改革的通知》中指出，引导非农产业和农村人口有序向中小城市和建制镇转移，逐步满足符合条件的农村人口落户需求，逐步实现城乡基本公共服务均等化。在县级市市区、县人民政府驻地镇和其他建制镇有合法稳定职业并有合法稳定住所（含租赁）的人员及与其共同居住生活的配偶、未婚子女、父母，可以在当地申请登记常住户口。在设区的市（不含直辖市、副省级市和其他大城市）有合法稳定职业满 3 年并有合法稳定住所（含租赁），同时按照国家规定参加社会保险达到一定年限的人员及与其共同居住生活的配偶、未婚子女、父母，可以在当地申请登记常住户口。

2014 年 7 月，国务院发布的《关于进一步推进户籍制度改革的意见》指出，要进一步推进户籍制度改革，落实放宽户口迁移政策；提出户籍改革的目标是：进一步调整户口迁移政策，统一城乡户口登记制度，全面实施居住证制度，加快建设和共享国家人口基础信息库，稳步推进义务教育、就业服务、基本养老、基本医疗卫生、住房保障等城镇基本公共服务覆盖全部常住人口。建立城乡统一的户口登记制度。取消农业户口与非农业户口性质区分和由此衍生的蓝印户口等户口类型，统一登记为居民户口，体现户籍制度的人口登记管理功能。建立与统一城乡户口登记制度相适应的教育、卫生计生、就业、社保、住房、土地及人口统计制度。建立居住证制度。公民离开常住户口所在地到其他设区的市级以上城市居住半年以上的，在居住地申领居住证。符合条件的居住证持有人，可以在居住地申请登记常住户口。以居住证为载体，建立健全与居住年限等条件相挂钩的基本公共服务提供机制。居住证持有人享有与当地户籍人口同等的劳动就业、基本公共教育、基本医疗卫生服务、计划生育服务、公共文化服务、证照办理服务等权利；以连续居住年限和参加社会保险年限等为条件，逐步享有与当地户籍人口同等的中等职业教育资助、就业扶持、住房保障、养老服务、社会福利、社会救助等权利，同时结合随迁子女在当地连续就学年限等情况，逐步享有在当地参加中考和高考的资格。各地要积极创造条件，不断扩大向居住证持有人提供公共服务的范围。按照权责对等的原则，居住证持有人应当履行服兵役和参加民兵组织等国家和地方规定的公民义务。

我国户籍制度的改革方向是将户籍制度的基本功能回归到人口登记管理上来，逐渐消除附着在户籍制度之上的社会保险、社会福利等其他功能引起的不公平现象。但是户籍制度改革具有长期性，现阶段，甚至可能在相当长的一段时间内，因户籍制度造成的就业不公平现象仍然会广泛存在。因此，加强对农业户籍、非本地户籍劳动者的权益保护，消除就业领域的户籍歧视仍然任重道远。

三、农业户籍劳动者劳动权益的保护

2003 年，国务院办公厅《关于做好农民进城务工就业管理和服务工作的通知》指出：要取消对农民进城务工就业的不合理限制，包括行政审批、职业工种限制、专为农民工设置的登记项目等；逐步实行暂住证一证管理；各行业和工种尤其是特殊行业和工种要求的技术资格、健康等条件，对农民工和城镇居民应一视同仁，等等。这些表明了对各地人员在就业平等权利上的保护。随后，一些省市逐步取消了有关外来人员在本地就业的限制，为减少和逐步消除就业领域的地域歧视作出了有益探索。[1] 2004 年 12 月，国务

[1] 以北京为例，2004 年 5 月《北京市人民代表大会常务委员会关于停止执行北京市地方性法规中若干行政许可事项有关规定的决定》取消了《北京市外地来京务工经商人员管理条例》中关于“外来人员就业证”的相关规定，对外地来京务工经商实行“暂住证”一证管理，并同时取消了对于外来人员就业工种的限制。2005 年 3 月，北京市人民代表大会常务委员会又全面废止了《北京市外地来京务工经商人员管理条例》。

院办公厅发布《关于进一步做好改善农民进城就业环境工作的通知》，要求清理和取消针对农民进城就业等方面的歧视性规定及不合理限制。各地区、各有关部门要继续清理对企业使用农民工的行政审批，取消对农民进城就业的职业工种限制，不得干涉企业自主合法使用农民工。要严格审核、清理农民进城就业的手续，取消专为农民工设置的登记项目，实行暂住证一证管理。各行业和工种尤其是特殊行业和工种要求的技术资格、健康等条件，对进城就业农民和城镇居民要一视同仁。2006 年，国务院发布的《关于解决农民工问题的若干意见》中也明确指出，尊重和维护农民工的合法权益，消除对农民进城务工的歧视性规定和体制性障碍，使他们和城市职工享有同等的权利和义务。2007 年颁布并于 2015 年修正的《就业促进法》规定："农村劳动者进城就业享有与城镇劳动者平等的劳动权利，不得对农村劳动者进城就业设置歧视性限制。"从而使禁止"户籍性质歧视"有了可靠的法律依据。但是不可否认，由于我国劳动法律制度在传统上是以非农户籍为假设前提的，因此很多法律规定适用于农民工仍然存在障碍。2014 年 9 月，国务院发布的《关于进一步做好为农民工服务工作的意见》明确指出，要"进一步清理针对农民工就业的户籍限制等歧视性规定，保障城乡劳动者平等就业权利"。该意见要求规范使用农民工的劳动用工管理，指导和督促用人单位与农民工依法普遍签订并履行劳动合同，在务工流动性大、季节性强、时间短的农民工中推广简易劳动合同示范文本；对小微企业经营者开展劳动合同法培训；依法规范劳务派遣用工行为，清理建设领域违法发包分包行为；完善适应家政服务特点的劳动用工政策和劳动标准；整合劳动用工备案及就业失业登记、社会保险登记，实现对企业使用农民工的动态管理服务；在建设领域和其他容易发生欠薪的行业推行工资保证金制度，在有条件的市县探索建立健全欠薪应急周转金制度，完善并落实工程总承包企业对所承包工程的农民工工资支付的全面负责制度、劳动保障监察执法与刑事司法联动治理恶意欠薪制度、解决欠薪问题地方政府负总责制度，推广实名制工资支付银行卡；落实农民工与城镇职工同工同酬原则；在经济发展基础上合理调整最低工资标准，推动农民工参与工资集体协商，促进农民工工资水平合理增长。依法将与用人单位建立稳定劳动关系的农民工纳入城镇职工基本养老保险和基本医疗保险，研究完善灵活就业农民工参加基本养老保险政策，灵活就业农民工可以参加当地城镇居民基本医疗保险。完善社会保险关系转移接续政策。努力实现用人单位的农民工全部参加工伤保险，着力解决未参保用人单位的农民工工伤保险待遇保障问题。推动农民工与城镇职工平等参加失业保险、生育保险并平等享受待遇。对劳务派遣单位或用工单位侵害被派遣农民工社会保险权益的，依法追究连带责任。实施“全民参保登记计划”，推进农民工等群体依法全面持续参加社会保险。整合各项社会保险经办管理资源，优化经办业务流程，增强对农民工的社会保险服务能力。

针对实践中农业户籍劳动者劳动权益易被侵犯的实际情况，我国目前对农业户籍劳动者的权益保护主要集中在工资报酬和工伤保险两个方面。就建设领域农业户籍劳动者的工资报酬经常被拖欠的情况，2004 年 9 月，劳动和社会保障部、建设部联合发布的《建设领域农民工工资支付管理暂行办法》规定，建设领域的企业应依法通过集体协商或其他民主协商形式制定内部工资支付办法，并告知本企业全体农民工，同时抄报当地劳动和社会保障行政部门与建设行政主管部门。企业应将工资直接发放给农民工本人，严禁发放给“包工头”或其他不具备用工主体资格的组织和个人。工程总承包企业应对劳务分包企业工资支付进行监督，督促其依法支付农民工工资。业主或工程总承包企业未按合同约定与建设工程承包企业结清工程款，致使建设工程承包企业拖欠农民工工资的，由业主或工程总承包企业先行垫付农民工被拖欠的工资，先行垫付的工资数额以未结清的工程款为限。企业因被拖欠工程款导致拖欠农民工工资的，企业追回的被拖欠工程款，应优先用于支付拖欠的农民工工资。工程总承包企业不得将工程违反规定发包、分包给不具备用工主体资格的组织或个人，否则应承担清偿拖欠工资的连带责任。企业应定期如实地向当地劳动和社会保障行政部门及建设行政主管部门报送本单位工资支付情况。企业应按有关规定缴纳工资保障金，存入当地政府指定的专户，用于垫付拖欠的农民工工资。

《工伤保险条例》规定：“中华人民共和国境内的企业、事业单位、社会团体、民办非企业单位、基金会、律师事务所、会计师事务所等组织和有雇工的个体工商户（以下称用人单位）应当依照本条例规定参加工伤保险，为本单位全部职工或者雇工（以下称职工）缴纳工伤保险费。中华人民共和国境内的企业、事业单位、社会团体、民办非企业单位、基金会、律师事务所、会计师事务所等组织的职工和个体工商户的雇工，均有依照本条例的规定享受工伤保险待遇的权利。”因此，包括农业户籍劳动者在内的所有劳动者都有权享受工伤保险待遇。为了解决建筑领域工伤多发和农业户籍劳动者集中的问题，2013 年人力资源和社会保障部发布的《关于执行〈工伤保险条例〉若干问题的意见》中特别规定：“具备用工主体资格的承包单位违反法律、法规规定，将承包业务转包、分包给不具备用工主体资格的组织或者自然人，该组织或者自然人招用的劳动者从事承包业务时因工伤亡的，由该具备用工主体资格的承包单位承担用人单位依法应承担的工伤保险责任。”2014 年 12 月，人力资源和社会保障部、住房和城乡建设部、国家安全生产监督管理总局和全国总工会联合发布《关于进一步做好建筑业工伤保险工作的意见》，针对建筑行业的特点，规定建筑施工企业对相对固定的职工，应按用人单位参加工伤保险；对不能按用人单位参保的，建筑项目使用的建筑业职工特别是农民工，应按项目参加工伤保险。建设单位要在工程概算中将工伤保险费用单独列支，作为不可竞争费，不参与竞标，并在项目开工前由施工总承包单位一次性代缴本项目工伤保险费，覆盖项目使用的所有职工，包括专业承包单位、劳务分包单位使用的农民工。建筑施工企业应依法与其职工签订劳动合同，加强施工现场劳务用工管理。施工总承包单位应当在工程项目施工期内督促专业承包单位、劳务分包单位建立职工花名册、考勤记录、工资发放表等台账，对项目施工期内全部施工人员实行动态实名制管理。施工人员发生工伤后，以劳动合同为基础确认劳动关系。对未签订劳动合同的，由人力资源和社会保障部门参照工资支付凭证或记录、工作证、招工登记表、考勤记录及其他劳动者证言等证据，确认事实劳动关系，相关方面应积极提供有关证据；按规定应由用人单位负举证责任而用人单位不提供的，应当承担不利后果。对认定为工伤的建筑业职工，各级社会保险经办机构和用人单位应依法按时足额支付各项工伤保险待遇。对在参保项目施工期间发生工伤、项目竣工时尚未完成工伤认定或劳动能力鉴定的建筑业职工，其所在用人单位要继续保证其医疗救治和停工期间的法定待遇，待完成工伤认定及劳动能力鉴定后，依法享受参保职工的各项工伤保险待遇；其中应由用人单位支付的待遇，工伤职工所在用人单位要按时足额支付，也可根据其意愿一次性支付。针对建筑业工资收入分配的特点，对相关工伤保险待遇中难以按本人工资作为计发基数的，可以参照统筹地区上年度职工平均工资作为计发基数。未参加工伤保险的建设项目，职工发生工伤事故的，依法由职工所在用人单位支付工伤保险待遇，施工总承包单位、建设单位承担连带责任；用人单位和承担连带责任的施工总承包单位、建设单位不支付的，由工伤保险基金先行支付，用人单位和承担连带责任的施工总承包单位、建设单位应当偿还；不偿还的，由社会保险经办机构依法追偿。建设单位、施工总承包单位或具有用工主体资格的分包单位将工程（业务）发包给不具备用工主体资格的组织或个人，该组织或个人招用的劳动者发生工伤的，发包单位与不具备用工主体资格的组织或个人承担连带赔偿责任。

第七节　禁止就业年龄歧视

一、就业年龄歧视的含义

就业年龄歧视中被广泛关注的是对较大年龄劳动者的歧视，但是如果将就业年龄歧视等同于就业大龄（老龄）歧视则未免狭隘。就业年龄歧视，是指基于劳动者的年龄因素在就业领域给予差别对待，从而不合理地限制或剥夺劳动者平等就业权利。就业年龄歧视并非我国法律中明确列举的歧视类型。在实践中，就业年龄歧视广泛存在，并且在一定程度上体现为制度性的歧视，如政府部门在招用公务员时提出的年龄要求。[1]

[1]《中央机关及其直属机构 2017 年度考试录用公务员报考指南》关于报考政策规定的内容中就有如下关于报考年龄的要求：18 周岁以上、35 周岁以下（1980 年 10 月 15 日至 1998 年 10 月 15 日期间出生），2017 年应届硕士研究生和博士研究生（非在职）人员年龄可放宽到 40 周岁以下（1975 年 10 月 15 日以后出生）。http：//bm. scs. gov. cn/2017/UserControl/Department/html/20161014103420. html，最后访问时间：2016 年 12 月 8 日。

禁止就业年龄歧视，并不意味着就业中对劳动者一切的年龄要求均被禁止。从就业歧视本身理解，歧视是一种违法的不平等对待，基于就业岗位的要求（工作要求）而提出的年龄限制应当被允许，法律所应禁止的是随意的非工作所必需的年龄限制[1]。

二、大龄劳动者就业权利的保护

年长的人面临身体各项机能的衰退，而身体机能的衰退对其劳动能力会产生一定的影响，但是无视工作本身的要求，随意限定劳动者的年龄的行为应当为法律所禁止。

（一）大龄劳动者的范围

对大龄劳动者并没有一个确切的年龄界限。《美国就业年龄歧视法》将大龄劳动者限定在 40 岁以上。我国有关政策规定，大龄劳动者一般指 50 周岁以上的男性劳动者和 40 周岁以上的女性劳动者，简称“4050 人员”。20 世纪 90 年代，伴随国有企业的改革，大批下岗失业人员出现，其中年龄较大的劳动者由于知识结构相对老化，职业技能相对低下，既容易从原单位下岗，又不容易实现再就业。2002 年《中共中央　国务院关于进一步做好下岗失业人员再就业的通知》中要求各级政府进一步做好下岗失业人员再就业的工作，完善和落实促进再就业的扶持政策。特别明确：“各级政府要把有劳动能力和就业愿望的男性 50 周岁以上，女性 40 周岁以上，就业困难的下岗失业人员作为再就业援助的主要对象（以下简称大龄就业困难对象），提供即时岗位援助等多种帮助。”在随后劳动和社会保障部、国家计委、国家经贸委、监察部等部委联合发布的《关于贯彻落实〈中共中央　国务院关于进一步做好下岗失业人员再就业工作的通知〉若干问题的意见》中，进一步明确了大龄就业困难对象的再就业援助内容，将大龄就业困难人员限定在“男性年满 50 周岁，女性年满 40 周岁，有劳动能力和就业愿望，且就业困

[1] 如公务员录用条件中对司法行政部门监狱、劳教所一线干警、公安特警的年龄要求则为工作所必需，并不属于应当被禁止的就业年龄歧视范围。

难的下岗失业人员”的范围内。由此在我国的官方政策文件和社会生活实践中，“4050 人员”逐渐成为大龄劳动者的代称，“4050”逐渐成为大龄劳动者的年龄界限。

（二）促进大龄劳动者就业的法律和政策措施

《美国就业年龄歧视法》明确其立法的目的就在于根据大龄劳动者的才能而不是他们的年龄促进大龄劳动者的就业，禁止就业中的随意的年龄歧视行为，帮助雇主和劳动者找到解决由于年龄影响就业而产生的种种问题的方法。禁止雇主对年满 40 岁以上人员的下列行为：（1）由于某人的年龄，不雇用或者拒绝雇用此人或者解雇此人或者在某人的雇用报酬、期限、条件或者特权方面，以其他方式对此人进行歧视；（2）由于某人的年龄，对雇员以任何方式进行限制、隔离或者分类，这种限制、隔离或者分类的方式将剥夺或者可能剥夺此人的就业机会或者对此人作为雇员的身份产生其他不利影响；或者（3）降低任何雇员的工资标准，以便遵守法律规定。根据该法规定，职业介绍机构由于某人的年龄而不推荐此人就业或者拒绝推荐此人就业，或者对此人进行歧视，或者根据某人的年龄而将此人归类或者推荐此人就业的行为也属违法。[1]

为了促进大龄劳动者就业，我国采取了一系列就业促进和援助政策，以期实现大龄劳动者的平等就业权利。根据相关法律和政策规定，我国对就业困难的大龄劳动者实行就业援助制度，凡由各级政府投资开发的公益性岗位，要优先安排适合岗位要求的大龄就业困难对象。街道、社区对大龄就业困难人员要列出名单，重点帮助。公共职业介绍机构要根据大龄就业困难人员的特长和就业需求，按年度制订专门的援助计划，有针对性地开展就业服务，并与街道劳动保障机构密切配合，对愿意接受政府有关部门提供的公益性岗位的大龄就业困难人员，在一定时间内，为其提供公益性就业岗位。对在社区开发的安排大龄就业困难人员就业的公益性岗位，各地可根据本地实际提供适当比例的岗位补贴。

[1] 周伟著：《反歧视法研究：立法、理论与案例》，法律出版社 2008 年版，第 156~157 页。

第七章
就业服务

第一节　就业服务概述

一、就业服务的概念

就业服务，是指依法成立的专门机构为劳动者实现就业和用人单位招用劳动者提供的各种社会服务。这些依法成立的专门机构一般称为就业服务机构，其中由各级政府劳动保障行政部门举办的就业服务机构称为公共就业服务机构，其不以营利为目的，是承担公共就业服务职能的公益性服务机构，使用全国统一标识，为劳动者提供免费的就业服务。政府各级劳动保障行政部门以外的其他政府部门、企事业单位、社会团体和其他社会力量也可以依法举办非营利性的就业服务机构，这些非营利性的就业服务机构也可以称为公共就业服务机构。

法人、其他组织或公民个人可以依法设立营利性的社会服务机构，这些服务机构应当遵循合法、诚实信用、公平、公开的原则，为劳动者和用人单位提供各种就业服务。法律严格禁止地方各级人民政府和有关部门举办或者与他人联合举办经营性的就业服务机构。

就业服务主要包括以下内容：职业介绍、职业指导、就业援助、就业和失业登记、劳动力市场的信息收集和发布等。

二、我国就业服务的发展和法律规制

早在 1950 年我国劳动行政部门就开设了职业介绍所。1950 年，劳动部颁发《市劳动介绍所组织通则》，规定各市劳动局为办理失业职工的登记及职业介绍事宜，应设置劳动介绍所，各大城市有必要时，得在适当市区设立劳动介绍分所。劳动介绍所的主要任务是登记、统计失业职工，调查公、私营企业需要劳动力的情况和筹划介绍职工就业事宜。在完成社会主义改造

后，1958 年起职业介绍所逐步撤销。1963 年 12 月，中共中央批转劳动部党组《关于加强城市闲散劳动力的安置和管理工作的报告》，提出在全国大中城市恢复或建立劳动力介绍所，配备专职干部，列入行政编制。1963 年 4 月，国务院发布《关于全国大中城市建立劳动力介绍所的通知》，要求凡是还没有建立劳动力介绍所的大中城市，应该迅速恢复或者建立起来。劳动力介绍所的干部名额，原则上按照中央批转劳动部党组“关于加强城市闲散劳动力的安置和管理工作的报告”中所提出的编制比例（即每五百名闲散劳动力配备一名干部）进行配备，并且要列入中央批准的地方行政编制。已经建立劳动力介绍所的城市，今后在执行调配劳动力任务时，一律不再征收手续费。劳动力介绍所的经费，统一从地方行政费或者事业费中开支。从以上规定可以看出，这一时期我国的就业服务机构（劳动力介绍所）是劳动行政部门设立的，其工作人员为列入行政编制的国家工作人员。在“文革”时期，职业介绍所再次撤销。

1978 年我国开始设立劳动服务公司，在一定程度上承担了就业服务，特别是职业介绍的功能。1990 年 1 月，劳动部发布的《关于职业介绍暂行规定》规定：“各地就业服务部门根据工作需要设置职业介绍工作机构，名称统一为职业介绍所，属事业单位性质。具体职责是执行国家劳动就业政策，提供劳动力供求信息，进行职业介绍，开展就业指导与咨询，组织劳务交流活动。”1994 年劳动部发布的《促进劳动力市场发展，完善就业服务体系建设的实施计划》的通知中指出：全国县（区）以上劳动部门均建立具有固定场所和配备相应工作队伍的职业介绍所；服务范围扩大到城乡所有用人单位和求职者；开辟就业咨询、信息服务和职业指导等新的服务内容；允许劳动部门举办的职业介绍机构在规定范围和标准内收取中介服务费，并减免税费，所免部分用于自身建设。1994 年颁布的《劳动法》明确规定，地方各级人民政府应当采取措施，发展多种类型的职业介绍机构，提供就业服务。1995 年，劳动部发布《职业介绍规定》，首次允许非劳动行政部门和公民个人开办营利性的职业介绍机构。根据《职业介绍规定》的规定，职业介绍机构包括劳动部门开办的职业介绍机构、非劳动部门开办的职业介绍机构和公民个人开办的职业介绍机构。劳动部门开办的职业介绍机构是公益性的事业单位。非劳动部门开办的职业介绍机构是指除劳动部门以外的其他政府部门、企事业单位、社会团体办的职业介绍机构。非劳动部门和公民开办的职业介绍机构可以是公益性的单位，也可以是营利性的单位。由此，我国的职业介绍机构开始了公私并存的时代。

1996 年 7 月，劳动部和国家工商局联合发布的《关于加强职业介绍机构管理的通知》将职业介绍定位为“是为劳动者求职和用人单位招聘用人提供的中介服务”。并规定，开办职业介绍机构或开展职业介绍活动，由劳动部门颁发《职业介绍许可证》并实行归口管理。劳动部门及其他部门、事业单位、社会团体开办的，由国家核拨事业经费，具有社会公益职能的职业介绍机构，以及国家未核拨经费，具有事业编制且未实行企业化经营的职业介绍机构，经劳动部门审批，不需办理企业登记注册。国家未核拨事业经费，具有事业编制，实行企业化经营的职业介绍机构，以及开办其他营利性职业介绍机构，须经劳动部门审批后，持批准文件，向工商行政管理机关申请办理企业登记注册，领取营业执照，方可开展职业介绍活动。非职业介绍机构确需开展职业介绍活动的，须经劳动部门审批，其中实行企业化经营的事业单位和企业，须经劳动部门审批后，持批准文件，向工商行政管理机关申请办理变更登记。

2000 年，劳动和社会保障部发布《劳动力市场管理规定》，其中第四章专门规定了职业介绍，首次区分了营利性和非营利性职业介绍机构。根据规定，职业介绍机构分为非营利性职业介绍机构和营利性职业介绍机构。其中，非营利性职业介绍机构包括公共职业介绍机构和其他非营利性职业介绍机构。公共职业介绍机构，是指各级劳动保障行政部门举办，承担公共就业服务职能的公益性服务机构。公共职业介绍机构使用全国统一标识。其他非营利性职业介绍机构，是指由劳动保障行政部门以外的其他政府部门、企事业单位、社会团体和其他社会力量举办，从事非营利性职业介绍活动的服务机构。营利性职业介绍机构，是指由法人、其他组织和公民个人举办，从事营利性职业介绍活动的服务机构。

2001 年，劳动和社会保障部、国家工商管理局发布《中外合资中外合作职业介绍机构设立管理暂行规定》，开始允许在我国设立从事职业介绍的中外合资、中外合作机构。2004年10月27日和10月29日，内地与香港、澳门分别签署了《〈内地与香港关于建立更紧密经贸关系的安排〉补充协议》和《〈内地与澳门关于建立更紧密经贸关系的安排〉补充协议》。根据以上两个协议内容，2005年，劳动和社会保障部、商务部、国家工商行政管理总局发布《关于允许香港澳门服务提供者在内地设立独资职业介绍机构的通知》，据此香港和澳门服务提供者可以依法在内地设立独资职业介绍机构。2007年颁布的《就业促进法》对"就业服务和管理"进行了专章规定。同年11月，劳动和社会保障部发布了《就业服务与就业管理规定》[1]，对就业服务和就业管理进行更为详细的规定，将就业服务机构分为劳动保障行政部门举办的公共就业服务机构和经劳动保障行政部门审批的职业中介机构两类。公共就业服务机构应当免费为劳动者提供职业介绍、就业指导、就业援助等就业服务。职业中介机构，是指由法人、其他组织和公民个人举办，为用人单位招用人员和劳动者求职提供中介服务以及其他相关服务的经营性组织。政府部门不得举办或者与他人联合举办经营性的职业中介机构。

三、劳动服务企业的兴衰

劳动服务企业，是以劳动就业服务为经营范围的企业，如经营职业介绍业务的营利性职业介绍所，但是改革开放初期建立的劳动服务企业，其作为专门以就业安置为任务的社会机构，与今日的经营劳动服务项目的企业存在巨大的差异。在20世纪70年代末80年代初开始出现的劳动服务企业（劳动服务公司）虽被冠以"企业"或"公司"之名，但实际上，成立之初的劳动服务企业并非真正意义上的企业（公司）。其是"适应经济体制改革和劳动就业制度改革的需要，在中国这块土地上建立和发展起来的新型社会劳动组织"，"从它诞生的第一天起就不是单纯的经济组织，它所开创的一切事业

[1]《就业服务与就业管理规定》，2007年11月5日劳动保障部令第28号公布，2014年12月23日根据《人力资源社会保障部关于修改〈就业服务与就业管理规定〉的决定》第一次修订，2015年4月30日根据人力资源和社会保障部《人力资源社会保障部关于修改部分规章的决定》第二次修订。

都是为社会服务的”，“劳动服务公司集体经济是以劳动资源开发和利用为前提，在安置就业过程中发展起来的”，“是实现劳动就业的手段”。劳动服务企业不同于工商企业的特殊性在于“把经济效益和安置效益同时作为考核企业的标准”，如果没有这一特殊性，劳动就业服务企业“自身也就失去了发展的基础”。[1]

20世纪70年代末期，随着“文化大革命”的结束和知识青年返城高潮的到来，就业矛盾突出，计划经济体制下的“统包统配”制度无法满足大量待业人员的就业需求。“1978年底，党中央决定统筹知青问题，不再搞分散插队。1979年，对上山下乡政策作出调整，知青犹如潮水般返回城市，特别是‘文革’期间下乡的知识青年大量集中返城，给城镇就业带来了极大压力。据统计，仅1978年和1979年这两年中，返城的知识青年就达到了650万人以上，导致长期积累的就业矛盾集中爆发。一方面，大批知青回城后，矛盾转化为城镇就业问题，形成劳动力巨大的供给压力。1979年，城镇累计待业人员达到了1 500万人，仅在劳动部门登记的城镇失业人员就有568万人，城镇登记失业率达到了5.4%。另一方面，国民经济和生产建设事业陷于停产、半停产的状态，就业岗位十分不足，使劳动力供大于求的矛盾骤然尖锐。21个省、市、自治区相继发生知识青年要求就业的集会、游行、请愿事件，一度成为严重的社会问题。”[2]1979年6月，五届全国人大二次会议《政府工作报告》中，进一步明确了“要拨出一些资金，在全国大、中城市办好劳动服务公司，通过多种形式，陆续把待业人员全部组织起来进行就业训练和劳动服务”。1981年，中共中央、国务院发布的《广开门路，搞活经济，解决城镇就业问题的若干决定》中特别提到“建立和健全劳动服务公司的机构，充实人员，更好地发挥它的作用”，认为“劳动服务公司既担负着组织社会劳动力，进行经济活动的任务，又担负着劳动部门的部分行政职能，它可以直接推动待业人员自力更生、因陋就简地发展各种行业的集体经济事业，以至自谋职业；可以组织就业训练，对待业青年传授职业技能和进

[1] 张左己：《劳动服务公司的十年回顾和展望》，载《中国劳动科学》1989年第5期。

[2]《“三结合”就业改革——我国就业管理体制改革的开端》，中国改革信息库，http://www.reformdata.org/special/676/最后访问时间：2016年12月22日。

行管理教育；可以按照企业需要介绍职工”。按照当时的设想，劳动服务公司应当“逐步发展成组织经济事业、统筹劳动就业、输送和管理企业临时用工、开展就业训练的一种综合性机构”。不仅地方劳动部门可以举办劳动服务公司，有条件的厂矿企业和机关、团体等事业单位，也可以根据需要举办劳动服务公司。1982 年劳动人事部发布《关于劳动服务公司若干问题的规定》，将劳动服务公司定位为：既担负着组织社会劳动力，进行经济活动的任务，又担负着劳动部门的部分行政职能的社会机构。《关于劳动服务公司若干问题的规定》中规定，劳动服务公司的主要业务是：用经济手段和行政管理相结合的方法组织和指导劳动就业；在当地政府的统筹规划和领导下，把待业青年和其他待业人员组织起来，进行就业训练和参加有津贴的义务性劳动，实行半工半读，为就业做好准备。然后按照经济发展的需要和个人具备的条件，经过考核，通过发展集体经济和个体经济就业；按照企业的需要介绍就业；向企业输送临时工，或组织临时性的劳动。由以上法律文件内容可见，当时的劳动服务公司虽有“公司”之名，但实际上并不一定是独立经营、自负盈亏的企业，按照当时的法律规定，其可以是事业单位，也可以是经济组织[1]。“特别是地方各级劳动行政部门举办的劳动服务公司，从其主要的职责权限来看，它是劳动部门实现社会劳动力管理和就业服务任务的管理型机构，而不是一般经营型企业公司。”[2]随后，各级机构和各种社会组织先后建立起劳动就业服务企业，社会上逐步出现了四种类型的劳动就业服务企业。一是政府各级劳动部门兴办的劳动服务公司，这种公司实际上是行使政府劳动部门某些职能的机构；二是机关、学校、社会团体等各种社会组织和军队举办的劳动就业服务企业，这类劳动就业服务公司举办的目的在于解决家属就业问题和本单位的后勤服务问题；三是国有企业举办的劳动服务公司，其举办的目的主要在于解决本单位富余人员和本单位职工子女的就业安置；四是各级政府劳动服务公司举办和扶植的劳动就业服务企业，其主要任

[1]《关于劳动服务公司若干问题的规定》中规定，“省、地、市、区、县劳动服务公司，以作为事业单位为宜，接受同级劳动部门或当地政府领导”，“国营企业、事业单位及其主管部门和机关、部队、学校、群众团体等举办的劳动服务公司，是主办单位所领导的一个集体所有制经济组织”。

[2] 张左己：《劳动服务公司的十年回顾和展望》，载《中国劳动科学》1989 年第 5 期。

务就是安置就业。[1]

特别需要指出的是，劳动就业服务企业从建立之初就具有职业介绍、就业指导和就业训练的任务，具备“就业服务机构”的基本职能，“劳动服务公司要按照经济建设和人民生活的需要，结合当地社会劳动力资源情况，根据地方国民经济和社会发展规划的安排，有的放矢地指导劳动就业工作”[2]。劳动服务企业在创办初期“为劳动就业提供的服务是：推动社会各方面兴办集体经济，广开就业门路，组织实施‘三结合’就业方针，解决历史遗留下来的就业问题”[3]。劳动服务公司在发展过程中，逐步开始承担就业训练的任务，《关于劳动服务公司若干问题的规定》中明确要求，“劳动服务公司要从实际出发，密切结合经济和社会发展的需要，积极组织待业青年进行就业前培训，逐步建立一套适合我国情况的就业训练制度”，据此劳动服务公司逐步建立起了劳动生产基地和就业训练基地。此外，劳动服务就业企业还具有就业失业登记的职责。“随着劳动制度改革的深入，劳动服务公司承担了对合同制工人待业保险费用资金的收缴、报销待遇的发放工作；建立了职业介绍机构，促进劳动力合理流动，为实现劳动力供求双方相互选择提供服务；探索安置富余人员的途径，为搞活固定工制度，推行优化劳动组合创造条件；适应农村经济体制改革的要求，把劳动服务公司的工作网络延伸到了乡镇，为农村剩余劳动力的转移提供服务。”[4]这样一来，随着劳动服务公司的发展，劳动服务公司逐步承担了职业介绍、职业训练、失业保险等就业服务职责。

为了解决改革开放初期，大批政企不分、官商不分的公司的出现所带来的经济问题，1988 年 10 月，中共中央、国务院发布《关于清理整顿公司的决定》，开始对各类公司进行清理整顿。1989 年 1 月，劳动部发布《关于劳动服务公司发展和建设中若干问题的意见》，要求对不承担组织管理和安置就业任务的“劳动服务公司”，要认真清理，不得再挂劳动服务公司的牌子。

[1] 晓亮：《论劳动服务公司》，载《中国劳动科学》1988 年第 7 期。

[2]《关于劳动服务公司若干问题的规定》。

[3] 张左己：《劳动服务公司的十年回顾和展望》，载《中国劳动科学》1989 年第 5 期。

[4] 张左己：《劳动服务公司的十年回顾和展望》，载《中国劳动科学》1989 年第 5 期。

该意见将劳动服务公司的基本任务明确设定为“开展劳动就业服务，运用建立劳动生产基地、劳动训练基地和职业介绍所等手段，吞吐、调节社会劳动力，促进劳动力资源的开发和利用”，并进一步明确了各级各类劳动服务公司的法律地位和业务职能。根据规定，劳动部是全国的劳动服务公司的主管行政部门，各级地方劳动服务公司是各级地方劳动部门直接领导下实现劳动就业任务的工作机构，在开展劳动就业服务工作的同时，负责本地区各类劳动服务公司的管理和指导。地、市、县（区和县级市）设立的劳动服务公司，在同级劳动部门领导下，完成以下任务：（1）对社会劳动力（包括农村进城务工人员）进行就业登记、资源统计和组织管理，全面掌握社会劳动力的资源状况；（2）举办职业介绍机构，开展劳务交流、职业介绍、信息咨询和就业指导，促进劳动力市场的形成和发展，为劳动力供求双方实现相互选择提供服务；（3）举办就业训练中心，推动社会各方面举办多层次、多形式的培训班，开展就业训练和转业训练，为求职者创造就业条件；（4）合理使用就业经费，发展集体经济，建立劳动生产基地，推动经济联合，广开就业门路，组织生产自救，为待业人员和企业富余人员提供就业岗位；（5）管理职工待业保险金的收缴、使用和发放，为待业职工提供社会保障；（6）行使劳动部门赋予的其他行政职权。行业、部门（包括大型企业和事业单位）设立的管理劳动服务公司的机构，在主管部门领导下开展工作，业务上，受地方劳动服务公司指导。其主要职责是对本行业、本部门企事业单位劳动服务公司进行协调、指导、服务，推动集体经济的发展，广开就业门路，促进待业青年和企业富余人员的安置。国务院有关部门设立的管理劳动服务公司的机构，负责本行业劳动服务公司发展的宏观指导工作，业务上受劳动部劳动力管理和就业司指导。企业、事业、机关等单位兴办的劳动服务公司，一般是自主经营、自负盈亏、独立核算、依法承担经济责任的经济组织。在管理体制上，受主办单位领导，业务上受所在地方劳动服务公司指导。它的主要任务是发展集体经济，广开就业门路，开展就业训练和转业训练，为本单位职工子女和富余人员创造就业条件。

1989 年 8 月，中共中央、国务院发布《关于进一步清理整顿公司的决定》，对公司的清理整顿进行更为详细的规定。在其中特别提到：“……劳动服务公司等，也要认真清理整顿。这类公司只能……进行……劳动服务，一律不得从事与自己业务无关的商业批发经营活动。”为了贯彻执行中共中央、国务院的上述决定，1989 年 12 月，劳动部颁布了《关于劳动服务公司清理整顿工作有关问题的通知》《关于劳动服务公司清理整顿工作的实施意见》，开始对劳动服务公司进行进一步清理整顿，在肯定劳动服务公司就业安置的重要作用，并应当继续健康发展的同时，提出就改变行政管理和生产经营职责不分的状况进行清理整顿。劳动服务公司清理整顿的目的是加强和改善对劳动服务公司的领导，改变目前政府管理职能和企业经营职能不分的状况，进一步核定经营范围，整顿经营作风，清查违纪行为，完善管理制度，明确服务方向，充分发挥在就业安置、发展经济和保障社会安定中的积极作用，更好地为劳动就业服务。县以上各级地方劳动行政部门原设置的劳动服务公司是在劳动行政部门领导下并受其委托，承担本地区劳动服务公司管理和劳动就业服务任务的工作机构，是承担政府行政职能的就业管理机构，要按照行政管理和企业经营职责分开的原则，不再称劳动服务公司，其名称可改为劳动服务局，作为在劳动行政部门领导下并受其委托，管理社会劳动力，组织集体经济扩大劳动就业，进行职业介绍，开展就业训练，管理职工待业保险和归口管理劳动服务公司的事业机构，不得从事经营活动。街道、乡镇劳动服务公司可更名为劳动就业服务站。产业、行业部门劳动服务公司可改为或设立就业服务局（处），企业、事业单位劳动服务公司保留原来名称，其任务不变。对以劳动服务公司名义办理登记注册的私人投资或合伙投资兴办的私营企业和其他企业，不准再挂劳动服务公司牌子，同时按有关规定进行清理整顿。党政机关和就业服务局根据就业安置任务的需要，可以兴办劳动服务公司。劳动服务公司可以销售自产的重要工业品生产资料，可以经营非重要工业品生产资料。经过清理整顿后，劳动服务公司逐步规范化，改变了政企不分的局面，劳动行政部门设立的劳动服务公司回归了劳动服务和管理机构的法律地位，不再是从事生产经营活动的经济组织。随着经济体制改革的深入，特别是企业改革的推进，企业必然与政府脱钩，并摆脱计划经济时期的行政管理模式，成为真正意义上的“企业”。

1990 年 11 月，国务院颁布《劳动就业服务企业管理规定》，将劳动就业服务企业定性为“承担安置城镇待业人员任务、由国家和社会扶持、进行生产经营自救的集体所有制经济组织”。其中，承担安置城镇待业人员的任务，是指劳动就业服务企业在开办和存续期间都要承担一定比例的城镇待业人员的安置任务。[1] 根据这一规定，劳动就业服务企业在性质上真正成为“企业”，应当按照法律规定领取企业法人营业执照或者营业执照。为了解决就业问题，在当时的历史条件下，国家鼓励社会各方面依法扶持兴办各种形式的劳动就业服务企业，并对劳动就业服务企业实行税收优惠等扶持政策。劳动就业服务企业不仅要接受工商行政部门和劳动行政部门的管理，各行业主管部门对本部门劳动就业服务企业也负有管理职责。包括：(1) 指导和监督劳动就业服务企业贯彻执行国家有关方针、政策和法律、法规；(2) 制定劳动就业服务企业的部门发展规划，协助企业筹措发展资金；(3) 协调劳动就业服务企业与部门内各有关方面的关系；(4) 开展技术培训，为劳动就业服务企业提供咨询，组织物资、生产、技术等信息交流；(5) 帮助劳动就业服务企业进行新产品鉴定和科研成果鉴定；(6) 指导本部门所属的劳动就业服务企业的干部管理和培养工作，开展评选先进集体和个人的活动。随后，当时的机电部、铁道部、广播电影电视部、化学工业部、能源部、国家教委等部门先后对本部门或本行业的劳动就业服务企业出台了管理办法。[2]

伴随着国有企业，特别是大型国有企业的改革，劳动就业服务企业成为因国有企业大规模裁减人员而产生的大量下岗人员的接收单位。1993 年，劳动部、国家计委、国家经贸委、国家体改委、人事部、建设部、中国人民银行、国家税务总局、国家工商行政管理局、国家国有资产管理局联合发布的《关于劳动就业服务企业发展第三产业安置富余人员若干问题的通知》明

[1] 根据《劳动就业服务企业管理规定》第 2 条，劳动就业服务企业开办时，从业人员中 60% 以上（含 60%）为城镇待业人员；劳动就业服务企业存续期间，根据当地就业安置任务和企业常年生产经营情况按一定比例安置城镇待业人员。

[2] 1991 年，机电部发布《机电部关于劳动就业服务企业暂行管理办法》；1992 年，铁道部发布《铁道部劳动就业服务企业管理办法》，邮电部发布《邮电部门劳动就业服务企业管理试行办法》，广播电影电视部发布《广播电影电视部直属单位劳动就业服务企业管理办法》，化学工业部发布《化学工业部劳动就业服务企业管理办法》，能源部发布《电力行业劳动就业服务企业管理办法》，国家教委发布《关于巩固和发展高校劳动服务公司的若干意见》。

确规定："劳服企业……在继续安置城镇待业人员就业的同时，积极创造条件承担安置富余人员的任务，为国有企业转换经营机制和政府机关转变职能服务……主办单位应本着'先修渠后放水'的原则，为劳服企业提供安置富余人员的条件。"

1994年8月，劳动部发布的《促进劳动力市场发展，完善就业服务体系建设的实施计划》中指出，要以股份合作制和分配制度改革为重点，促进劳动服务企业的改革。1994年10月，劳动部、国家体改委、国家税务总局、国家国有资产管理局联合发布《劳动就业服务企业实行股份合作制规定》，劳动就业服务企业开始依法进行股份合作制的改革。所谓股份合作制劳服企业，是借鉴股份制的做法，实行劳动合作与资本合作的一种企业组织形式。股份合作制劳动服务企业按照全员入股、股权平等、同股同利、利益共享、风险共担的企业模式，实行独立核算、自主经营、自负盈亏、自担风险和民主管理的管理模式；实行按劳分配与按股分红相结合的分配方式。劳动服务企业职工及其他投资者以其所认购股份对企业承担有限责任，企业以其全部财产独立承担民事责任。已经成立的劳动就业服务企业改制为股份合作制劳动服务企业，应当在劳动部门就业服务机构、国有资产管理、税务等有关部门组织指导下进行，并吸收投资者参加，成立清产核资小组，清理原有企业债权、债务，核实企业全部资产，界定企业的净资产产权，明确债权、债务的责任，从而与原主办单位脱离关系。实行股份合作制后，劳服企业与原主办或扶持单位建立新型的合作关系，双方可以签订协议约定由劳服企业有条件地为主办单位承担一定比例的职工子女和富余职工的安置任务。根据规定，继续承担城镇失业人员安置任务的股份合作制劳动服务企业仍然享受国家法律规定的有关优惠政策，各级地方劳动部门也安排一定比例的就业经费、生产扶持资金和失业保险金扶持股份合作制劳服企业。1997年，劳动部、国家国有资产管理局、国家税务总局发布《劳动就业服务企业产权界定规定》，对劳动就业服务企业的产权界定进行详细规定。

从1982年劳动人事部发布《关于劳动服务公司若干问题的规定》起，在20世纪八九十年代，国务院、国务院劳动部门及其他国务院部门对劳动就业服务企业出台了一系列的政策法规和规章，对劳动服务企业进行规范。

劳动就业服务企业在经济改革过程中，特别是劳动用工制度的改革中发挥的巨大作用应当得到肯定，“劳动服务公司建立起来以后，不仅在安置城镇待业青年就业方面立下了汗马功劳，而且在调剂和吞吐国有企业富余劳动力，以及发展经济，支援国家建设，增加供应，满足需要，活跃市场和改善人民生活等方面，都起了积极的作用”[1]。2000年后，随着劳动力市场的逐步完善，劳动就业服务机构的建立和健全，劳动就业服务企业所担负的职业介绍、职业指导和职业训练职能逐步为新的就业服务机构所取代，逐步完善的失业人员保险制度和就业促进制度也使劳动就业服务企业的失业人员安置任务逐渐淡化，以促进劳动就业，解决失业人员安置为任务的劳动就业服务企业逐渐失去了其“劳动就业”管理和服务的功能，成为从事生产经营的“企业”。一方面，原来的就业服务企业虽仍然以“劳动就业服务”为名，但是已经逐渐成为生产经营性企业，劳动就业服务功能已经虚化；另一方面，一些企业在其经营中有劳动就业服务的内容，如以公司企业形式存在的职业介绍机构，这些企业可能以“劳动就业服务企业”命名，也可能使用“职业介绍所”等其他企业名称。可以说过渡性的在劳动用工制度改革过程中出现的“劳动就业服务企业”会逐渐淡出历史舞台，而真正从事“劳动就业服务”业务的企业方兴未艾。

第二节　经营性就业服务

一、经营性就业服务的概念

经营性就业服务是指由法人、其他组织和公民个人举办的经营性组织，为用人单位招用人员和劳动者求职提供的中介服务以及其他相关服务。由于就业援助、就业和失业登记、劳动力市场的信息收集和发布等就业服务内容

[1] 晓亮：《论劳动服务公司》，载《中国劳动科学》1988年第7期。

基本上由公共就业服务机构负责，因此，经营性就业服务一般情况下指职业中介服务或职业介绍服务。由于《就业促进法》明确禁止政府部门举办或与他人联合举办经营性职业中介机构，因此该法中规定的职业中介机构仅指经营性的职业中介机构。虽然职业中介机构以营利为目的，但并不排除其可能为社会提供公益性的职业介绍服务，并且法律也鼓励职业中介机构从事此类服务。根据《就业促进法》的规定，县级以上地方人民政府对职业中介机构提供公益性就业服务的，按照规定给予补贴。国家鼓励社会各界为公益性就业服务提供捐赠、资助。《就业服务与就业管理规定》也明确规定，职业中介机构为特定对象提供公益性就业服务的，可以按照规定给予补贴。

二、职业中介机构的一般规定

（一）职业中介机构的设立

在我国设立职业中介机构实行行政许可制度。设立职业中介机构或其他机构开展职业中介活动，须经劳动保障行政部门批准，并获得职业中介许可证。未经依法许可和登记的机构，不得从事职业中介活动。

设立职业中介机构应当具备下列条件：（1）有明确的机构章程和管理制度；（2）有开展业务必备的固定场所、办公设施和一定数额的开办资金；（3）有一定数量具备相应职业资格的专职工作人员；（4）法律、法规规定的其他条件。

根据《就业服务与就业管理规定》，设立职业中介机构，应当向当地县级以上劳动保障行政部门提出申请，提交下列文件：（1）设立申请书；（2）机构章程和管理制度草案；（3）场所使用权证明；（4）拟任负责人的基本情况、身份证明；（5）具备相应职业资格的专职工作人员的相关证明；（6）工商营业执照（副本）；（7）法律、法规规定的其他文件。

劳动保障行政部门接到设立职业中介机构的申请后，应当自受理申请之日起 20 日内审理完毕。对符合条件的，应当予以批准；不予批准的，应当说明理由。职业中介机构变更名称、住所、法定代表人等或者终止的，应当按照设立许可程序办理变更或者注销登记手续。设立分支机构的，应当在征得原审批机关的书面同意后，由拟设立分支机构所在地县级以上劳动保障行政部门审批。

（二）职业中介机构的业务范围

法律允许职业中介机构从事的业务有：（1）为劳动者介绍用人单位；（2）为用人单位和居民家庭推荐劳动者；（3）开展职业指导、人力资源管理咨询服务；（4）收集和发布职业供求信息；（5）根据国家有关规定从事互联网职业信息服务；（6）组织职业招聘洽谈会；（7）经劳动保障行政部门核准的其他服务项目。

根据法律规定，职业中介机构禁止有下列行为：（1）提供虚假就业信息；（2）发布的就业信息中包含歧视性内容；（3）伪造、涂改、转让职业中介许可证；（4）为无合法证照的用人单位提供职业中介服务；（5）介绍未满16周岁的未成年人就业；（6）为无合法身份证件的劳动者提供职业中介服务；（7）介绍劳动者从事法律、法规禁止从事的职业；（8）扣押劳动者的居民身份证和其他证件，或者向劳动者收取押金；（9）以暴力、胁迫、欺诈等方式进行职业中介活动；（10）超出核准的业务范围经营；（11）其他违反法律、法规规定的行为。

职业中介机构在提供职业介绍服务的时候，还应当遵守以下法律规定：（1）在服务场所明示营业执照、职业中介许可证、服务项目、收费标准、监督机关名称和监督电话等，并接受劳动保障行政部门及其他有关部门的监督检查。（2）建立服务台账，记录服务对象、服务过程、服务结果和收费情况等，并接受劳动保障行政部门的监督检查。（3）提供职业中介服务不成功的，应当退还向劳动者收取的中介服务费。（4）租用场地举办大规模职业招聘洽谈会，应当制定相应的组织实施办法和安全保卫工作方案，并向批准其设立的机关报告。职业中介机构应当对入场招聘用人单位的主体资格真实性和招用人员简章真实性进行核实。

（三）对职业中介机构的监督管理

县级以上劳动保障行政部门在依法对经审批设立的职业中介机构开展职业中介活动进行监督指导，定期组织对其服务信用和服务质量进行评估，并将评估结果向社会公布的同时，还应当指导职业中介机构开展工作人员培训，提高服务质量。对在诚信服务、优质服务和公益性服务等方面表现突出的职业中介机构和个人，县级以上劳动保障行政部门报经同级人民政府批准后，给予表彰和奖励。

职业中介机构实行年审制度，即劳动保障行政部门对经批准设立的职业中介机构实行年度审验。

三、境外就业中介机构的特别规定[1]

境外就业中介，是指为中国公民境外就业或者为境外雇主在中国境内招聘中国公民到境外就业提供相关服务的活动。经有关机关批准，从事该项活动的机构为境外就业中介机构。境外机构、个人及外国驻华机构不得在中国境内从事境外就业中介活动。

（一）境外就业中介机构的设立和审批

1. 设立条件

从事境外就业中介活动应当具备以下条件：（1）符合企业法人设立的条件；（2）具有法律、外语、财会专业资格的专职工作人员，有健全的工作制度和工作人员守则；（3）备用金不低于 50 万元；（4）法律、行政法规规定的其他条件。

2. 申请和审批

申请从事境外就业中介活动的机构应当向审核机关提交以下文件材料：（1）填写完整的境外就业中介资格申请表；（2）企业名称预先核准通知书；（3）法定代表人或者拟任人选、主要工作人员或者拟聘用人选的简历和有关资格证明；（4）具有法定资格的验资机构出具的验资报告；（5）机构章程及内部有关规章、制度；（6）拟开展境外就业中介活动的行政区域和可行性报告；（7）住所和经营场所使用证明；（8）省级劳动保障行政部门认可的备用金存款证明；（9）国务院劳动保障行政部门规定的其他材料。

[1] 2002 年 5 月，劳动和社会保障部、公安部、国家工商行政管理总局联合发布《境外就业中介管理规定》，对境外就业中介机构作了详细规定。

申请从事境外就业中介活动的机构应当向其所在地的省级劳动保障行政部门提出申请，经初审同意并征得同级公安机关同意后，报国务院劳动保障行政部门审批。国务院劳动保障行政部门自收到申请之日起60日内做出答复。新设境外就业中介机构报国务院劳动保障行政部门审批前，应当到工商行政管理机关办理名称预先核准登记。国务院劳动保障行政部门审查批准并抄送公安部后，向该机构颁发境外就业中介许可证（以下简称许可证）。许可证自颁发之日起有效期为3年。申请机构应当自领取许可证之日起30日内，到工商行政管理机关申请企业法人设立登记或者变更登记，并应当于设立登记或者变更登记核准之日起10日内，到所在地的省级劳动保障行政部门和公安机关备案。境外就业中介机构设立分支机构的，应当按照规定办理申请审批、登记和备案手续。

（二）境外就业中介机构的业务范围和法定义务

境外就业中介机构可以依法从事下列业务：（1）为中国公民提供境外就业信息、咨询；（2）接受境外雇主的委托，为其推荐所需招聘人员；（3）为境外就业人员进行出境前培训，并协助其办理有关职业资格证书公证等手续；（4）协助境外就业人员办理出境所需要护照、签证、公证材料、体检、防疫注射等手续和证件；（5）为境外就业人员代办社会保险；（6）协助境外就业人员通过调解、仲裁、诉讼等程序维护其合法权益。

境外就业中介机构应当依法履行下列义务：（1）核查境外雇主的合法开业证明、资信证明、境外雇主所在国家或者地区移民部门或者其他有关政府主管部门批准的招聘外籍人员许可证明等有关资料。（2）协助、指导境外就业人员同境外雇主签订劳动合同，并对劳动合同的内容进行确认。[1]

境外就业中介机构在提供就业中介服务的时候，还应当遵守以下规定：（1）应当依法与境外就业人员签订境外就业中介服务协议书。协议书应当对双方的权利和义务、服务项目、收费标准、违约责任、赔偿条款等内容作出明确规定。（2）不得组织非法出入境，不得组织中国公民到境外从事中国

[1] 劳动合同内容应当包括合同期限、工作地点、工作内容、工作时间、劳动条件、劳动报酬、社会保险、劳动保护、休息休假、食宿条件、变更或者解除合同的条件以及劳动争议处理、违约责任等条款。

法律所禁止的违法犯罪活动。（3）可向境外就业人员或者境外雇主收取合理的中介服务费，并接受当地物价部门监督。（4）应当在服务场所明示合法证照、服务项目、收费标准、监督机关名称和监督电话等，并接受劳动保障行政部门及其他有关部门的监督检查。（5）不得以承包、转包等方式交由其他未经批准的中介机构或者个人开展境外就业中介活动。

（三）境外就业中介机构的监督和管理

1. 备案制度

境外就业中介机构应当将签订的境外就业中介服务协议书和经其确认的境外就业劳动合同报省级劳动保障行政部门备案。省级劳动保障行政部门在10日内未提出异议的，境外就业中介机构可以向境外就业人员发出境外就业确认书。公安机关依据有关规定，凭境外就业确认书为境外就业人员办理出入境证件。

2. 许可证的变更和注销

境外就业中介机构的名称、住所或者经营场所、法定代表人发生变更的，应当按照规定的申办程序办理许可证变更，并凭新的许可证到原企业登记主管机关申请变更登记。其中，涉及名称变更的，应当在申请新的许可证时提交工商行政管理机关同意变更名称的证明文件。其他登记事项的变更，按照现行企业登记管理的有关规定办理。

境外就业中介机构拟在许可证有效期届满后继续从事境外就业中介活动的，应当在许可证有效期届满前90日内，依照规定的申办程序办理更换许可证手续。许可证有效期届满，境外就业中介机构未申请更换的，由国务院劳动保障行政部门予以注销。

境外就业中介机构在破产、解散前，应当以书面形式向省级劳动保障行政部门提出注销许可证申请和善后事宜处理措施，并办理注销许可证手续。发证机关应当及时将注销境外就业中介机构经营资格的情况通报公安机关和工商行政管理机关。被注销资格的境外就业中介机构应当在收到被注销资格通知之日起10日内向发证机关缴还许可证，向原登记机关申请注销或者变更登记。凡违反规定被注销境外就业中介许可证的，其法定代表人和主要责任人3年内不得从事境外就业中介活动。

3. 年审

境外就业中介许可证实行年审制度。境外就业中介机构应当向所在地省级劳动保障行政部门提交上一年度经营情况以及其他相关材料。对审验不合格的境外就业中介机构，省级劳动保障行政部门应当报国务院劳动保障行政部门，由国务院劳动保障行政部门注销其许可证，并通报公安机关和工商行政管理机关。

（四）境外就业中介机构备用金制度

境外就业中介实行备用金制度。备用金用于因境外就业中介机构责任造成其服务对象合法权益受到损害时的赔偿及支付罚款、罚金。境外就业中介机构按照规定将备用金存入省级劳动保障行政部门指定的国有商业银行中该境外就业中介机构的专门账户，实行专款专用。备用金及其利息由境外就业中介机构所在地省级劳动保障行政部门实行监管。未经监管部门的许可，任何单位和个人不得擅自动用备用金。备用金及其利息归境外就业中介机构所有。境外就业中介机构破产、解散时，其备用金及其利息作为境外就业中介机构资产的一部分，按照有关规定处置。

境外就业中介机构无力按照仲裁机构的裁决或者人民法院的判决进行赔偿，或者无力支付罚款、罚金时，可以书面形式向备用金监管部门提出动用备用金及其利息的申请。境外就业中介机构拒不支付罚款、罚金，拒不执行仲裁机构或者人民法院的裁决或者判决的，由执行机关依法强制执行。备用金不足以补偿服务对象合法权益受到侵害造成的经济损失时，境外就业中介机构必须按照国家有关规定承担民事责任。备用金被动用后低于规定数额时，境外就业中介机构应在 60 日内将备用金补足至规定数额，逾期未补足的，不得开展境外就业中介业务。境外就业中介机构自行解散、破产或许可证被注销后，如 2 年内未发生针对该境外就业中介机构的投诉或者诉讼，可凭备用金监管部门开具的证明，到开户银行领取其备用金及其利息。

四、外资职业介绍机构的特别规定[1]

外资职业介绍机构是指由外商投资在我国境内设立的职业介绍机构，由于我国现行法律不允许外商独资设立职业介绍机构，因此，目前外资职业介绍机构仅指中外合资经营或中外合作经营的外资职业介绍机构。外国企业常驻中国代表机构和在中国成立的外国商会不得在中国从事职业介绍服务。

（一）外资职业介绍机构的设立

1. 设立条件

申请设立外资职业介绍机构应当具备以下条件：（1）申请设立中外合资、中外合作职业介绍机构的外方投资者应是从事职业介绍的法人，在注册国有开展职业介绍服务的经历，并具有良好信誉；（2）申请设立中外合资、中外合作职业介绍机构的中方投资者应是具有从事职业介绍资格的法人，并具有良好信誉；（3）拟设立的中外合资、中外合作职业介绍机构应具有3名以上具备职业介绍资格的专职工作人员，有明确的业务范围、机构章程、管理制度，有与开展业务相适应的固定场所、办公设施，主要经营者应具有从事职业介绍服务工作经历。

2. 设立申请和审批

设立中外合资、中外合作职业介绍机构应当经省级人民政府外经贸行政部门（以下简称省级外经贸行政部门）批准，到企业住所地国家工商行政管理总局授权的地方工商行政管理局进行登记注册后，由省级人民政府劳动保障行政部门（以下简称省级劳动保障行政部门）批准。

（1）设立外资职业介绍机构，应依法向拟设立企业住所地省级外经贸行政部门提出申请，并呈报申请设立外资职业介绍机构的有关文件，省级外经贸行政部门应当自接到申请之日起20个工作日内决定批准或者不批准。予以批准的，发给中外合资、中外合作企业批准证书；不予批准的，应当通知申请者。

（2）获得省级外经贸行政部门批准的申请者，应当依法到拟设立企业住

[1] 2001年10月，劳动和社会保障部、国家工商行政管理总局联合发布《中外合资中外合作职业介绍机构设立管理暂行规定》，对外资职业介绍机构作了详细规定。2015年4月，根据人力资源和社会保障部《人力资源社会保障部关于修改部分规章的决定》修订了该规定。

所所在地国家工商行政管理总局授权的地方工商行政管理局申请登记注册，领取营业执照。

（3）中外合资、中外合作职业介绍机构应当到省级劳动保障行政部门提出申请，并提交下列材料：中、外双方各自的登记注册证明（复印件）；主要经营者的资历证明（复印件）和简历；拟任专职工作人员的简历和职业资格证明；住所使用证明；拟开展经营范围的文件；工商营业执照（副本）；法律、法规规定的其他文件。省级劳动保障行政部门应当在接到申请之日起 20 个工作日内审核完毕。批准同意的，发给职业介绍许可；不予批准的，应当通知申请者。

3. 变更备案

外资职业介绍机构投资者变更、股权比例发生变化或设立分支机构，应按规定的审批程序经原审批机关审批同意后，到工商行政管理部门办理相关变更登记手续，并到劳动保障行政部门办理变更备案手续。

（二）外资职业介绍机构的业务范围

外资职业介绍机构可以从事下列业务：（1）为中外求职者和用人单位提供职业介绍服务；（2）提供职业指导、咨询服务；（3）收集和发布劳动力市场信息；（4）举办职业招聘洽谈会；（5）经省级劳动保障行政部门或其授权的地市级劳动保障行政部门核准的其他服务项目。外资职业介绍机构介绍中国公民出境就业和外国企业常驻中国代表机构聘用中方雇员按照国家有关规定执行。

五、人才市场的服务与管理[1]

人才市场服务的对象是指各类用人单位和具有中专以上学历或取得专业技术资格的人员，以及其他从事专业技术或管理工作的人员。我国设立专门

[1] 2001 年 9 月，人事部、国家工商行政管理总局发布《人才市场管理规定》，对人才市场的管理作了详细规定。2005 年 3 月，根据《人事部、国家工商行政管理总局关于修改〈人才市场管理规定〉的决定》第一次修订；2015 年 4 月，根据人力资源和社会保障部《人力资源社会保障部关于修改部分规章的决定》第二次修订。

的人才中介服务机构为用人单位和人才提供中介服务及其他相关服务。人才市场管理，是指对人才中介服务机构从事人才中介服务、用人单位招聘和个人应聘以及与之相关活动的管理。

（一）人才中介服务机构的设立

1. 设立条件

设立人才中介服务机构应具备下列条件：（1）有与开展人才中介业务相适应的场所、设施；（2）有 5 名以上大专以上学历、取得人才中介服务资格证书的专职工作人员；（3）有健全可行的工作章程和制度；（4）有独立承担民事责任的能力；（5）具备相关法律、法规规定的其他条件。

2. 申请和审批

设立人才中介服务机构，可以通过信函、电报、电传、传真、电子数据交换和电子邮件等方式向政府人事行政部门提出申请，并按要求提交有关证明材料。其中设立固定人才交流场所的，须作专门的说明。未经政府人事行政部门批准，不得设立人才中介服务机构。

设立人才中介服务机构应当依据管理权限由县级以上政府人事行政部门（以下简称审批机关）审批。国务院各部委、直属机构及其直属在京事业单位和在京中央直管企业、全国性社团申请设立人才中介服务机构，由国务院人事行政部门审批。中央在地方所属单位申请设立人才中介服务机构，由所在地的省级政府人事行政部门审批。人才中介服务机构设立分支机构的，应当在征得原审批机关的书面同意后，由分支机构所在地政府人事行政部门审批。

审批机关应当在接到设立人才中介服务机构申请报告之日起 20 日内审核完毕，20 日内不能作出决定的，经本行政机关负责人批准，可以延长 10 日，并应当将延长期限的理由告知申请人。批准同意的，发给《人才中介服务许可证》（以下简称许可证），并应当在作出决定之日起 10 日内向申请人颁发、送达许可证，不同意的应当书面通知申请人，并说明理由。互联网信息服务提供者专营或兼营人才信息网络中介服务的，必须申领许可证。

开展人才中介或者相关业务的外国公司、企业和其他经济组织在中国境内从事人才中介服务活动的，必须与中国的人才中介服务机构合资经营。设立中外合资人才中介机构应当符合国家中外合资企业法律法规的规定，由拟设机构所在地省级政府人事行政部门审批，颁发许可证，并报国务院人事行政部门备案，同时按有关规定办理其他手续。

（二）人才中介服务机构的业务范围

1. 一般业务范围

根据审批机关的批准，人才中介服务机构可以从事下列一项或多项业务：（1）人才供求信息的收集、整理、储存、发布和咨询服务；（2）人才信息网络服务；（3）人才推荐；（4）人才招聘；（5）人才培训；（6）人才测评；（7）法规、规章规定的其他有关业务。

2. 人事代理服务

人才中介服务机构可在规定业务范围内接受用人单位和个人委托，从事各类人事代理服务；经过政府人事行政部门的授权，可以从事以下人事代理业务：（1）流动人员人事档案管理；（2）因私出国政审；（3）在规定的范围内申报或组织评审专业技术职务任职资格；（4）转正定级和工龄核定；（5）大中专毕业生接收手续；（6）其他需经授权的人事代理事项。

人事代理方式可由单位集体委托代理，也可由个人委托代理；可多项委托代理，也可单项委托代理；可单位全员委托代理，也可部分人员委托代理。单位办理委托人事代理，须向代理机构提交有效证件以及委托书，确定委托代理项目。经代理机构审定后，由代理机构与委托单位签订人事代理合同书，明确双方的权利和义务，确立人事代理关系。个人委托办理人事代理，根据委托者的不同情况，须向代理机构提交有关证件复印件以及与代理有关的证明材料。经代理机构审定后，由代理机构与个人签订人事代理合同书，确立人事代理关系。

（三）对人才中介机构的管理

审批机关负责对其批准成立的人才中介服务机构依法进行检查或抽查，并可以查阅或者要求其报送有关材料。人才中介服务机构应接受检查，并如实提供有关情况和材料。审批机关应公布检查结果。

人才中介服务机构可以建立行业组织，协调行业内部活动，促进公平竞争，提高服务质量，规范职业道德，维护行业成员的合法权益。

六、中外合资人才中介机构的特别规定[1]

中外合资人才中介机构，是指外国开展人才中介服务的公司、企业和其他经济组织与中国开展人才中介服务的公司、企业和其他经济组织，在中国境内依法合资成立的人才中介机构。开展人才中介服务的外国公司、企业和其他经济组织在中国境内从事人才中介服务活动，必须与中国开展人才中介服务的公司、企业和其他经济组织合资经营，设立专门的人才中介机构。我国法律不允许设立外商独资人才中介机构。外国企业常驻中国代表机构和在中国成立的商会等组织也不得在中国境内从事人才中介服务。

（一）设立与登记

1. 设立条件

申请设立中外合资人才中介机构，必须符合下列条件：（1）申请设立中外合资人才中介机构的中方投资者应当是成立 3 年以上的人才中介机构，外方出资者也应当是从事 3 年以上人才中介服务的外国公司、企业和其他经济组织，合资各方具有良好的信誉；（2）有健全的组织机构，有熟悉人力资源管理业务的人员，其中必须有 5 名以上具有大专以上学历并取得人才中介服务资格证书的专职人员；（3）有与其申请的业务相适应的固定场所、资金和办公设施，其中外方合资者的出资比例不得低于 25%，中方合资者的出资比例不得低于 51%；（4）有健全可行的机构章程、管理制度、工作规则，有明确的业务范围；（5）能够独立享有民事权利，承担民事责任；（6）法律、法规规定的其他条件。

2. 设立申请

申请设立中外合资人才中介机构，可以通过信函、电报、电传、传真、电子数据交换和电子邮件等方式向省、自治区、直辖市人民政府人事行政部门提出申请。申请材料应包括以下内容：（1）书面申请及可行性报告；

[1] 2003 年 9 月，人事部、商务部、国家工商行政管理总局发布《中外合资人才中介机构管理暂行规定》，对中外合资人才中介机构作出了详细规定。2005 年 5 月，根据《人事部、商务部、国家工商行政管理总局关于修改〈中外合资人才中介机构管理暂行规定〉的决定》第一次修订，2015 年 4 月，根据人力资源和社会保障部《人力资源社会保障部关于修改部分规章的决定》第二次修订。

（2）合资各方签订的协议与章程；（3）合资各方开展人才中介服务3年以上的资质证明；（4）工商营业执照（副本）；（5）法律、法规和省、自治区、直辖市人民政府人事行政部门要求提供的其他材料。上述所列的申请材料凡是用外文书写的，应当附有中文译本。

3. 审批与备案

申请设立中外合资人才中介机构，应当由拟设立机构所在地的省、自治区、直辖市人民政府人事行政部门审批，并报国务院人事行政部门备案。其中，由国务院人事行政部门许可设立的人才中介机构与外方合资设立中外合资人才中介机构的，应征得国务院人事行政部门的书面同意。审批机关应在行政机关网站上公布审批程序、期限和需要提交的全部材料的目录，以及批准设立的中外合资人才中介机构的名录等信息。

省、自治区、直辖市人民政府人事行政部门在接到设立中外合资人才中介机构的申请报告之日起20日内审核完毕，20日内不能作出决定的，经本行政机关负责人批准，可以延长10日，并应当将延长期限的理由告知申请人。批准同意的，发给《人才中介服务许可证》（以下简称许可证），并应当在作出决定之日起10日内向申请人颁发、送达许可证，报国务院人事行政部门备案；不同意的应当书面通知申请人，并说明理由。

（二）经营范围

省、自治区、直辖市人民政府人事行政部门根据中外合资人才中介机构的资金、人员和管理水平情况，在下列业务范围内，核准其开展一项或多项业务：（1）人才供求信息的收集、整理、储存、发布和咨询服务；（2）人才推荐；（3）人才招聘；（4）人才测评；（5）中国境内的人才培训；（6）法规、规章规定的其他有关业务。

中外合资人才中介机构招聘人才出境，应当按照中国政府有关规定办理手续。其中，不得招聘下列人才出境：（1）正在承担国家、省级重点工程、科研项目的技术和管理人员，未经单位或主管部门同意的；（2）在职国家公务员；（3）由国家统一派出而又未满轮换年限的支援西部开发的人员；（4）在岗的涉密人员和离岗脱密期未满的涉密人员；（5）有违法嫌疑正在依法接受审查尚未结案的人员；（6）法律、法规规定暂时不能流动的其他特殊岗位的人员或者需经批准方可出境的人员。

（三）管理

中外合资人才中介机构必须遵循自愿、公平、诚信的原则，遵守行业道德，在核准的业务范围内开展活动，不得采用不正当竞争手段。

中外合资人才中介机构设立分支机构，增加或者减少注册资本、股份转让、股东变更，必须经原审批机关批准，并依法到工商行政管理部门办理变更登记。中外合资人才中介机构变更机构名称、法定代表人和经营场所，经工商登记机关变更登记后，应在 30 日内，向原审批机关办理相关事项变更备案，换领有关批准文件。

国务院人事行政部门和省、自治区、直辖市人民政府人事行政部门依法指导、检查和监督中外合资人才中介机构的日常管理和业务开展情况。省、自治区、直辖市人民政府人事行政部门对其批准成立的中外合资人才中介机构依法进行检查或抽查，并可以查阅或者要求其报送有关材料。中外合资人才中介机构应接受检查，并如实提供有关情况和材料。省、自治区、直辖市人民政府人事行政部门应将检查结果报国务院人事行政部门，并进行公布。

七、香港澳门服务提供者在内地设立的独资职业介绍机构

香港特别行政区和澳门特别行政区的投资者在内地与内地投资者合营或合作设立职业介绍机构，参照《中外合资中外合作职业介绍机构设立管理暂行规定》执行；设立合资人才中介机构，参照《中外合资人才中介机构管理暂行规定》执行。以上两个规定均明确禁止设立外商独资的职业介绍机构，因此香港和澳门特别行政区的投资者在内地也无权设立独资的职业介绍机构。但是这一局面在 2004 年有了改变。

2004 年 10 月 27 日和 10 月 29 日，内地与香港、澳门分别签署了《〈内地与香港关于建立更紧密经贸关系的安排〉补充协议》和《〈内地与澳门关于建立更紧密经贸关系的安排〉补充协议》（以下简称 CEPA）。[1] 根据以上

[1] 这两个协议自 2005 年 1 月 1 日起实施。

两个补充协议的规定，自2005年1月1日起，内地在专利代理、商标代理、机场服务、文化娱乐、信息技术、职业介绍、人才中介和专业资格考试等领域对香港和澳门的服务及服务提供者开放和放宽市场准入的条件。内地允许香港和澳门服务提供者在内地设立独资职业介绍所，其最低注册资本金为12.5万美元。允许香港和澳门服务提供者在内地设立合资人才中介机构，其最低注册资本金为12.5万美元，香港和澳门服务提供者拥有的股权比例不超过70%，其中内地合资方机构应已设立1年以上。[1]

[1]《内地与香港关于建立更紧密经贸关系的安排》（以下简称《安排》）附件5《关于“服务提供者”定义及相关规定》中对服务提供者的定义为：除非《安排》及其附件另有规定，《安排》及其附件中的“服务提供者”指提供服务的任何人，其中：（1）“人”指自然人或法人；（2）“自然人”对内地而言，指中华人民共和国公民，对香港而言，指中华人民共和国香港特别行政区永久性居民；（3）“法人”指根据内地或香港特别行政区适用法律适当组建或设立的任何法律实体，无论是否以营利为目的，无论属私有还是政府所有，包括任何公司、基金、合伙企业、合资企业、独资企业或协会（商会）。以法人形式提供服务的香港服务提供者的具体标准是：除法律服务部门外，香港服务提供者申请在内地提供有关服务时应：（1）根据香港特别行政区《公司条例》或其他有关条例注册或登记设立，并取得有效商业登记证。法例如有规定，应取得提供该服务的牌照或许可。（2）在香港从事实质性商业经营。其判断标准为：① 业务性质和范围：香港服务提供者在香港提供服务的性质和范围，应包含其拟在内地提供服务的性质和范围。② 年限：香港服务提供者应已在香港注册或登记设立并从事实质性商业经营3年以上（含3年）。《内地与澳门关于建立更紧密经贸关系的安排》（以下简称《安排》）附件5《关于“服务提供者”定义及相关规定》中对服务提供者的定义为：除非《安排》及其附件另有规定，《安排》及其附件中的“服务提供者”指提供服务的任何人，其中：（1）“人”指自然人或法人；（2）“自然人”对内地而言，指中华人民共和国公民，对澳门而言，指中华人民共和国澳门特别行政区永久性居民；（3）“法人”指根据内地或澳门特别行政区适用法律适当组建或设立的任何法律实体，无论是否以营利为目的，无论属私有还是政府所有，包括任何公司、基金、合伙企业、合资企业、独资企业或协会（商会）。以法人形式提供服务的澳门服务提供者的具体标准是：除法律服务部门外，澳门服务提供者申请在内地提供有关服务时应：（1）根据澳门特别行政区《商法典》《商业登记法典》或其他有关法规登记。法规如有规定，应取得提供该服务的准照或许可。（2）在澳门从事实质性商业经营。其判断标准为：① 业务性质和范围：澳门服务提供者在澳门提供服务的性质和范围，应包含其拟在内地提供服务的性质和范围。② 年限：澳门服务提供者应已在澳门登记并从事实质性商业经营3年以上（含3年）。③ 所得补充税：澳门服务提供者在澳门从事实质性商业经营期间应依法缴纳所得补充税。④ 业务场所：澳门服务提供者应在澳门拥有或租用业务场所从事实质性商业经营，其业务场所应与其业务范围和规模相符合。⑤ 雇用员工：澳门服务提供者在澳门雇用的员工中，在澳门居留不受限制的居民和按澳门有关法规获准在澳门定居的人士应占其员工总数的50%以上。

为贯彻实施 CEPA，劳动和社会保障部、商务部、国家工商行政管理总局于 2005 年 10 月发布《关于允许香港澳门服务提供者在内地设立独资职业介绍机构的通知》，允许香港服务提供者和澳门服务提供者在内地设立独资职业介绍机构，最低注册资本金为 12. 5 万美元。香港服务提供者和澳门服务提供者在内地设立独资职业介绍机构的其他程序参照《中外合资中外合作职业介绍机构设立管理暂行规定》执行。

八、我国经营性就业服务立法的完善

经营性就业服务机构是指以营利为目的，以就业服务为经营范围的企业。目前我国对经营性就业服务机构的法律规定比较分散，层次内容都很繁乱。经营性就业服务机构不仅没有统一的规定，而且法律规定之间存在不少矛盾之处。就经营性就业服务机构而言，因其企业的性质，首先，应当符合我国企业法律规定，作为一个企业，应当接受工商行政管理机构的监督和管理。其次，作为特殊的企业，因其从事的经营范围特殊，需要劳动行政部门的监管。我国对从事就业服务的企业实行许可制度，也就是说投资者设立就业服务企业应当得到人力资源和社会保障部门的批准，取得《职业中介许可证》。目前经营性就业服务法律规范存在着严重的政出多门现象，导致法律规范之间存在矛盾，不利于我国统一劳动力市场的建立和完善，也不利于我国就业服务体系的完善。

（一）劳动就业服务与人才就业服务的统一立法与管理

广义上的就业不仅包括与用人单位形成劳动关系的就业，也包括求职者通过各种考试或测试成为各级各类国家、事业单位内的工作人员，甚至包括自主创业人员。在计划经济年代，干部和工人身份的划分将劳动者进行了区分，延续这一区分，本应为统一的劳动力市场被人为地割裂成狭义的劳动力市场和人才市场。在管理上，狭义的劳动力市场归属于劳动行政部门，人才市场由人事行政部门管理。在人事部 2001 年颁布的《人才市场管理规定》中，人才市场服务的对象被界定为“各类用人单位和具有中专以上学历或取得专业技术资格的人员，以及其他从事专业技术或管理工作的人员”，因此，人才也就成为“具有中专以上学历或取得专业技术资格的人员，以及其他从事专业技术或管理工作的人员”。而2000年劳动和社会保障部颁布的《劳动力市场管理规定》则将“劳动者求职与就业、用人单位招用人员、各类职业介绍机构从事职业介绍活动”纳入调整范围。虽然《劳动力市场管理规定》已经为2007年颁布的《就业服务与就业管理规定》所废止，但是《就业服务与就业管理规定》的适用范围仍为“劳动者求职与就业，用人单位招用人员，劳动保障行政部门举办的公共就业服务机构和经劳动保障行政部门审批的职业中介机构从事就业服务活动”[1]，同时《人才市场管理规定》仍然有效。虽然根据十一届人大一次会议通过的《国务院机构改革方案的决定》，劳动和社会保障部与人事部合并为人力资源和社会保障部，在人力资源管理的行政机构上实现了统一，但是在法律规定上，“人才市场”和“劳动力市场”仍然分开。[2]且不说将人才界定为“具有中专以上学历或取得专业技术资格的人员，以及其他从事专业技术或管理工作的人员”是否合理，以上法律文件中的人才和劳动者其实都属于劳动者群体，因此应当统一劳动力市场的管理，对劳动力市场实行统一的立法。

（二）涉外就业服务的统一立法与管理

广义上的涉外就业服务包括所有具有涉外因素的就业服务，包括职业介绍机构本身的涉外因素，如有外资参与投资的职业中介机构，也包括就业服务机构所开展的就业服务业务有涉外因素，如介绍外国人在我国境内就业或介绍我国公民到境外就业，当然还包括以上两类涉外因素同时存在的就业服务内容，即由外资参与投资的职业介绍机构提供涉外的就业服务。我国于2001年加入世界贸易组织（WTO），根据我国的承诺，就业服务作为服务领域的重要组成部分当然也要履行对外开放的承诺，即允许外商投资设立职业介绍机构，2001年发布的《中外合资中外合作职业介绍机构设立管理暂行规定》即履行承诺的表现。从这一规定的内容来看，中外合资、中外合作

[1]《就业服务与就业管理规定》先后于2014年和2015年进行了两次修订，但两次修订并未对适用范围进行修改。

[2] 虽然《就业促进法》第32条规定“县级以上人民政府培育和完善统一开放、竞争有序的人力资源市场”，但对人力资源市场尚没有统一的法律规定。

职业介绍机构可以从事的业务范围与非外资职业介绍机构的业务范围没有本质的区别，两者的主要区别在于设立中外合资中外合作职业介绍机构除了要经过人力资源和社会保障行政部门的批准外，还需要取得商务行政部门的批准。

境外就业中介，即狭义上的涉外就业服务，是指为中国公民境外就业或者为境外雇主在中国境内招聘中国公民到境外就业提供相关服务的活动。根据目前我国的法律规定，无论投资是否有涉外因素，在我国境内依法设立的职业介绍机构在符合法律规定的条件后都有资格从事境外就业中介业务。《就业促进法》在规定设立职业中介机构应当具备的一般条件的同时，也明确“国家对外商投资职业中介机构和向劳动者提供境外就业服务的职业中介机构另有规定的，依照其规定”。根据《境外就业中介管理规定》，在设立境外就业中介机构或开始从事境外中介业务的时候，要按照规定将不低于 50 万元的备用金存入省级劳动保障行政部门指定的国有商业银行中该境外就业中介机构的专门账户，用于因境外就业中介机构责任造成其服务对象合法权益受到损害时的赔偿及支付罚款、罚金。由于涉外业务的要求，从事涉外就业服务的中介机构要配备具有外语专业资格的专职工作人员。《境外就业中介管理规定》发布于 2001 年，其中对于境外就业中介机构的条件在以上两项之外只规定了符合企业法人设立的条件，具有法律、财会专业资格的专业工作人员，有健全的工作制度和工作人员守则和法律、行政法规规定的其他条件。根据是否具有涉外因素而对职业中介机构进行分别立法和管理，既与经济全球化的世界趋势相悖，也不利于保证国家就业立法和就业政策的整体性。无论是否具有涉外因素，职业中介机构所从事的就业服务都是国家就业服务的组成部分，国家宏观就业政策需要对就业服务进行全局性的把握，因此，职业中介立法本身应当具有统一性。

在管理机构上，2008 年，根据第十一届全国人民代表大会第一次会议批准的国务院机构改革方案和《国务院关于机构设置的通知》（国发［2008］11 号），国务院设立新的人力资源和社会保障部，将原人事部、原劳动和社会保障部的职责整合，划入人力资源和社会保障部，但同时将制定中国公民出境就业管理政策，境外就业职业介绍机构资格认定、审批和监督检查等职责划给商务部。同样属于就业服务的机构在管理上却分别属于不同的政府部门，也同样值得认真考虑。作为国家就业管理的主管机构，人力资源和社会保障部门应当具有统一的对就业中介机构的管理权限，其他部门根据各自的职责分工有权对就业中介机构进行管理，但这种管理不能替代人力资源和社会保障部门管理的优先性和统一性。

第三节　公共就业服务

一、公共就业服务机构的设置

公共就业服务，是指由依法成立的专门机构为劳动力市场上的劳动者和用人单位提供的各种公益性就业服务，其主要由各级政府劳动保障行政部门举办的就业服务机构提供。公共就业服务提供的就业服务具有“公共性”，特别是由各级政府劳动保障行政部门举办的就业服务机构提供的公共就业服务，虽然也为劳动者求职和用人单位招聘提供中介服务，但是其服务并不局限于对一个个作为个体的劳动者和用人单位服务，其提供的服务更倾向于整体性，如向劳动力市场提供信息服务，对特定群体提供就业中介服务，为就业困难人员提供就业援助服务等。

我国公共就业服务机构分为省、市、县三级，县以下街道（乡镇）和社区（行政村）设立基层公共就业服务平台。省、市、县三级公共就业服务机构负责制定落实各项公共就业服务政策，统筹协调辖区内就业管理，建设公共就业服务信息系统，并承担向辖区内劳动者和用人单位提供基本公共就业服务的职责。县级以下基层公共就业服务平台负责开展以就业援助为重点的公共就业服务，落实各项就业政策，实施劳动力资源调查统计，并承担上级人力资源社会保障行政部门安排的其他就业服务工作。县级以上劳动保障行政部门统筹管理本行政区域内的公共就业服务工作，根据政府制定的发展计划，建立健全覆盖城乡的公共就业服务体系。公共就业服务机构不得从事经营性活动，就业服务以免费为原则，由其举办的招聘会，不得向劳动者收取费用。公共就业服务机构为用人单位提供的服务，可以收费，但是要受到严格管理，确需收费的，具体项目由省级劳动保障行政部门会同相关部门规定。

二、公共就业服务的主要内容

（一）就业援助服务

就业援助服务是公共就业服务机构的重要工作内容。根据法律规定，公共就业服务机构应当制定专门的就业援助计划，对就业援助对象实施优先扶持和重点帮助。

1. 就业援助的对象

就业援助对象包括就业困难人员和零就业家庭。就业困难人员是指因身体状况、技能水平、家庭因素、失去土地等原因难以实现就业，以及连续失业一定时间仍未能实现就业的人员。零就业家庭，是指城镇家庭中，所有法定劳动年龄内、具有劳动能力和就业愿望的家庭成员均处于失业状态，且无经营性、投资性收入的家庭。

对援助对象的认定办法，由省级劳动保障行政部门依据当地人民政府规定的就业援助对象范围制定。

2. 就业援助的申请

就业困难人员和零就业家庭可以向所在地街道、社区公共就业服务机构申请就业援助。经街道、社区公共就业服务机构确认属实的，纳入就业援助范围。

3. 就业援助措施

（1）就业困难人员的帮扶和安置

公共就业服务机构应当建立就业困难人员帮扶制度，通过落实各项就业扶持政策、提供就业岗位信息、组织技能培训等有针对性的就业服务和公益性岗位援助，对就业困难人员实施优先扶持和重点帮助。在公益性岗位上安置的就业困难人员，按照国家规定给予岗位补贴。

（2）为零就业家庭提供就业岗位

零就业家庭，可按照自愿原则，向户籍所在地的街道（乡镇）劳动保障工作机构申请零就业家庭登记认定。

公共就业服务机构应当建立零就业家庭即时岗位援助制度，通过拓宽公益性岗位范围，开发各类就业岗位等措施，及时向零就业家庭中的失业人员提供适当的就业岗位，确保零就业家庭至少有一人实现就业。

4. 就业援助的登记和管理

街道、社区公共就业服务机构应当对辖区内就业援助对象进行登记，建立专门台账，实行就业援助对象动态管理和援助责任制度，提供及时、有效的就业援助。

（二）就业和失业登记服务

1. 就业和失业登记的办理

用人单位招用劳动者应当到当地公共就业服务机构备案，为劳动者办理就业登记手续。根据有关法律规定，用人单位招用劳动者后，应当于录用之日起 30 日内办理就业登记手续；用人单位与职工终止或者解除劳动关系后，应当于 15 日内办理登记手续；劳动者从事个体经营或灵活就业的，由本人在街道、乡镇公共就业服务机构办理就业登记。就业登记的内容主要包括劳动者个人信息，就业类型，就业时间，就业单位以及订立、终止或者解除劳动合同情况等。

在法定劳动年龄内，有劳动能力，有就业要求，处于无业状态的城镇常住人员，可以到公共就业服务机构进行失业登记。失业登记的范围包括下列失业人员：（1）年满 16 周岁，从各类学校毕业、肄业的；（2）从企业、机关、事业单位等各类用人单位失业的；（3）个体工商户业主或私营企业业主停业、破产停止经营的；（4）承包土地被征用，符合当地规定条件的；（5）军人退出现役，且未纳入国家统一安置的；（6）刑满释放、假释、监外执行的；（7）符合法律规定的其他失业人员。其中，没有就业经历的城镇户籍人员，在户籍所在地登记；农村进城务工人员和其他非本地户籍人员在常住地稳定就业满 6 个月的，失业后可以在常住地登记。劳动者进行失业登记时，须持本人身份证件和证明原身份的有关证明；有单位就业经历的，还须持与原单位终止、解除劳动关系或者解聘的证明。登记失业人员凭登记证享受公共就业服务和就业扶持政策；其中符合条件的，按规定申领失业保险金。登记失业人员应当定期向公共就业服务机构报告就业失业状况，积极求职，参加公共就业服务机构安排的就业培训。

2. 失业登记的注销

登记失业人员出现下列情形之一的，由公共就业服务机构注销其失业登记：(1) 被用人单位录用的；(2) 从事个体经营或创办企业，并领取工商营业执照的；(3) 已从事有稳定收入的劳动，并且月收入不低于当地最低工资标准的；(4) 已享受基本养老保险待遇的；(5) 完全丧失劳动能力的；(6) 入学、服兵役、移居境外的；(7) 被判刑收监执行的；(8) 终止就业要求或拒绝接受公共就业服务的；(9) 连续 6 个月未与公共就业服务机构联系的；(10) 已进行就业登记的其他人员或各地规定的其他情形。

3. 失业证的发放和管理

根据我国的法律规定，法定劳动年龄内的有劳动能力、有就业要求并处于无业状态的城镇常住人员可以在常住地的公共就业服务机构进行失业登记。公共就业服务机构对前来办理失业登记的人员应当发放统一的失业证，从而证明其失业人员身份，作为可以享有一系列失业待遇的法律文件。[1] 根据现行法律规定，各省、自治区、直辖市范围内向劳动者免费发放统一的失业证，并注明可享受的相应扶持政策。失业证是记载劳动者就业和失业状况、享受相关就业扶持政策、接受公共就业人才服务等情况的基本载体，是劳动者按规定享受相关就业扶持政策和接受公共就业人才服务的有效凭证。失业证中记载的信息在全国范围内有效，劳动者可凭失业证跨地区享受国家统一规定的相关就业扶持政策。

[1] 目前证件标准名称为《就业创业证》。2010 年 10 月，人力资源和社会保障部发布《〈就业失业登记证〉管理暂行办法》，开始在全国实行统一样式的《就业失业登记证》。2014 年 12 月，人力资源和社会保障部发布《关于进一步完善就业失业登记管理办法的通知》，将《就业失业登记证》更名为《就业创业证》，对在公共就业服务机构进行失业登记的人员开始发放《就业创业证》，各地已发放的《就业失业登记证》继续有效，不统一更换。此处为行文方便，称之为失业证。

（1）失业证的发放

失业证发放范围包括：① 进行就业登记、失业登记的劳动者；② 被认定为就业援助对象的劳动者；③ 享受相关就业扶持政策的劳动者；④ 各省、自治区、直辖市人力资源社会保障部门规定范围内的其他劳动者。劳动者在办理领取失业证手续时，应如实向公共就业人才服务机构提供本人相关信息和证明材料。外国人来华就业，台湾、香港和澳门居民在内地就业，其他法律法规有相关规定的从其规定。

公共就业服务机构应在 10 个工作日内办结核发手续。公共就业服务机构在发放失业证时，应根据情况向发放对象告知相关就业扶持政策和公共就业人才服务项目的内容和申请程序。公共就业服务机构在首次向劳动者发放失业证时，应在证件上注明证件发放信息、劳动者个人基本信息、就业失业状况信息、享受相关就业扶持政策信息等内容。

公共就业服务机构在为劳动者办理就业登记、失业登记、就业援助对象认定、享受相关就业扶持政策等各类手续时，应在失业证上注明本次办理情况。

对认定为就业援助对象的劳动者，公共就业服务机构应当在失业证中“就业援助卡”部分注明认定日期、认定的援助对象类别。对认定为已不属于就业援助对象范围的，应在“就业援助卡”中注明退出就业援助对象范围的日期和原因。

（2）失业证的使用

持有失业证的劳动者在公共就业人才服务机构接受服务、办理就业登记与失业登记手续和申请享受相关就业扶持政策时，应出示该证。

登记失业人员凭失业证申请享受登记失业人员相关就业扶持政策；就业援助对象凭失业证及其“就业援助卡”中标注的内容，申请享受相关就业援助政策；符合税收优惠政策条件的个体经营人员凭失业证（标注“个体经营税收政策”）申请享受个体经营税收优惠政策；符合条件的用人单位凭所招用人员的失业证（标注“企业吸纳税收政策”）申请享受企业吸纳税收优惠政策。

（3）失业证的变更和注销

持有失业证的劳动者在个人基本情况（包括户籍和常住地址情况、学历情况、职业资格和专业技术职务情况），就业与失业状态等发生变化时，应按有关规定持失业证和相关证明材料到公共就业人才服务机构办理相应的信息变更。

劳动者发生下列情形之一的，其持有的失业证自动失效并由公共就业人才服务机构进行注销：① 达到法定退休年龄的；② 享受基本养老保险待遇的；③ 移居境外的；④ 完全丧失劳动能力的；⑤ 死亡的；⑥ 依据法律法规应当失效的其他情形。

（4）失业证的管理

① 失业证的发放、换发和补发均不得向劳动者收费。

② 失业证实行实名制，限持证者本人使用，不得转借、转让、涂改、伪造。

③ 失业证中相关记录页面记载内容已满的，由公共就业服务机构予以换发。遗失或损毁的，由劳动者本人向原发证机构报损，并以适当方式公示，经原发放机构核实后予以补发。

④ 公共就业人才服务机构应当将失业证发放信息和劳动者的个人基本信息、就业登记和失业登记信息、就业援助对象认定信息等，以及核发、注销失业证等有关情况，录入公共就业人才服务管理信息系统，并上报人力资源和社会保障部。

（三）就业信息服务

公共就业服务机构向劳动力市场提供的就业信息服务主要包括两方面：一是就业法律政策的宣传咨询服务。公共就业服务机构不仅要接受求职者和用人单位的劳动法律政策咨询，还应当主动宣传我国劳动法律和政策的内容。二是各种就业信息。

公共就业信息服务机构应该成为劳动力市场各种信息的收集和发布者。信息不对称是造成劳动力市场供求关系不平衡的主要因素之一。对于普通劳动者个人和用人单位而言，其很难通过自身的渠道对劳动力市场上的各种信息进行充分了解和分析，因此，需要公共就业服务机构收集整理各种与劳动力市场有关的信息，并及时发布。在劳动保障行政部门的指导下，公共就业服务机构应当组织和实施劳动力资源的调查，建立和完善职业供求信息、市场工资指导价位信息、职业培训信息、劳动力市场分析信息等各种劳动力市场的信息发布制度，为劳动者求职择业、用人单位招用人员以及培训机构开展培训提供信息支持。

（四）职业介绍服务

公共就业服务机构向求职的劳动者提供职业介绍服务，按照劳动者的要求提供用人单位的信息和用工岗位信息。根据劳动者的不同要求，公共就业服务机构还可以为特定的劳动者群体进行专项的职业介绍服务，如举办专门针对女性劳动者、有劳动能力的残疾人、就业困难群体的招聘会。公共就业服务依法为用人单位提供招聘中介服务，向用人单位提供符合招聘条件的劳动者信息。

（五）职业指导服务

为劳动者和用人单位提供职业指导服务是公共就业服务的重要内容。为了向劳动者和用人单位提供专业高效的职业指导服务，公共就业服务机构配备有专职或兼职的职业指导工作人员。职业指导工作人员经过专业资格培训并考核合格，获得相应的国家职业资格证书方可上岗。公共就业服务机构应当为职业指导工作提供相应的设施和条件，推动职业指导工作的开展，加强对职业指导工作的宣传。

职业指导服务主要包括以下内容：（1）向劳动者和用人单位提供国家有关劳动保障的法律法规和政策、人力资源市场状况咨询；（2）帮助劳动者了解职业状况，掌握求职方法，确定择业方向，增强择业能力；（3）向劳动者提出培训建议，为其提供职业培训相关信息；（4）开展对劳动者个人职业素质和特点的测试，并对其职业能力进行评价；（5）对妇女、残疾人、少数民族人员及退出现役的军人等就业群体提供专门的职业指导服务；（6）为大中专学校、职业院校、技工学校学生的职业指导工作提供咨询和服务；（7）对准备从事个体劳动或开办私营企业的劳动者提供创业咨询服务；（8）为用人单位提供选择招聘方法、确定用人条件和标准等方面的招聘用人指导；（9）为职业培训机构确立培训方向和专业设置等提供咨询参考。

三、公共就业服务的资金来源

（一）国家财政

公共就业服务经费纳入同级财政预算。各级劳动保障行政部门和公共就业服务机构应当根据财政预算编制的规定，依法编制公共就业服务年度预算，报同级财政部门审批后执行。公共就业服务机构可以按照就业专项资金管理相关规定，依法申请公共就业服务专项扶持经费。

（二）捐赠和资助

公共就业服务机构可以接受社会各界提供的捐赠和资助，按照国家有关法律法规管理和使用资金。

第八章

劳务派遣

第一节 劳务派遣概述

一、劳务派遣的概念

劳务派遣，又称劳动派遣或劳动力派遣，是指派遣单位按照用工单位或劳动力市场的需要招收劳动者并与其订立劳动合同，按照本单位与用工单位订立的劳务派遣协议将劳动者派遣到用工单位劳动，劳动过程由用工单位管理，工资和社会保险费用等项待遇由用工单位提供给派遣单位，再由派遣单位支付给劳动者，并为劳动者办理社会保险登记和缴费等项事务，用工单位向派遣单位就提供的服务支付劳务费的一种特殊用工形式。

作为一种特殊的用工形式，劳务派遣与传统的由用人单位和劳动者之间直接形成劳动关系签订劳动合同的用工形式存在着显著差别。传统的劳动关系中，劳动者与一个用人单位建立劳动关系，签订劳动合同，并在该用人单位的指挥下利用其提供的劳动场所和生产资料进行劳动，劳动成果归属该用人单位，劳动者根据自己的实际劳动成果从该用人单位领取工资报酬，并由该用人单位保护劳动者在劳动过程中的生命安全和身体健康。而在劳务派遣这一用工形式中，劳务派遣单位招用劳动者的目的并非在本单位工作，而是要将其派到另外的用工单位从事劳动，劳务派遣单位是名义上的用人单位，但是实际指挥劳动者进行劳动的单位并不与劳动者签订劳动合同。传统劳动关系中的用人单位的权利义务被劳务派遣单位和用工单位分享。

从劳务派遣单位将劳动者派到用工单位从事劳动的角度分析，劳务派遣单位是在为劳动者寻找就业机会，为用工单位寻找劳动者，因此，劳务派遣也是一种特殊的就业服务形式，劳务派遣单位与职业介绍机构有着相似性。但是劳务派遣单位又不同于职业介绍机构。职业介绍机构的职能是为求职的劳动者（求职者）寻找就业机会，为用人单位寻找合适的劳动者，在求职者和用人单位之间处于中介地位，是用人单位和劳动者之间的“桥梁”。职业介绍机构分别与求职者和寻找劳动者的用人单位签订中介服务合同，在其为劳动者和用人单位“牵线搭桥”之后，劳动者与用人单位之间并不必然形成劳动合同关系。与此不同，劳务派遣机构首先要与求职者建立劳动关系，即招用求职者，和其签订劳动合同，因此，劳务派遣单位并不是职业介绍机构。从实际效果来看，与职业介绍机构一样，劳务派遣单位仍然是寻找劳动者的用工单位和求职者之间的纽带和桥梁，只不过，职业介绍机构是一个超脱的“纽带和桥梁”，而劳务派遣单位却将自己深深地陷入劳动关系之中。[1]

二、《劳动合同法》对劳务派遣法律规定的变化

回顾《劳动合同法》的立法过程，可以更好地解读社会各界对劳务派遣的态度，从而厘清立法者态度的变化。经过长时间的起草，《劳动合同法（草案）》于 2005 年 12 月交第十届全国人大常委会第十九次会议审议。根据起草者的说明，草案基于“为了解决在劳动力派遣用工形式下，实际用人单位不直接与劳动者订立劳动合同，派遣单位与接受单位借机相互推诿对劳动者的义务的问题”，对劳务派遣作出 4 条规定。主要内容是：“劳动力派遣单位与劳动者订立的以劳动力派遣形式用工的劳动合同，除应当具备一般劳动合同的必备条款以外，还应当载明接受单位和派遣期限、工作岗位等情况；劳动力派遣单位应当与接受单位订立劳动力派遣协议，劳动者有权知悉劳动力派遣协议的内容；劳动力派遣单位与劳动者订立的劳动合同满一年必须终止，接受单位继续使用该劳动者的，由接受单位与劳动者订立劳动合同；劳动力派遣单位和接受单位应当分别履行对劳动者的义务，拒不履行义务的，

[1] 将劳务派遣单位作为劳动服务机构的一种，是国际劳工组织所持的观点。1997 年通过的《私营就业服务机构公约》第 1 条规定，就本公约而言，“私营就业服务机构”一词系指提供以下一项或多项劳动力市场服务的独立于公共当局的任何自然人或法人：(a) 匹配就业的供与求的服务，而私营职业介绍所不构成因此服务而可能产生的就业关系中的一方；(b) 雇用工人的服务，目的是使这些工人可供第三方使用，第三方可能是自然人或法人（用人企业），他们给工人分配任务并监督这些任务的执行；(c) 其他同求职有关的服务，由主管当局经与最有代表性的雇主组织与工人组织磋商之后确定，并非旨在匹配特定就业的供与求，比如提供信息。显然，(b) 项的规定，符合劳务派遣机构的特征。

承担相应的法律责任。”[1]2006 年 3 月，全国人大常委会审议后的《劳动合同法（草案）》向社会公布，是为《劳动合同法（征求意见稿）》。在这一稿中，涉及劳务派遣的条文有 4 条，分散在劳动合同订立、劳动合同的解除和终止、法律责任等章节之中[2]，分别规定了以下内容：劳动力派遣单位的注册资本要求和备用金制度；劳动力派遣单位与劳动者订立的以劳动力派遣形式用工的劳动合同，除应当载明该法第 11 条规定的事项外，还应当载明被派遣的劳动者的接受单位以及派遣期限、工作岗位等情况；劳动力派遣单位有责任督促接受单位执行国家劳动标准和劳动条件；劳动力派遣单位应当与接受单位订立劳动力派遣协议，约定对被派遣的劳动者的义务的分担方式，并将劳动力派遣协议的内容告知被派遣的劳动者。劳动力派遣单位与接受单位应当按照劳动力派遣协议的约定，履行对被派遣的劳动者的义务；劳动力派遣协议约定不明的，劳动条件和劳动保护等与劳动过程直接相关的义务由接受单位履行，其他义务由劳动力派遣单位履行。《劳动合同法（征求意见稿）》中没有明确劳动力派遣的适用范围，仅在第 40 条中规定，劳动者被派遣到接受单位工作满 1 年，接受单位继续使用该劳动者的，劳动力派遣单位与劳动者订立的劳动合同终止，由接受单位与劳动者订立劳动合同。接受单位不再使用该劳动者的，该劳动者所在岗位不得以劳动力派遣方式使用其他劳动者。在规定了劳务派遣单位行政责任的同时，规定了“劳动者权益在被派遣的工作岗位受到损害的，由劳动力派遣单位和接受单位承担连带赔偿责任”[3]。

---

[1] 田成平：《关于〈中华人民共和国劳动合同法（草案）〉的说明——2005 年 12 月 24 日在第十届全国人民代表大会常务委员会第十九次会议上》。在当时的草案中，劳务派遣还被称为“劳动力派遣”，劳务派遣单位被称为“劳动力派遣单位”，用工单位被称为“接受单位”。为了行文的方便，以下在文章中除引用内容之外，将劳务派遣所涉及的概念按照《劳动合同法》使用的概念统一。

[2]《劳动合同法（征求意见稿）》第 12 条、第 24 条第 2 款、第 40 条第 2 款、第 59 条。

[3]《劳动合同法（征求意见稿）》第 59 条规定：劳动力派遣单位违反本法规定的，由劳动保障主管部门责令限期改正；情节严重的，按每一名劳动者 1 000 元以上 5 000 元以下的标准处以罚款；劳动者权益在被派遣的工作岗位受到损害的，由劳动力派遣单位和接受单位承担连带赔偿责任。劳动力派遣单位未按照规定存入备用金的，由劳动保障主管部门责令按规定补存备用金，并按应当存入的备用金金额的 10% 以上 50% 以下的标准处以罚款；拒不交纳罚款的，由工商行政管理部门吊销营业执照。

在广泛征求社会各界意见之后，立法者对草案进行了修改。2006 年 12 月，《劳动合同法（草案）》第二次提交全国人大常委会审议。在这次审议的草案中，劳务派遣被专门规定在第五章“特别规定”的第二节，名称也从“劳动力派遣”变为“劳务派遣”。与《劳动合同法（征求意见稿）》相比，第二次审议稿（以下简称《劳动合同法（二审稿）》）发生了较大变化，基本具备了正式颁布的《劳动合同法》对劳务派遣规定的雏形。涉及劳务派遣的法律条文数量从 4 条增加到 12 条，表明立法者不仅坚定了通过《劳动合同法》规范劳务派遣的决心，并且明确传达了对劳务派遣进行严格限制的信息。但是在具体规定上却又显示出立法者在宽严之间徘徊的态度。《劳动合同法（二审稿）》保留了对劳务派遣单位注册资本金的最低要求，但是取消了备用金制度的限制。[1] 明确劳务派遣单位为用人单位，并规定劳务派遣单位应当与被派遣劳动者订立 2 年以上的固定期限劳动合同，按月支付劳动报酬，在劳动者无工作期间不得低于当地最低工资标准支付劳动报酬。禁止连续短期派遣、再派遣和自我派遣。明确劳务派遣的适用范围为“临时性、辅助性或者替代性的工作岗位”。将劳务派遣单位与用工单位对劳动者的义务由协议约定的方式变为法定[2]，并明确了被派遣劳动者的同工同酬、组织工会和依法解除劳动合同的权利。

修改后的二审稿于 2007 年 4 月第三次提交全国人大常委会审议。[3]《劳动合同法（三审稿）》与《劳动合同法（二审稿）》相比，对劳务派遣规定的变化不大，依然保持了专门规定的方式，在法律条文数量和内容上没有实质

[1] 有意见认为，“备用金抬高了劳务派遣单位的门槛，但与保护劳动者权益并无直接关系，而且会产生将备用金转嫁到劳动者或者用工单位等问题，建议删去草案关于备用金的规定。”全国人大法律委员会副主任委员胡光宝:《全国人民代表大会法律委员会关于〈中华人民共和国劳动合同法（草案）〉修改情况的汇报——2006 年 12 月 24 日在第十届全国人民代表大会常务委员会第二十五次会议上》。

[2]《劳动合同法（二审稿）》第 61 条规定：接受以劳务派遣形式用工的单位应当履行下列义务：（1）执行国家劳动标准，提供相应的劳动条件和劳动保护；（2）告知被派遣劳动者的工作要求和劳动报酬；（3）支付加班费、绩效奖金，提供与工作岗位相关的福利待遇；（4）对在岗被派遣劳动者进行工作岗位所必需的培训；（5）连续用工的，建立正常的工资调整机制。

[3] 以下简称《劳动合同法（三审稿）》。

性的变化，只是有些表述更为严谨。2007 年 6 月，全国人大常委会对《劳动合同法（草案）》进行四审，在这一稿中，劳务派遣的适用范围规定为“一般在临时性、辅助性或者替代性的工作岗位上实施”。从条文内容分析，立法者的观点是，《劳动合同法》不仅要规定劳务派遣，还要尽量规定详细；对劳务派遣要给出限制，但考虑到实际情况又要比征求意见稿有所放松。在正式颁布的《劳动合同法》中，对劳务派遣的规定变化不大，值得注意的是删除了劳务派遣适用的“具体工作岗位由国务院劳动行政部门规定”一句。

尽管《劳动合同法》希望通过对劳务派遣的严格规范，遏制我国劳务派遣的非法态势，但是事与愿违，2008 年《劳动合同法》实施后，劳务派遣的数量不仅没有减少，反而大量增加。[1]“在国民经济行业的 20 个门类中，有 16 个存在使用劳务派遣工现象，其中有 11 个门类中超过 20% 的被调查企业使用劳务派遣工。在属于第三产业的金融业，水利、环境和公共设施管理业，信息传输、计算机服务和软件业，分别有高达 68.3%、66.7% 和 60.0% 的企业使用劳务派遣工，劳务派遣工占职工比例分别为 11.1%、6.4%、17.9%。”[2]超范围派遣、超期派遣、劳动就业歧视等违法派遣情形大量存在，“劳务派遣用工制度的滥用不仅损害了劳动者的合法权益，也对常规的用工方式和劳动合同制度造成较大冲击。这些问题如不尽快解决，必然给和谐劳动关系和社会稳定带来负面影响”。“劳务派遣用工存在的突出问题主要有：一是劳务派遣单位过多过滥，经营不规范；二是许多用工单位长期大量使用被派遣劳动者，有的用工单位甚至把劳务派遣作为用工主渠道；三是被派遣劳动者的合法权益得不到有效保障，同工不同酬、不同保障待遇的问题比较突出，参与企业民主管理和参加工会组织等权利得不到很好落实，一些被派遣劳动者长期没有归属感，心理落差较大。”[3]2012 年 12 月，全国人民

[1] 根据全国总工会测算，2011 年全国被派遣劳动者人数约 3 700 万人，而 2006 年根据全总调查大约为 2 500 万人。参见全总劳务派遣问题课题组：《当前我国劳务派遣用工现状调查》，载《中国劳动》2012 年第 5 期。

[2] 全总劳务派遣问题课题组：《当前我国劳务派遣用工现状调查》，载《中国劳动》2012 年第 5 期。

[3]《关于〈中华人民共和国劳动合同法修正案（草案）〉的说明》。

代表大会常务委员会关于修改《中华人民共和国劳动合同法》的决定通过，对《劳动合同法》中涉及劳务派遣的条文进行了修改。修改主要集中在以下方面：(1)严格了劳务派遣单位设立的条件，不仅将注册资本提高，还对经营场所、设施、管理制度等其他条件作出了规定[1]，增加了行政许可的要求。(2)对同工同酬作出更为细致的规定，明确“用工单位应当按照同工同酬原则，对被派遣劳动者与本单位同类岗位的劳动者实行相同的劳动报酬分配办法”[2]。(3)明确劳动合同用工是我国的企业基本用工形式，劳务派遣用工是补充形式，删除临时性、辅助性或者替代性工作岗位之前的“一般”措辞，变更为“只能在临时性、辅助性或者替代性的工作岗位上实施”。并将“三性”进一步明确为“临时性工作岗位是指存续时间不超过六个月的岗位；辅助性工作岗位是指为主营业务岗位提供服务的非主营业务岗位；替代性工作岗位是指用工单位的劳动者因脱产学习、休假等原因无法工作的一定期间内，可以由其他劳动者替代工作的岗位”。并规定限制劳务派遣用工的数量[3]，加大了违法的处罚力度[4]。

[1] 修订后的《劳动合同法》第57条规定：“经营劳务派遣业务应当具备下列条件：(一)注册资本不得少于人民币二百万元；(二)有与开展业务相适应的固定的经营场所和设施；(三)有符合法律、行政法规规定的劳务派遣管理制度；(四)法律、行政法规规定的其他条件。经营劳务派遣业务，应当向劳动行政部门依法申请行政许可；经许可的，依法办理相应的公司登记。未经许可，任何单位和个人不得经营劳务派遣业务。”

[2] 修订后的《劳动合同法》第63条规定：“被派遣劳动者享有与用工单位的劳动者同工同酬的权利。用工单位应当按照同工同酬原则，对被派遣劳动者与本单位同类岗位的劳动者实行相同的劳动报酬分配办法。用工单位无同类岗位劳动者的，参照用工单位所在地相同或者相近岗位劳动者的劳动报酬确定。劳务派遣单位与被派遣劳动者订立的劳动合同和与用工单位订立的劳务派遣协议，载明或者约定的向被派遣劳动者支付的劳动报酬应当符合前款规定。”

[3] 修订后的《劳动合同法》第66条。

[4] 修订后的《劳动合同法》第92条规定：“违反本法规定，未经许可，擅自经营劳务派遣业务的，由劳动行政部门责令停止违法行为，没收违法所得，并处违法所得一倍以上五倍以下的罚款；没有违法所得的，可以处五万元以下的罚款。劳务派遣单位、用工单位违反本法有关劳务派遣规定的，由劳动行政部门责令限期改正；逾期不改正的，以每人五千元以上一万元以下的标准处以罚款，对劳务派遣单位，吊销其劳务派遣业务经营许可证。用工单位给被派遣劳动者造成损害的，劳务派遣单位与用工单位承担连带赔偿责任。”

三、被派遣劳动者的权利

与用人单位相比较，劳动者处于弱势地位，被派遣的劳动者的弱势地位更为明显。《劳动合同法》中具有针对性地对被派遣劳动者的同工同酬权利、组织和参加工会的权利、解除劳动合同的权利进行了明确规定。

（一）被派遣劳动者的劳动报酬权

劳动报酬是劳动者提供劳动后取得的对价。劳动者在提供了劳动后，有权取得劳动报酬，这是劳动者的一项权利，即“劳动报酬权”；用人单位在接受了劳动者提供的劳动成果后，应当向劳动者支付劳动报酬，此为用人单位的“劳动报酬支付义务”。劳动报酬权是劳动者的重要权利之一。劳动者以付出劳动换取劳动报酬，来满足个人及靠其供养的家庭成员的生活需要，劳动报酬的稳定取得，是劳动者及其家庭成员基本生存权的重要保障。

《劳动合同法》对被派遣劳动者的劳动报酬权作出了明确的规定，归纳起来，主要有六个方面。（1）工资报酬由劳务派遣单位按月支付。（2）被派遣劳动者在无工作期间，劳务派遣单位应当按照所在地人民政府规定的最低工资标准，向其按月支付报酬。（3）劳务派遣协议应当约定劳动报酬的数额与支付方式。（4）劳务派遣单位不得克扣用工单位按照劳务派遣协议支付给被派遣劳动者的劳动报酬。（5）劳务派遣单位跨地区派遣劳动者的，被派遣劳动者享有的劳动报酬，按照用工单位所在地的标准执行。（6）被派遣劳动者享有与用工单位的劳动者同工同酬的权利。用工单位应当按照同工同酬原则，对被派遣劳动者与本单位同类岗位的劳动者实行相同的劳动报酬分配办法。用工单位无同类岗位劳动者的，参照用工单位所在地相同或者相近岗位劳动者的劳动报酬确定。

（二）被派遣劳动者组织和参加工会的权利

工会是劳动者的自愿性群众组织。在我国境内的企业、事业单位、机关中以工资收入为主要生活来源的体力劳动者和脑力劳动者，不分民族、种族、性别、职业、宗教信仰、教育程度，都有依法参加和组织工会的权利。《劳动合同法》明确规定，被派遣劳动者有权在劳务派遣单位或者用工单位依法参加或者组织工会，维护自身的合法权益。

（三）被派遣劳动者解除劳动合同的权利

被派遣劳动者有权依法与劳务派遣单位解除劳动合同。被派遣劳动者和派遣单位之间签订劳动合同，建立劳动关系，因此，《劳动合同法》中关于劳动合同解除的规定均适用于被派遣劳动者和劳务派遣单位之间劳动合同的解除：被派遣劳动者可以和劳务派遣单位协商解除劳动合同，也可以根据《劳动合同法》的规定行使劳动合同的单方解除权。由于被派遣劳动者在用工单位实际从事劳动的事实情况，因此，劳务派遣单位应当将被派遣劳动者劳动合同的解除情况及时告知用工单位。

第二节 劳务派遣法律关系

劳务派遣法律关系是在劳务派遣单位、用工单位和被派遣劳动者三方之间形成的法律关系，其可以划分为三个双边法律关系：劳务派遣单位与用工单位之间的法律关系，劳务派遣单位与被派遣劳动者之间的法律关系和用工单位与被派遣劳动者之间的法律关系。

一、劳务派遣单位与用工单位之间的法律关系

（一）劳务派遣协议的性质

《劳动合同法》规定，劳务派遣单位派遣劳动者应当与接受以劳务派遣形式用工的单位订立劳务派遣协议。劳务派遣协议应当约定派遣岗位和人员数量、派遣期限、劳动报酬和社会保险费的数额与支付方式以及违反协议的责任。立法者将劳务派遣单位与用工单位之间的法律关系设定为民事合同关系。[1]但是劳务派遣协议与其他民事合同存在显著区别。劳务派遣协议中约定的派

[1]《中华人民共和国劳动合同法》起草小组编写：《中华人民共和国劳动合同法释义》，中国市场出版社 2007 年版，第 186 页。

遣岗位和人员数量、派遣期限、劳动报酬和社会保险费的数额与支付方式以及违反协议的责任等内容，不仅涉及被派遣劳动者的权利义务，而且这种权利义务的约定增加了被派遣劳动者的负担。合同的相对性是合同的本质特征。一般而言，合同中的权利义务只对合同当事人双方产生效力，或者说双方当事人之间签订合同，为双方设定权利义务，其效力仅仅局限在合同的当事人之间。但是随着社会经济发展和合同法理论的深入，合同的相对性也不断被突破，在坚持合同相对性的基础上，允许出现特例，在合同中涉及第三人的权利义务。“在民事合同中，以是否贯彻合同相对性原则为标准，合同分为束己合同和涉他合同。束己合同，是指严格遵守合同的相对性原则，合同当事人为自己约定并承受权利义务，第三人不得向合同当事人主张权利和追究责任，合同当事人也不得向第三人主张合同权利和违约责任的合同。”“涉他合同，是指合同当事人在合同中为第三人设定了权利或约定了义务的合同。”[1]由于权利是可以放弃的，因此，一般而言，为第三人设定权利的合同（也称为为第三人利益的合同），因其不增加第三人的负担，并不需要第三人的参与和同意。为第三人设定义务的合同则显得复杂，如果合同为第三人设定义务，第三人必须履行，在第三人不知情的情况下增加了第三人的负担，则合同合理性存在问题，如果需要征得第三方的同意，那么合同就不仅仅是合同双方当事人之间的合同，而成为三方之间的合同。因此，《合同法》第65条规定：“当事人约定由第三人向债权人履行债务的，第三人不履行债务或者履行债务不符合约定，债务人应当向债权人承担违约责任。”“合同当事人的约定并未增加第三人的负担，合同实际上是以第三人既负的给付为标的”，合同的约定也“不约束该第三人，但第三人拒绝履行合同时，合同债务人负责履行”。[2]基于劳动关系的人身性特征，被派遣劳动者只能亲自从事劳动，因此，劳务派遣协议“约束”了被派遣劳动者，被派遣劳动者拒绝履行合同的后果，是派遣不成立，需要重新派遣。

虽然立法者将劳务派遣协议的性质定性为民事合同，但是理论界仍然有

[1] 崔建远著：《合同法总论》，中国政法大学出版社2008年版，第69页。

[2] 崔建远著：《合同法总论》，中国政法大学出版社2008年版，第70页。

不同的观点。有学者认为，劳务派遣协议属于民事劳务合同："它属于民事劳务合同，并不确立劳动关系，只是启动劳务派遣，为被派遣劳动者与派遣单位和用工单位的劳动关系的确立和运行提供依据。"[1]也有学者认为，劳务派遣单位与用工单位之间的合同虽然是"一种商务契约关系"，"该商务派遣关系从形式上看符合民事契约关系的特征"，但是"不属于民法上的契约关系，没有任何一种有名合同可以套用，也不可归类于无名合同，毕竟派遣方与要派方之间的关系是在劳务派遣法律制度背景下所形成的法律关系。……较之已形成之劳动契约，劳动派遣契约应当是一种劳动法上的特殊契约制度"。[2]以上两种观点都具有一定的合理性。在签订劳务派遣协议之前和之后，劳务派遣单位和用工单位之间是相互独立的、具有平等法律地位的主体，并不因为签订该协议而形成"从属性"，与一般民事合同没有本质上的差异，但是从协议签订目的和签订内容分析，其又确实与劳动关系有着密切的联系。从法律规定来看，劳务派遣协议的双方是劳务派遣单位和用工单位，但协议中很多内容与被派遣劳动者的利益息息相关，从这一点来看，该协议确实是一种特殊的"劳动法上的契约"。

（二）劳务派遣协议的内容

《劳动合同法》规定，劳务派遣协议应当约定派遣岗位和人员数量、派遣期限、劳动报酬和社会保险费的数额与支付方式以及违反协议的责任。《劳务派遣暂行规定》中具体规定劳务派遣协议应当载明下列内容：（1）派遣的工作岗位名称和岗位性质；（2）工作地点；（3）派遣人员数量和派遣期限；（4）按照同工同酬原则确定的劳动报酬数额和支付方式；（5）社会保险费的数额和支付方式；（6）工作时间和休息休假事项；（7）被派遣劳动者工伤、生育或者患病期间的相关待遇；（8）劳动安全卫生以及培训事项；（9）经济补偿等费用；（10）劳务派遣协议期限；（11）劳务派遣服务费的支付方式和标准；（12）违反劳务派遣协议的责任；（13）法律、法规、规章规定应当纳入劳务派遣协议的其他事项。

[1] 王全兴著：《劳动法》，法律出版社 2008 年版，第 195~196 页。

[2] 郑尚元著：《劳动合同法的制度与理念》，中国政法大学出版社 2008 年版，第 414 页。

二、劳务派遣单位与被派遣劳动者之间的法律关系

根据《劳动合同法》的规定，劳务派遣单位与被派遣劳动者之间形成劳动合同关系，劳务派遣单位是法律规定的用人单位，用工单位是实际指挥被派遣劳动者从事劳动的单位，法律对传统劳动法律关系中用人单位的权利和义务在劳务派遣单位和用工单位之间进行了分配。

（一）劳务派遣用工形式下劳动合同的特殊规定

根据《劳动合同法》的规定，劳务派遣单位应当与被派遣劳动者订立2年以上的固定期限劳动合同。劳务派遣单位与被派遣劳动者之间签订的劳动合同中应当具备《劳动合同法》中规定的劳动合同必备条款，包括：（1）用人单位的名称、住所和法定代表人或者主要负责人；（2）劳动者的姓名、住址和居民身份证或者其他有效身份证件号码；（3）劳动合同期限；（4）工作内容和工作地点；（5）工作时间和休息休假；（6）劳动报酬；（7）社会保险；（8）劳动保护、劳动条件和职业危害防护；（9）法律、法规规定应当纳入劳动合同的其他事项。在以上必备条款之外，作为用人单位的劳务派遣单位还可以与劳动者约定试用期、培训、保守秘密、补充保险和福利待遇等其他事项。除此之外，劳务派遣单位与被派遣劳动者之间的劳动合同还必须载明以下事项：被派遣劳动者的用工单位以及派遣期限、工作岗位等情况。

劳务派遣单位要按月向被派遣劳动者支付劳动报酬，被派遣劳动者在无工作期间，劳务派遣单位应当按照所在地人民政府规定的最低工资标准，向其按月支付报酬。劳务派遣单位跨地区派遣劳动者的，被派遣劳动者享有的劳动报酬和劳动条件，按照用工单位所在地的标准执行。

（二）劳务派遣单位的法定义务

除了作为用人单位的义务之外，法律还对劳务派遣单位的其他义务作出了规定。

1. 告知义务：劳务派遣单位应当将劳务派遣协议的内容告知被派遣劳动者。

2. 培训义务：劳务派遣单位要依法建立培训制度，对被派遣劳动者进行上岗知识、安全教育培训。

3. 督促义务：劳务派遣单位有义务督促用工单位依法为被派遣劳动者

提供劳动保护和劳动安全卫生条件。

4. 协助义务：协助处理被派遣劳动者与用工单位的纠纷。

另外，《劳动合同法》还规定，劳务派遣单位不得向被派遣劳动者收取费用。

三、用工单位与被派遣劳动者之间的法律关系

（一）用工单位与被派遣劳动者之间的用工关系

一般认为，用工单位与被派遣劳动者之间不存在劳动合同关系，但是这两者之间究竟存在一个什么法律关系，理论研究者的意见并不统一。有的观点认为，两者之间的关系可以称为“准劳动关系”，“用工单位与被派遣劳动者之间的关系既不同于严格意义上的劳动关系，更不能简单等同于民法上的一般劳务关系，而是一种劳动法上的与劳动关系相似的法律关系”[1]。有观点认为，在劳动力派遣中，派遣机构与要派企业是派遣劳工的共同雇主。除了派遣机构与派遣劳工之间形成的劳动关系之外，要派企业与派遣劳工也形成了一种“特殊劳动关系”。特殊劳动关系是主体资格上有瑕疵的劳动者与用工单位形成的一种用工关系。这里的“瑕疵”是指派遣劳工与另一用人单位存有劳动合同关系，或者不完全符合劳动法律规定的订立劳动合同的主体条件。[2] 也有观点认为，劳务派遣中的劳动关系呈现出一重劳动关系分两个层次运行的结构。在劳务派遣中，劳动关系分为两个层次、劳动者与派遣单位之间有劳动合同而无劳动，是形式上的劳动关系，其内容中没有劳动力与生产资料的结合，为非生产性的劳动权利义务；劳动者与用工单位之间无劳动合同而有劳动关系，是实质上的劳动关系，以劳动力与生产资料的结合，即生产性的劳动权利义务为内容。[3]

被派遣劳动者与用工单位之间的权利义务关系是基于劳务派遣单位与被派遣劳动者之间的劳动合同和劳务派遣单位与用工单位之间的派遣协议中的

[1] 林嘉主编：《劳动合同法热点问题讲座》，中国法制出版社 2007 年版，第 224 页。

[2] 董保华：《论劳动力派遣中的理论问题》，载董保华主编：《劳动合同研究》，中国劳动社会保障出版社 2005 年版，第 292—294 页。

[3] 王全兴著：《劳动法（第三版）》，法律出版社 2008 年版，第 191 页。

相关约定形成的。或者说用工单位与被派遣劳动者之间产生法律关系的基础是两者分别与第三方之间的合同关系，两个合同相互之间产生的联系成为这两者建立法律关系的前提条件。被派遣劳动者与用工单位之间的权利义务直接来源于法律的规定。

（二）被派遣劳动者的退回

由于用工单位和被派遣劳动者之间不存在劳动合同关系，因而也就不存在双方解除、终止劳动合同的可能性。但是，在实际的劳动过程中，会出现用工单位不想或不能再使用被派遣劳动者的情况，此时用工单位有权将被派遣劳动者退回劳务派遣单位。

《劳动合同法》和《劳务派遣暂行规定》中对用工单位退回被派遣劳动者作出了规定。有下列情形之一的，用工单位可以将被派遣劳动者退回劳务派遣单位：（1）被派遣劳动者有《劳动合同法》第 39 条和第 40 条第 1 项、第 2 项规定情形的；（2）用工单位有《劳动合同法》第 40 条第 3 项、第 41 条规定情形的；（3）用工单位被依法宣告破产、吊销营业执照、责令关闭、撤销、决定提前解散或者经营期限届满不再继续经营的；（4）劳务派遣协议期满终止的。被派遣劳动者退回后无工作期间，劳务派遣单位应当按照不低于所在地人民政府规定的最低工资标准，向其按月支付报酬。

被派遣劳动者被用工单位退回劳务派遣单位，并不必然导致被派遣劳动者和劳务派遣单位之间劳动合同的解除。根据《劳务派遣暂行规定》的规定，在上述（2）（3）（4）情形下，被派遣劳动者被用工单位退回，劳务派遣单位重新派遣时维持或者提高劳动合同约定条件，被派遣劳动者不同意的，劳务派遣单位可以解除劳动合同。被派遣劳动者被用工单位退回，劳务派遣单位重新派遣时降低劳动合同约定条件，被派遣劳动者不同意的，劳务派遣单位不得解除劳动合同。但被派遣劳动者提出解除劳动合同的除外。[1]

（三）用工单位的法定义务

1. 遵守用工范围和用工比例的法定标准

一个单位有权依法采用劳务派遣的用工方式，但是作为用工单位，其

[1] 在上述第（1）种情形下，劳务派遣单位依照《劳动合同法》的有关规定，可以与劳动者解除劳动合同。

使用被派遣劳动者的用工范围和用工比例要符合法律的规定。用工单位只能在临时性、辅助性或者替代性的工作岗位上使用被派遣劳动者。用工单位决定使用被派遣劳动者的辅助性岗位，应当经职工代表大会或者全体职工讨论，提出方案和意见，与工会或者职工代表平等协商确定，并在用工单位内公示。

用工单位应当严格控制劳务派遣用工数量，使用的被派遣劳动者数量不得超过其用工总量的 10%。

2. 向被派遣劳动者提供与工作岗位相关的福利待遇

用工单位应当执行国家劳动标准，提供相应的劳动条件和劳动保护；告知被派遣劳动者的工作要求和劳动报酬；支付加班费、绩效奖金，提供与工作岗位相关的福利待遇；对在岗被派遣劳动者进行工作岗位所必需的培训；对被派遣劳动者连续用工的，实行正常的工资调整机制。

3. 协助义务

用工单位有义务协助劳务派遣单位保护被派遣劳动者的合法权益，特别是当被派遣劳动者在用工单位因工作遭受事故伤害时，用工单位有义务协助劳务派遣单位进行工伤认定的调查核实工作。被派遣劳动者在申请进行职业病诊断、鉴定时，用工单位应当负责处理职业病诊断、鉴定事宜，并如实提供职业病诊断、鉴定所需的劳动者职业史和职业危害接触史、工作场所职业病危害因素检测结果等资料。当劳务派遣单位有被依法宣告破产、吊销营业执照、责令关闭、撤销、决定提前解散或者经营期限届满不再继续经营的情形导致劳务派遣单位与被派遣劳动者之间的劳动合同终止时，用工单位应当与劳务派遣单位协商妥善安置被派遣劳动者。劳务派遣单位异地派遣劳动者的，劳务派遣单位未在用工单位所在地设立分支机构，用工单位有义务代劳务派遣单位为被派遣劳动者办理参保手续，缴纳社会保险费。

4. 其他义务

用工单位还应当遵守以下规定：应当根据工作岗位的实际需要与劳务派遣单位确定派遣期限，不得将连续用工期限分割订立数个短期劳务派遣协议；不得向被派遣劳动者收取费用；不得将被派遣劳动者再派遣到其他用人单位。

第三节　劳务派遣的行政许可

《劳动合同法》规定："经营劳务派遣业务，应当向劳动行政部门依法申请行政许可；经许可的，依法办理相应的公司登记。未经许可，任何单位和个人不得经营劳务派遣业务。"2013年，人力资源和社会保障部通过了《劳务派遣行政许可实施办法》，对劳务派遣的行政许可作出了更为详细的规定。

一、劳务派遣行政许可法律规定的主要内容

（一）劳务派遣行政许可的主管机关

劳务派遣行政许可的主管机关为人力资源和社会保障行政部门：人力资源和社会保障部负责对全国的劳务派遣行政许可工作进行监督指导。县级以上地方人力资源社会保障行政部门按照省、自治区、直辖市人力资源社会保障行政部门确定的许可管辖分工，负责实施本行政区域内劳务派遣行政许可工作以及相关的监督检查。

（二）行政许可的申请和批准

根据《劳动合同法》和《劳务派遣行政许可实施办法》的规定，申请经营劳务派遣业务应当具备以下条件：（1）注册资本不得少于人民币200万元；（2）有与开展业务相适应的固定的经营场所和设施；（3）有符合法律、行政法规规定的劳务派遣管理制度；（4）法律、行政法规规定的其他条件。

申请经营劳务派遣业务的，申请人应当向许可机关提交下列材料：（1）劳务派遣经营许可申请书；（2）营业执照或者企业名称预先核准通知书；（3）公司章程以及验资机构出具的验资报告或者财务审计报告；（4）经营场所的使用证明以及与开展业务相适应的办公设施设备、信息管理系统

等清单；（5）法定代表人的身份证明；（6）劳务派遣管理制度，包括劳动合同、劳动报酬、社会保险、工作时间、休息休假、劳动纪律等与劳动者切身利益相关的规章制度文本；（7）拟与用工单位签订的劳务派遣协议样本。

在申请人提交了申请资料之后，许可机关首先对申请资料进行审核，在资料齐全正确的情况下[1]，许可机关对申请人提出的申请决定受理的，应当出具受理决定书；决定不予受理的，应当出具不予受理决定书，说明不予受理的理由，并告知申请人享有依法申请行政复议或者提起行政诉讼的权利。许可机关决定受理申请的，应当对申请人提交的申请材料进行审查。根据法定条件和程序，需要对申请材料的实质内容进行核实的，许可机关应当指派2名以上工作人员进行核查。许可机关应当自受理之日起20个工作日内作出是否准予行政许可的决定。20个工作日内不能作出决定的，经本行政机关负责人批准，可以延长10个工作日，并应当将延长期限的理由告知申请人。申请人的申请符合法定条件的，许可机关应当依法作出准予行政许可的书面决定，并自作出决定之日起5个工作日内通知申请人领取劳务派遣经营许可证。

（三）许可机关的监督检查

1. 年度监督检查

在申领了劳务派遣经营许可证并经营劳务派遣业务之后，劳务派遣单位应当于每年3月31日前向许可机关提交上一年度劳务派遣经营情况报告，如实报告下列事项：（1）经营情况以及上年度财务审计报告；（2）被派遣劳动者人数以及订立劳动合同、参加工会的情况；（3）向被派遣劳动者支付劳动报酬的情况；（4）被派遣劳动者参加社会保险、缴纳社会保险费的情况；（5）被派遣劳动者派往的用工单位、派遣数量、派遣期限、用工岗位的情况；（6）与用工单位订立的劳务派遣协议情况以及用工单位履行法定义务的

[1]《劳务派遣行政许可实施办法》第9条规定："许可机关收到申请材料后，应当根据下列情况分别作出处理：（一）申请材料存在可以当场更正的错误的，应当允许申请人当场更正；（二）申请材料不齐全或者不符合法定形式的，应当当场或者在5个工作日内一次告知申请人需要补正的全部内容，逾期不告知的，自收到申请材料之日起即为受理；（三）申请材料齐全、符合法定形式，或者申请人按照要求提交了全部补正申请材料的，应当受理行政许可申请。"

情况；（7）设立子公司、分公司等情况。劳务派遣单位设立的子公司或者分公司，应当向办理许可或者备案手续的人力资源社会保障行政部门提交上一年度劳务派遣经营情况报告。许可机关应当对劳务派遣单位提交的年度经营情况报告进行核验，依法对劳务派遣单位进行监督，并将核验结果和监督情况载入企业信用记录。

2. 劳务派遣行政许可的撤销

有下列情形之一的，许可机关或者其上级行政机关，可以撤销劳务派遣行政许可：（1）许可机关工作人员滥用职权、玩忽职守，给不符合条件的申请人发放劳务派遣经营许可证的；（2）超越法定职权发放劳务派遣经营许可证的；（3）违反法定程序发放劳务派遣经营许可证的；（4）依法可以撤销行政许可的其他情形。

3. 劳务派遣行政许可的注销

有下列情形之一的，许可机关应当依法办理劳务派遣行政许可注销手续：（1）劳务派遣经营许可证有效期届满，劳务派遣单位未申请延续的，或者延续申请未被批准的；（2）劳务派遣单位依法终止的；（3）劳务派遣行政许可依法被撤销，或者劳务派遣经营许可证依法被吊销的；（4）法律、法规规定的应当注销行政许可的其他情形。

（四）法律责任

《劳务派遣行政许可实施办法》对涉及劳务派遣的法律责任作出了规定，包括许可机关及其工作人员的法律责任、劳务派遣单位的法律责任和其他单位和个人违法的法律责任，具体包括：（1）许可机关及其工作人员违法发放劳务派遣经营许可证或监管不力的，由其上级行政机关或者监察机关责令改正，对直接负责的主管人员和其他直接责任人员依法给予处分；构成犯罪的，依法追究刑事责任。许可机关违法实施行政许可，给当事人的合法权益造成损害的，应当依照国家赔偿法的规定给予赔偿。（2）劳务派遣单位违法派遣用工或违法取得劳务派遣经营许可证的，由人力资源社会保障行政机关分别处以责令改正、罚款或吊销劳务派遣经营许可证。（3）任何单位或个人未经许可擅自经营劳务派遣业务的，由人力资源社会保障行政部门责令停止违法行为，没收违法所得和罚款。

二、劳务派遣行政许可制度的评析

经营劳务派遣业务是否要经过行政许可的问题，早在《劳动合同法》的起草过程中就有过争论。在2007年通过的《劳动合同法》中没有对劳务派遣许可制度作出规定。立法者的解释是，“从目前我国的实际情况看，行政管理体制正在改革，减少行政许可是行政管理体制改革的一项重要内容，《行政许可法》对设立行政许可也规定了基本的原则。对劳务派遣公司的设立实行行政许可并不能解决劳务派遣中存在的问题，劳务派遣这种形式就有可能产生对劳动者保护缺位的问题，法律应主要解决劳务派遣中三方关系的问题，设立前置许可对于规范劳务派遣治标不治本，实践中劳动和社会保障部门也难以对其展开有效的监管，同时又会引发其他的问题。”[1]对于《劳动合同法》没有对劳务派遣采用行政许可制，很多学者提出批评。有学者认为，在对劳务派遣的规范上，《劳动合同法》基本是不成功的，在监管问题上“取消了行政许可制度”，因此“直接导致了劳务派遣的大发展”，“在派遣单位的设立方面，《劳动合同法》仅规定派遣单位依据《公司法》设立，只需到工商部门办理执照，而无须经过劳动主管部门的审批。对于劳务派遣公司的发起人资格、公司的设立程序，本法未作规范。在失去审批制这样一个有效监管的手段后，只剩下备案制的方法了。这样的话，对劳务派遣简直就是一种放任自流。”[2]减少行政许可应当是对不必要的行政许可的减少和取消，而不是取消行政许可，对该设立行政许可的事项还是应当设立。保护劳动者的合法权益，是劳动保障行政部门的主要职责，在劳务派遣公司设立之初就给予必要的审查和监管是必要的，从规范管理的角度看，对于劳务派遣单位实行许可证制度具有合理性。2012年修订后的《劳动合同法》重新采纳了许可制，严格规范劳务派遣单位的设立，并进而使劳务派遣用工方式依法存在具有积极意义，但是也必须警惕行政许可制可能带来的消极影响。

劳务派遣单位的行政许可制为国际劳工标准所承认。1997年国际劳工组织通过的《私营就业服务机构公约》中明确要求，“成员国须根据发放执

[1]《中华人民共和国劳动合同法》起草小组：《中华人民共和国劳动合同法释义》，中国市场出版社2007年版，第181~182页。

[2] 乔健：《弹性安全与劳务派遣——法律规制的困境》，载《中国工人》2010年第5期。

照或证书制度”对包括劳务派遣单位在内的私营就业服务机构“确定管理私营就业服务机构所操作的条件”。在我国的立法实践中，职业中介机构的设立是需要行政许可的。在反对劳务派遣行政许可的意见中，最主要的理由是担心行政许可可能带来权力寻租等消极影响。例如，有学者认为，设立行政许可制度的不足“更为关键的是管制难免会带来寻租、腐败等种种成本，增加执法的风险。劳务派遣实际上是市场主体基于趋利避害的一种市场选择，政府通过设置行政许可来干预市场行为，不一定有好效果。而且，搞行政许可提高市场准入门槛，但同时也可能排斥更多本来可以正常参与市场竞争的其他市场主体，还有可能造成某几家大型劳务派遣公司‘一股独大’，这样无论对劳动者争取自身利益还是对劳务派遣市场的良性发展，都是有害无利的”[1]。“加强强制性的行政管制，还体现为对设立劳务派遣机构增设事前的行政许可，并提高设立所需的标准。”而强化行政管制形成了思维定式，在针对劳务派遣的立法中，劳动立法的思维定式掩盖了诸多悖理的实际情形。[2]

如果将劳务派遣需要行政许可的命题变更为劳务派遣需要监管，则可能会获得更多的赞同，意见也会更为统一。既然对劳务派遣要进行监管能够形成共识，接下来的问题就是如何监管。行政许可无疑是一个可供选择的监管方式。行政许可作为事前的监管方式，对于避免劳务派遣“皮包”公司的出现具有意义，并且由于有许可的程序，使得潜在的劳务派遣单位的设立者对设立本身能够有更充分的准备。就我国当前的劳务派遣乱象而言，加强行政监管，设立行政许可制度有其正当理由。当然，公权力的介入本身就存在公权力滥用的可能性。避免公权力的滥用不能简单归结为“公权力”不用。因此，目前需要解决的问题是如何加强劳务派遣许可机构的执法能力和对其的监督。就这一点而言，目前的法律规定和劳动行政执法的现状都的确存在着不足。

[1] 刘慧勇：《劳务派遣的“治标”与“治本”——析2012年〈劳动合同法修正案〉的隐忧》，载《中国劳动关系学院学报》2013年第3期。

[2] 参见董保华：《劳务派遣制度：从旧法到新法》，载《上海法治报》，2013年5月15日第B06版。

第四节 特殊劳务派遣的法律规范

一、涉外劳务派遣

涉外劳务派遣是我国劳务派遣用工方式产生和发展的一个重要方面。根据使用被派遣劳动者的用工单位的地域不同，涉外劳务派遣可以分为两类：一类是将我国公民派到境外工作，即劳务输出；另一类是对我国境内的国外机构的派遣，即境内外派就业。根据我国法律规定，外国机构不能直接在我国境内招用人员，如需招用，必须通过法律允许的从事涉外劳务的公司进行，即该公司招用人员，并与其签订劳动合同，将其派遣到设在我国境内的外国机构进行工作。

（一）对外劳务合作

由于我国法律禁止外国企业或机构在我国境内直接招用人员[1]，外国企业或机构招用劳动者，需要通过我国设立的专门从事对外劳务业务的企业进行。在对外劳务合作中，涉及三方主体之间的关系：对外劳务合作企业和国外雇主之间的关系、对外劳务合作企业和劳务人员之间的关系、外国雇主和劳务人员之间的关系。这种三方主体之间的关系与我国《劳动合同法》规定的劳务派遣法律关系非常类似，但是根据现行的法律规定，这三者之间形成的关系并不属于《劳动合同法》中规定的劳务派遣。[2]

1. 对外劳务合作企业与国外雇主之间的关系

由于对外劳务合作企业与国外雇主签订的劳务合作合同依法需要载明与

[1] 2012年国务院发布的《对外劳务合作管理条例》规定："国外的企业、机构或者个人不得在中国境内招收劳务人员赴国外工作。"

[2]《劳务派遣暂行规定》第26条规定，用人单位将本单位劳动者派往境外工作或者派往家庭、自然人处提供劳动的，不属于本规定所称劳务派遣。2012年6月国务院发布的《对外劳务合作管理条例》就对外劳务合作企业、国外雇主和劳务人员之间的关系专门作出了规定。

劳务人员权益保障相关的事项[1]，因此对外劳务合作企业与国外雇主之间的关系不是单纯的劳务代理关系或劳务服务关系。“根据劳务合作合同，外派企业不仅代理境外雇主招募劳务人员，还有权也有义务维护劳务人员的权益不受境外雇主的侵犯。如果是单纯的代理合同，代理人只是代表被代理人从事一定行为，而劳务合作合同的外派企业显然不是这样简单的角色。”“外派企业与境外雇主之间的合作关系主要是一种服务关系，由外派企业向境外雇主提供派遣劳务人员的服务，并对劳务人员的行为承担保证责任，而境外雇主对外派企业承担的义务主要是为劳务人员的利益提供保障。但是这种合作合同的性质又非常独特，因为该合同既需要第三人劳务人员的劳务行为来履行劳务合作合同中外派企业的义务，又涉及境外雇主应向第三人劳务人员提供待遇等利益。”[2]

2. 对外劳务合作企业与劳务人员之间的关系

对外劳务合作企业与劳务人员之间的关系可以是劳动关系，也可以是服务关系。根据《对外劳务合作管理条例》的规定，对外劳务合作企业可以与劳务人员之间建立劳动关系，双方订立劳动合同；也可以订立书面服务合同，虽然服务合同中需要载明“劳务合作合同中与劳务人员权益保障相关的事项，以及服务项目、服务费及其收取方式、违约责任”，在后一种情况下，对外劳务合作企业与劳务人员之间没有形成劳动关系，对外劳务合作企业仅仅处于“职业介绍机构”的地位，但是对外劳务合作企业又不能等同于普通的职业介绍机构，法律要求对外劳务合作企业保护劳务人员的合法权益。[3]

[1]《对外劳务合作管理条例》第 21 条。

[2] 詹朋朋著：《国际劳务关系法律适用问题研究》，法律出版社 2011 年版，第 108、109 页。

[3] 如根据《对外劳务合作管理条例》第 29 条的规定，劳务人员在国外实际享有的权益不符合合同约定的，对外劳务合作企业应当协助劳务人员维护合法权益，要求国外雇主履行约定义务、赔偿损失；劳务人员未得到应有赔偿的，有权要求对外劳务合作企业承担相应的赔偿责任。对外劳务合作企业不协助劳务人员向国外雇主要求赔偿的，劳务人员可以直接向对外劳务合作企业要求赔偿。劳务人员在国外实际享有的权益不符合用工项目所在国家或者地区法律规定的，对外劳务合作企业应当协助劳务人员维护合法权益，要求国外雇主履行法律规定的义务、赔偿损失。因对外劳务合作企业隐瞒有关信息或者提供虚假信息等原因，导致劳务人员在国外实际享有的权益不符合合同约定的，对外劳务合作企业应当承担赔偿责任。

在对外劳务合作企业和劳务人员之间签订了劳动合同的情况下，根据《涉外民事关系法律适用法》的规定，“劳动合同，适用劳动者工作地法律；难以确定劳动者工作地的，适用用人单位主营业地法律”。由于劳务人员的工作地在国外，我国劳动法律不能适用，但是也存在例外情况：如果对外劳务合作企业和劳务人员依照法律规定明示选择适用我国法律或者我国法律对涉外民事关系有强制性规定的，可以直接适用该强制性规定，即适用我国法律。如果对外劳务合作企业与劳务人员之间签订的是服务合同，劳务合作企业和劳务人员没有协议选择合同适用的法律，根据法律规定，应当适用履行义务最能体现该合同特征的一方当事人经常居所地法律或者其他与该合同有最密切联系的法律。“外派劳务合同中涉及劳务人员给付劳动的主要履行地是在境外。……尤其是如果外派劳务合同的争议是与在境外给付劳动的行为有关，此时可能境外法对争议的解决有着最密切的联系。”[1]因此更应当适用外国法律，至于是否适用外国的劳动法，则要看该国对这种合同关系的定性了。

3. 劳务人员与国外雇主之间的关系

劳务人员与国外雇主之间是否建立劳动关系需要根据国外雇主所在国家的法律确定。如果该国法律将其确定为劳动关系，那么劳务人员与国外雇主之间按照国外雇主所在国家法律的规定还需要签订劳动合同。

（二）境内外派就业

我国法律禁止在我国境内直接招用人员的外国企业或机构不仅包括设立在国外的企业或机构，也包括这些机构在我国设立的常驻代表机构和分支机构。外国企业常驻代表机构（以下简称代表机构），是指外国企业依照我国法律规定，在中国境内设立的从事与该外国企业业务有关的非营利性活动的办事机构。由于其不具有我国的法人资格，因此其招用人员同样需要通过依法设立的从事对外劳务业务的企业进行。但是与派到国外的劳务人员不同，被派到这些代表机构的劳务人员工作地为我国境内，因此我国劳动法律对其是适用的。《劳务派遣暂行规定》第 25 条规定：“外国企业常驻代表机构和外国金融机构驻华代表机构等使用被派遣劳动者的，以及船员用人单位以劳

[1] 詹朋朋著：《国际劳务关系法律适用问题研究》，法律出版社 2011 年版，第 127 页。

务派遣形式使用国际远洋海员的，不受临时性、辅助性、替代性岗位和劳务派遣用工比例的限制。”

（三）对外工程承包中的劳务派遣

对外工程承包，是指我国的企业或者其他单位承包境外的建设工程项目的活动。在项目的建设过程中，我国企业会派遣工作人员，这些人员可以是该企业或单位原来的工作人员，也可以是专门为该工程而招用的人员。根据《对外承包工程管理条例》[1]的规定，对外承包工程的单位可以自己招用外派人员，也可以通过从事对外承包工程外派人员中介服务的机构招用外派人员。无论是自己招用还是通过中介服务机构招用外派人员，对外承包工程的单位都要与招用的外派人员订立劳动合同，按照合同约定向外派人员提供工作条件和支付报酬，履行用人单位义务。同时，对外承包工程的单位还应当履行下列义务：（1）设立专门的安全管理机构和人员，负责保护外派人员的人身和财产安全，并根据所承包工程项目的具体情况，制定保护外派人员人身和财产安全的方案，落实所需经费；（2）根据工程项目所在国家或者地区的安全状况，有针对性地对外派人员进行安全防范教育和应急知识培训，增强外派人员的安全防范意识和自我保护能力；（3）为外派人员购买境外人身意外伤害保险；（4）按照国务院商务主管部门和国务院财政部门的规定，及时存缴备用金，用于支付对外承包工程的单位拒绝承担或者无力承担的下列费用：① 外派人员的报酬；② 因发生突发事件，外派人员回国或者接受其他紧急救助所需费用；③ 依法应当对外派人员的损失进行赔偿所需费用。因此，对外承包工程中的派遣是对外承包工程的单位将本单位的劳动者派遣到国外工作，并不属于《劳动合同法》中规定的劳务派遣范畴。2011 年 4 月，商务部和住房城乡建设部联合发布的《关于加强对外承包工程外派人员管理工作的紧急通知》特别明确：“对外承包工程企业和分包单位必须与外派人员签订劳动合同，履行用人单位责任，不得滥用国内劳务派遣，转嫁劳动关系。”

与《对外劳务合作管理条例》规定的对外劳务合作企业的地位不同，从

[1]《对外承包工程管理条例》，国务院 2008 年发布。

事对外承包工程外派人员中介服务的机构仅仅处于中介的地位，法律并没有赋予其保护外派劳动者权利的义务。相关法律仅仅规定，从事对外承包工程外派人员中介服务的机构应当取得国务院商务主管部门的许可，并按照国务院商务主管部门的规定从事对外承包工程外派人员中介服务。

二、船员派遣

由于船员工作的专业性，为船舶配备船员往往通过专门的船员服务机构进行。根据我国的法律规定，船员服务机构可以作为中介服务机构，将船员用人单位的船员派到某一船舶上工作，也可以作为船员的用人单位，将船员派遣到某一船舶上工作。无论以上哪一种船员派遣，都与《劳动合同法》中对劳务派遣的规定有差异。

（一）船员的概念

船员，是指所有在船上工作的人员。国际劳工组织在其一系列涉及船员的国际劳工公约和建议书中均对船员作出了较为统一的界定，即在非军事和政府船舶上工作的人员。国际劳工组织还对船员作出了分类，将其分为高级船员、低级船员和专职船员。按照国际劳工公约和建议书的规定，高级船员是指不包括船长在内，拥有按国家法律或条例所规定或在国家无此法律规定情况下，按集体协议或习俗所规定之高级船员头衔者；低级船员，指高级船员之外的其他船员；专职船员，是指担负警戒职务或特殊责任并得到国家法律或条例认可或在国家无此法律规定情况下得到集体协议或习俗认可的低级船员。

根据我国《海商法》第 31 条的规定，我国法定的船员范围为包括船长在内的一切在船上任职的人员。具体而言，船员，是指依照我国《船员条例》的规定，经船员注册取得船员服务簿的人员，包括船长、高级船员、普通船员。船长，是指依照法律规定取得船长任职资格，负责管理和指挥船舶的人员。高级船员，是指依照法律规定取得相应任职资格的大副、二副、三副、轮机长、大管轮、二管轮、三管轮、通信人员以及其他在船舶上任职的高级技术或者管理人员。普通船员，是指除船长、高级船员外的其他船员。

外籍船员，是指在我国船舶上工作的非我国国籍的船员；外派船员，是指通过对外劳务合作机构，被派往外籍船舶公司工作的船员。

（二）船员的注册和资格取得

我国船员实行注册制。申请船员注册，应当具备以下条件：（1）年满18周岁（在船实习、见习人员年满16周岁）但不超过60周岁；（2）符合船员健康要求；（3）经过船员基本安全培训，并经海事管理机构考试合格。申请注册国际航行船舶船员的，还应当通过船员专业外语考试。申请船员注册，可以由申请人或者其代理人向任何海事管理机构提出书面申请，并附送申请人符合法律规定条件的证明材料。海事管理机构应当自受理船员注册申请之日起10日内作出注册或者不予注册的决定。对符合法律规定条件的，应当给予注册，发给船员服务簿，但是申请人被依法吊销船员服务簿未满5年的，不予注册。

参加航行和轮机值班的船员，应当依照法律规定取得相应的船员适任证书。申请船员适任证书，应当具备下列条件：（1）已经取得船员服务簿；（2）符合船员任职岗位健康要求；（3）经过相应的船员适任培训、特殊培训；（4）具备相应的船员任职资历，并且任职表现和安全记录良好。申请船员适任证书，应当向海事管理机构提出书面申请，并附送申请人符合规定条件的证明材料。对符合规定条件并通过国家海事管理机构组织的船员任职考试的，海事管理机构应当发给相应的船员适任证书。船员适任证书应当注明船员适任的航区（线）、船舶类别和等级、职务以及有效期限等事项。船员适任证书的有效期不超过5年。

以海员身份出入国境和在国外船舶上从事工作的中国籍船员，应当向国家海事管理机构指定的海事管理机构申请中华人民共和国海员证。申请中华人民共和国海员证，应当符合下列条件：（1）是中华人民共和国公民；（2）持有国际航行船舶船员适任证书或者有确定的船员出境任务；（3）无法律、行政法规规定禁止出境的情形。海事管理机构应当自受理申请之日起7日内作出批准或者不予批准的决定。予以批准的，发给中华人民共和国海员证；不予批准的，应当书面通知申请人并说明理由。中华人民共和国海员证是中国籍船员在境外执行任务时表明其中华人民共和国公民身份的证件。持有中华人民共和国海员证的船员，在其他国家、地区享有按照当地法律、有关国际条约以及中华人民共和国与有关国家签订的海运或者航运协定规定的权利和通行便利。

中国籍船舶的船长应当由中国籍船员担任。在中国籍船舶上工作的外国籍船员，应当依照法律、行政法规和我国其他有关规定取得就业许可，并持有国务院交通主管部门规定的相应证书和其所属国政府签发的相关身份证件。在中华人民共和国管辖水域航行、停泊、作业的外国籍船舶上任职的外国籍船员，应当持有中华人民共和国缔结或者加入的国际条约规定的相应证书和其所属国政府签发的相关身份证件。

（三）船员服务机构的分类

船员服务机构，是指代理船员办理申请培训、考试、申领证书（包括外国船员证书）等有关手续，代理船员用人单位管理船员事务，为船舶提供配员等相关活动的专门服务机构。根据船员服务机构的资质不同，我国将船员服务机构分为两类：内河船舶船员服务机构和海船船员服务机构。海船船员服务机构又分为甲级、乙级两类。

内河船舶船员服务机构，是指为内河船舶船员提供船员服务的机构。从事内河船舶船员服务业务的机构，应当符合下列条件：（1）是在中华人民共和国境内依法设立的法人；（2）有不少于 100 平方米的固定办公场所；（3）有 2 名以上具有内河一等、二等船舶高级船员任职资历的专职管理人员和 2 名以上专职业务人员；（4）按照中华人民共和国海事局的规定，建立船员服务质量管理制度、人员和资源保障制度、教育培训制度、应急处理制度和服务业务报告制度等内河船舶船员服务管理制度。从事内河船舶船员服务业务的服务机构，应当自开业之日起 15 日内，持企业法人营业执照复印件、场地证明、人员资质证明和相应的管理制度文本向该机构工商注册地的交通运输部直属海事管理机构或者地方海事管理机构备案。

甲级海船船员服务机构，是指为国际航行和国内航行海船船员提供各项船员服务的机构。从事甲级海船船员服务业务的机构，应当符合下列条件：（1）是在中华人民共和国境内依法设立的法人；（2）有不少于 300 平方米的固定办公场所；（3）有 2 名以上具有海船甲类一等高级船员任职资历的专职管理人员和5名以上专职业务人员；（4）从事乙级海船船员服务业务3年以上，并且最近3年来为国内沿海船舶提供配员500人以上；（5）按照中华人民共和国海事局的规定，建立船员服务质量管理制度、人员和资源保障制度、教育培训制度、应急处理制度和服务业务报告制度等海船船员服务管理制度。

乙级海船船员服务机构，是指为国内航行海船船员提供船员服务的机构。从事乙级海船船员服务业务的机构，应当符合下列条件：（1）是在中华人民共和国境内依法设立的法人；（2）有不少于150平方米的固定办公场所；（3）有2名以上具有海船甲类、乙类和丙类一等高级船员任职资历的专职管理人员和2名以上专职业务人员；（4）按照中华人民共和国海事局的规定，建立船员服务质量管理制度、人员和资源保障制度、教育培训制度、应急处理制度和服务业务报告制度等海船船员服务管理制度。

申请甲级海船船员服务业务，应当向中华人民共和国海事局提出。申请乙级海船船员服务业务，应当向该机构工商注册地的交通运输部直属海事管理机构提出，该机构工商注册地没有交通运输部直属海事管理机构的，应当向中华人民共和国海事局指定的交通运输部直属海事管理机构提出。海事管理机构应当自受理申请之日起30日内作出批准或者不予批准的决定。予以批准的，发给海船船员服务机构许可证；不予批准的，书面通知申请人并说明理由。

（四）作为中介的船员服务机构与船员派遣

船员服务机构可以作为中介机构为船员的用人单位、用工单位和船员提供服务。[1] 船员服务机构向船员用人单位或者船员用工单位提供船员服务，应当签订船舶配员服务协议，并将船舶配员服务协议的内容告知有关船员。船舶配员服务协议应当明确船员的劳动报酬、工作时间和休息休假、遣返方式和费用、意外伤亡保险和社会保险、违反协议的责任等。船员服务机构提供船舶配员服务，应当督促船员用人单位与船员依法订立劳动合同。船员用

[1] 依法与船员签订劳动合同的单位，为船员用人单位。使用未与船员用人单位解除劳动合同船员的单位，为船员用工单位。

人单位未与船员签订劳动合同的，船员服务机构应当终止向船员用人单位提供船员服务。

船员服务机构向船员提供船员服务业务，应当与船员签订船员服务协议。船员服务机构不得为未经船员注册的人员提供船舶配员服务；不得克扣船员用人单位、船员用工单位按照船舶配员服务协议支付给船员的劳动报酬。船员服务机构为已经与航运公司或者其他单位签订劳动合同的船员提供船舶配员服务的，应当事先经过船员用人单位同意。

与普通的就业服务中介不同，根据法律规定，船员服务机构应当为其服务的船员取得法定和约定的劳动和社会保障权利提供相应的支持。当船员发生失踪、死亡或者其他意外伤害时，船员服务机构应当配合船员用人单位做好相应的善后工作。

（五）作为用人单位的船员服务机构与船员派遣

依法与船员签订劳动合同的单位，为船员用人单位。船员服务机构可以依法与船员签订劳动合同，成为船员的用人单位，履行船员用人单位的责任和义务。作为船员用人单位的船员服务机构派遣船员的，应当与使用被派遣船员的单位签订劳务派遣协议，劳务派遣协议应当约定被派遣船员岗位和人员数量、派遣期限、劳动报酬、意外伤亡保险和社会保险费以及违反协议的责任等，并将船员劳务派遣协议的内容告知被派遣船员。

（六）涉外船员派遣

根据《船员服务管理规定》[1]，境外船员用人单位不得在中华人民共和国境内直接招用中国籍船员，应当通过符合规定资质条件的船员服务机构办理。《劳务派遣暂行规定》明确规定：船员用人单位以劳务派遣形式使用国际远洋海员的，不受临时性、辅助性、替代性岗位和劳务派遣用工比例的限制。

[1]《船员服务管理规定》，2008 年 7 月交通运输部发布，2013 年 8 月修正。

第九章

职业教育

第一节　职业教育概述

一、职业教育的概念

（一）职业教育与职业培训的区别与联系

职业教育和职业培训的概念在劳动法领域都在使用，并都用来表示对劳动者进行劳动技能培养和提高的一种职业训练方式，两者的含义具有一定的重合性。有的学者将职业培训与职业教育等同，认为“职业培训，即职业教育，亦称职业训练、职业技术培训或职业技能开发，它是根据现代社会职业需求以及劳动者的从业意愿和条件，对要求就业和在职的劳动者所进行的旨在培养和提高其专业技术知识和职业技能的教育和训练活动”[1]。有学者认为，职业教育和职业培训是两个有密切联系的不同概念，将职业培训定位为职业教育的一种主要形式，从而将职业教育概括为“指对受教育者传授职业知识、技能和态度的教育，包括职业道德、职业技能、职业知识等教育”。而职业培训则是指：“根据职业需要和劳动者从业的愿望及条件，按照一定标准，对受培训者进行的旨在培养和提高其职业技能的教育训练活动。包括对未就业劳动者实施的职前培训及对已就业劳动者所实施的在职培训。”[2]也有学者认为，在职业教育体系中，职业教育可以分为职业学校教育和职业培训。“职业培训，又称为职业技能培训和职业技术培训，是指根据社会职业的需求和劳动者从业的意愿及条件，按照一定标准，对劳动者进行的旨在培养和提高其职业技能的教育训练活动。”“职业培训是国民教育体系中职业教育的一种主要形式。”“职业教育体系主要由职业基础教育与职业培训所构成。职业基础教育，又称职业学校教育，它是介于普通教育与职业培训之

[1] 贾俊玲主编：《劳动法学》，北京大学出版社 2013 年版，第 64 页。

[2] 常凯主编：《劳动法》，高等教育出版社 2011 年版，第 218~219 页。

间，而又与普通教育和职业培训并存的一种职业教育形式。”[1]

从词语本身的含义而言，教育是“按一定要求培养人的工作”[2]。通常的教育工作大部分由学校承担，学校给予学生一般的文化知识的教育称为“普通教育”。[3]职业教育，是一种“职业”的“教育”，通过与普通教育相比较可以发现，职业教育首先是一种教育，即按一定要求（具体表现为职业要求）培养人的工作，但是与普通教育不同，职业教育的重点不在于教授一般的文化知识，而是培养学习者的职业技能，是“为学生或在职人员学习、掌握某种生产或工作所需知识、技能等而实施的教育”[4]。职业培训与职业教育的相关性在于“职业”，都是培养学习者的职业技能的工作，区别在于如何理解培训与教育的关系。培训，即培养和训练，职业培训即职业技能的培养和训练。

从教育学的角度分析，职业教育是教育体系中的一个分支，是现代教育发展和分化的产物。职业教育在广义上包括普通教育以外的任何专门教育（专业教育），即职业教育是给予学生和在职人员从事某种专业工作所需的知识技能的教育。在我国，教育学者更多地从教育的性质来定义职业教育概念，认为职业教育是在一定文化和专业基础上给予受教育者从事某种职业所需的知识技能的教育。[5]

如果将教育仅仅理解为狭义的学校教育、学历教育，则培训与教育是一种并列的关系；如果将教育作广义理解，其不仅包括学校教育，还包括各种非学校教育，那么职业教育则成为职业培训的上位概念；如果将职业培训理解为包括在学校的培训和非在校的培训，那么职业培训是与职业教育交叉的概念。职业教育和职业培训的目的都是让学习者掌握职业技能，一般情况下这两个概念可以相互替代。当然，在不同的语境中，其各自强调的重点不同。比如，在实际生活中，职业教育往往意味着学校的职业教育，学习时间

[1] 王全兴著：《劳动法》，法律出版社 2008 年版，第 363、364 页。
[2] 中国社会科学院语言研究所词典编辑室编：《现代汉语词典》，商务印书馆 2013 年版，第 656 页。
[3] 中国社会科学院语言研究所词典编辑室编:《现代汉语词典》，商务印书馆 2013 年版，第 1012 页。
[4] 中国社会科学院语言研究所词典编辑室编:《现代汉语词典》，商务印书馆 2013 年版，第 1672 页。
[5] 俞启定、和震主编：《中国职业教育发展史》，高等教育出版社 2012 年版，第 3~4 页。

比较长，其培养的人，或者说学习者往往是新生劳动力，是还没有工作过的人；职业培训通常指短期的对于在职者或已经有过工作经历的人的职业技能的培养和训练。

（二）法律中的职业教育概念

联合国教科文组织1989年11月通过的《技术和职业教育公约》将职业教育表述为："各种形式和各种级别的教育过程，除普通知识外，还包括技术和有关科学的学习，以及获得与经济和社会生活部门的职业有关的实用技术、专门技能、态度和认识。"在2001年通过的《修订的关于技术和职业教育的建议书》中指出："技术和职业教育是一个广义上的术语，它所包含的教育内容除了普通教育之外，还涉及学习技术和相关的各门科学，学习和掌握与经济和社会生活各个方面的职业有关的各种实际技能、态度、理解能力和知识。此外，还应当将技术和职业教育视为：（a）普通教育的一个组成部分；（b）准备从事某一职业以及有效进入职业界的一种手段；（c）终身学习的一个方面以及为成为负责任的公民做准备；（d）促进无损环境的可持续发展的一种手段；（e）有助于减轻贫困的一种方法。"在国际劳工组织通过的公约和建议书中，更多地使用"训练"（training）这一概念。1975年《人力资源开发中职业指导和职业培训作用公约》要求各会员国应通过并发展综合性的和相互协调的关于职业指导和职业培训的政策和计划，同时通过的《人力资源开发中职业指导和职业培训作用建议书》认为，职业"指导和培训的目的在于确定和开发人类从事生产性和令人满意的职业生活的能力，通过接受不同形式的教育，提高个人的理解能力，并通过个人或集体，去影响工作和社会环境"。

在我国的立法上，职业教育和职业培训概念也并列存在。《职业教育法》以职业教育为法律的名称，该法第2条规定："本法适用于各级各类职业学校教育和各种形式的职业培训。"由此可见，《职业教育法》对职业教育是从广义上解释的，职业教育是职业培训的上位概念，职业教育包括职业学校教育和职业培训。在《就业促进法》中，则将职业教育和职业培训并列。《就业促进法》第五章的标题为"职业教育和培训"。第44条规定："国家依法发展职业教育，鼓励开展职业培训，促进劳动者提高职业技能，增强就业能力和创业能力。”该法应当是从狭义上定义职业教育，将职业教育等同于职业学校（学历）教育，从而与职业培训并列。由以上的法律条文分析，在法律规定中，立法者并没有刻意去强调职业教育和职业培训的区别，更多地是从两者的共性，即为劳动者提供劳动技能的角度作出界定。

二、劳动者职业教育权的保护

（一）职业教育权的含义

我国《宪法》明确规定，公民有受教育的权利和义务。职业教育权，即劳动者享有的接受职业教育的权利，指劳动者享有的在准备就业和就业过程中，接受专门的职业技能教育的权利。劳动者依法享有接受职业教育的权利。《劳动法》规定，劳动者享有接受职业技能培训的权利。根据《职业教育法》的规定，职业教育是国家教育事业的重要组成部分，公民有依法接受职业教育的权利。

（二）国家和政府的职责

国家和政府负有促进职业教育发展和保护劳动者职业教育权利的职责。《劳动法》明确规定，国家通过各种途径，采取各种措施，发展职业培训事业，开发劳动者的职业技能，提高劳动者素质，增强劳动者的就业能力和工作能力。各级人民政府应当把发展职业培训纳入社会经济发展的规划，鼓励和支持有条件的企业、事业组织、社会团体和个人进行各种形式的职业培训。《职业教育法》规定，国家发展职业教育，推进职业教育改革，提高职业教育质量，建立、健全适应社会主义市场经济和社会进步需要的职业教育制度。各级人民政府应当将发展职业教育纳入国民经济和社会发展规划。

1. 建立和完善职业教育体系

（1）根据不同地区的经济发展水平和教育普及程度，实施以初中后为重点的不同阶段的教育分流，建立、健全职业学校教育与职业培训并举，并与其他教育相互沟通、协调发展的职业教育体系。实行劳动者在就业前或者上岗前接受必要的职业教育的制度。

（2）采取措施，发展农村职业教育，扶持少数民族地区、边远贫困地区职业教育的发展；帮助妇女接受职业教育，组织失业人员接受各种形式的职业教育，扶持残疾人职业教育的发展。组织和引导进城就业的农村劳动者参加技能培训，鼓励各类培训机构为进城就业的农村劳动者提供技能培训，增强其就业能力和创业能力。

（3）根据实际需要，同国家制定的职业分类和职业等级标准相适应，实行学历证书、培训证书和职业资格证书制度。

2. 建立和发展各种职业教育机构

（1）政府主管部门、行业组织举办或者联合举办职业学校、职业培训机构，组织、协调、指导本行业的企业、事业组织举办职业学校、职业培训机构。

（2）鼓励事业组织、社会团体、其他社会组织及公民个人按照国家有关规定举办职业学校、职业培训机构。对农村、企业、事业组织、社会团体、其他社会组织及公民个人依法举办的职业学校和职业培训机构给予指导和扶持。

3. 保障职业教育所需资金

（1）在财政预算中设立专门保障职业教育的财政性经费，任何组织和个人不得挪用、克扣职业教育的经费。

（2）鼓励通过多种渠道依法筹集发展职业教育的资金；鼓励金融机构运用信贷手段，扶持发展职业教育。

（3）国家鼓励企业、事业组织、社会团体、其他社会组织及公民个人对职业教育捐资助学，鼓励境外的组织和个人对职业教育提供资助和捐赠。

4. 保障和促进劳动者的职业培训

（1）鼓励和支持各类职业院校、职业技能培训机构和用人单位依法开展就业前培训、在职培训、再就业培训和创业培训；鼓励劳动者参加各种形式的培训。

（2）鼓励和支持开展就业培训，帮助失业人员提高职业技能，增强其就业能力和创业能力。失业人员参加就业培训的，按照有关规定享受政府培训补贴。

（三）用人单位的义务和法律责任

用人单位负有对劳动者进行职业教育的义务。《劳动法》第 68 条规定：

“用人单位应当建立职业培训制度，按照国家规定提取和使用职业培训经费，根据本单位实际，有计划地对劳动者进行职业培训。从事技术工种的劳动者，上岗前必须经过培训。”根据《职业教育法》的规定，企业应当根据本单位的实际，有计划地对本单位的职工和准备录用的人员实施职业教育。企业可以单独举办或者联合举办职业学校、职业培训机构，也可以委托学校、职业培训机构对本单位的职工和准备录用的人员实施职业教育。从事技术工种的职工，上岗前必须经过培训；从事特种作业的职工必须经过培训，并取得特种作业资格。企业应当根据本单位的实际，有计划地对本单位的职工和准备录用的人员实施职业教育。企业还应当承担对本单位的职工和准备录用的人员进行职业教育的费用。企业未按规定实施职业教育的，县级以上地方人民政府应当责令改正；拒不改正的，可以收取企业应当承担的职业教育经费，用于本地区的职业教育。《就业促进法》也明确规定，企业应当按照国家有关规定提取职工教育经费，对劳动者进行职业技能培训和继续教育培训。企业未按照国家规定提取职工教育经费，或者挪用职工教育经费的，由劳动行政部门责令改正，并依法给予处罚。

三、职业教育立法

（一）国际立法

在国际立法中，从教育权和劳动权等角度都有国际公约对职业教育作出规定。《世界人权宣言》中就明确人人享有包括职业教育在内的受教育的权利，规定“人人都有受教育的权利”，“技术和职业教育应普遍设立”。《经济、社会及文化权利国际公约》规定：“本公约缔约各国承认工作权，包括人人应有机会凭其自由选择和接受的工作来谋生的权利，并将采取适当步骤来保障这一权利。”“本公约缔约各国为充分实现这一权利而采取的步骤应包括技术的和职业的指导和训练，以及在保障个人基本政治和经济自由的条件下达到稳定的经济、社会和文化的发展和充分的生产就业的计划、政策和技术。”

联合国教科文组织通过的《技术和职业教育公约》要求，各缔约国制定政策，确定战略以及根据自己的需要和资源情况并在各自的教育系统范围内为青年人和成年人开办技术和职业教育的计划和教学大纲，以便使他们获得经济和社会发展必不可少的知识和专门技能以及使他们每个人在社会中得到个人和文化方面的充分发展。各缔约国应当以适当的法律或其他措施来确定技术和职业发展的总范围。根据公约的规定，个人享有平等的职业教育权，“各缔约国将保证，凡是具备接受技术和职业教育学业水平的个人，都不得因其种族、肤色、性别、语言、宗教、原籍或社会出身、政治或其他观点、经济地位、出生或以其他借口，而受到歧视。”“各缔约国应争取实现接受技术和职业教育的平等权利以及享有整个教育过程的平等学习机会。”“各缔约国应特别注意残疾人和处于不利地位的居民的特殊需求，并为使这些人受益于技术和职业教育，采取适当的措施。”根据该公约的要求，各缔约国要制定和发展技术和职业教育的计划，要定期检查技术与职业教育结构、教学计划与规划以及培训方法与教材、学校系统与职业界开展合作的形式。该公约对从事技术和职业教育的人员提出要求：“凡技术与职业教育老师，无论是专职的还是兼职的，均应具有他们所擅长的专业方面足够的理论和实践知识，还应具有与他们讲授课程的类型和程度相适应的教学技能。”为了保证技术与职业教育领域工作人员的教学水平，公约要求各缔约国“应通过一些专门课程和到企业部门实习以及其他了解职业生活的各种形式，为从事技术和职业教育教学的人员提供更新技术信息、知识和技能的可能性；此外，他们应得到对他们各自专业可能有用的教育革新方面的资料和培训，并给予参与有关的研究和发展的机会”。公约还要求各缔约国为技术和职业教育的工作人员提供公平的就业机会和比较优越的工作条件：“应向技术与职业教育领域的教师和其他专门工作人员提供公平的就业机会，不得有任何歧视。他们的工作条件应该比较优越足以吸引、聘到和留住他们所擅长专业领域中合格称职的人员。”[1]

2001 年，联合国教科文组织通过的《修订的关于技术和职业教育的建

[1] http://unesdoc.unesco.org/images/0008/000846/084696cb.pdf#page=124，最后访问时间：2016 年 12 月 26 日。

议书》分别从技术和职业教育与整个教育工作的关系，政策、规划和管理，普通教育中的技术和职业入门教育，为从事某种职业做准备的技术和职业教育，作为继续教育组成部分的技术和职业教育，指导工作，学习过程，工作人员以及国际合作等方面对职业教育作出了规定。[1]联合国教科文组织将技术和职业教育视为确保所有公民均有终身学习机会的一种教育形式，认为在科学技术以及社会、经济有巨大发展，特别是全球化、信息和传播技术的革命这一当今时代特征的背景之下，"技术和职业教育应是各国教育工作的一个极为重要的方面"，是"适应每个具体国家需要以及世界技术发展的一种终身学习制度的一部分"。

国际劳工组织1975年通过的《人力资源开发中职业指导和职业培训作用公约》和《人力资源开发中职业指导和职业培训作用建议书》对职业培训也作出了规定。

（二）我国的立法

1. 新中国成立前的职业教育立法

清朝末期的实业教育是我国职业教育的近代开端。"'实业'是清末对资本主义农工商业的统称，涉及农、工、商、矿、船、铁路、邮电等各个领域。"[2]1903年《奏定学堂章程》规定，在初等教育、中等教育和高等教育三段中均有与普通教育对应的实业学堂，另外还有补习教育性质的实业补习学堂、艺徒学堂以及大学堂附设的实科，培养实业学校师资的实业教员讲习所等。实业专业类别为农业、工业、商业和商船四大类。[3]清末民初，民族工商业的发展促使实业教育向现代职业教育转变。1915年，全国教育联合会向当时的北洋政府教育部提出了实业学校改革方案，提出将实业学校逐渐向职业教育转型。1917年，北洋政府教育部提出修订中等学校章程意见，建议在章程中增设条款，要求各普通中学自第三年起就地方情形增授职业课

[1] http://unesdoc.unesco.org/images/0012/001246/124687c.pdf#page=37，最后访问时间：2016年12月26日。

[2] 俞启定、和震主编：《中国职业教育发展史》，高等教育出版社2012年版，第54页。

[3] 俞启定、和震主编：《中国职业教育发展史》，高等教育出版社2012年版，第54~57页。

程，这是在普通教育中融入职业教育的最早的官方决定。[1]南京国民政府时期，职业教育得到高度关注。20世纪30年代，国民政府颁布了《职业学校法》《职业学校规程》《职业补习学校规程》等法律法规。与此同时，革命根据地的职业教育也逐渐得到发展，1934年中央教育人民委员会颁布《短期职业中学试办章程》，这是中国共产党历史上第一个发展职业技术教育的纲领性文件。[2]

2. 新中国成立后的职业教育立法

新中国成立后，各级政府接管或接办了旧时的公、私立职业学校和技术补习学校，进行整顿、改造、登记、备案工作，根据国家建设需要，改为中等技术学校，各地还专门设立了一批技术学校，加上从老解放区迁出和新建的中等技术学校，构成了新中国中等技术教育的骨架，并纳入新教育的学制体系。1951年，政务院颁布《关于学制改革的决定》，学制中有中等技术学校类，包括技术学校（工业、农业、交通、运输等），医药及其他中等专业学校（贸易、银行、合作、医术等）和师范学校三类。其中技术学校招收初中毕业生或具有同等学力者，修业年限为2~4年，专业学校与技术学校同。还有初等技术学校，招收小学毕业生或具有同等学力者。1951年学制中规定的技术学校和初级技术学校是面向工农业和交通运输业培养中、初级技术人员的，中等专业学校则是面向贸易、银行、合作、医术等非生产领域培养专业工作者，与技术学校只是专业领域的区分，经过1953年的系科调整，各个学校都确定了单一化的专业领域，于是统称中等专业学校，即中专学校，1954年后取消了初级技术学校，中专便定位在高中层次。1952年，政务院发布《关于整顿和发展中等技术教育的指示》，对中等技术学校的“设置、变更、停办、分科、招生、业务课程、实验学习、经费开支、毕业生分配以及其他日常行政事宜等，应以分别由各有关业务部门直接决定为原则”。中等专业技术教育机构的另一大类别是技工学校，即技校。1953年，政务院决定由劳动部门对技工学校进行综合管理，劳动部门办了一些技校，行业

[1] 俞启定、和震主编：《中国职业教育发展史》，高等教育出版社2012年版，第89~90页。
[2] 俞启定、和震主编：《中国职业教育发展史》，高等教育出版社2012年版，第102~103，125页。

部门也办有自己的技校，为本系统招工服务。更多的技校是大中型企业办的，为本单位培养新的技术工人。20 世纪 50 年代末，劳动部将技校招生对象的文化要求提高到初中，修业年限为 2~3 年。在计划经济时期，对于学生而言，中专与技校的区别在于身份，中专与技校分别以培养中等专业干部和中等技术工人为目标，被录取进中专和被录取进技校，也就意味着分别完成了招干和招工手续。[1]

在经历了“文革”的摧残后，在改革开放时期，我国的职业教育开始蓬勃发展。随着经济体制改革的深入，我国的劳动用工制度发生了根本性的变化，固定工制度被废除，以劳动合同为基础的劳动用工制度的建立和完善为职业教育提出了新的课题。

1981 年 2 月，中共中央、国务院发布《关于加强职工教育工作的决定》，指出职工教育的重要性，认为职工教育是开发智力、培养人才的重要途径，是持续发展国民经济的可靠保证，要建立比较正规的职工教育制度。各级党政领导和所有厂矿企业、事业单位的党委、行政、工会、共青团都要十分重视职工教育。各级政府要把职工教育纳入国民经济和国民教育计划的轨道，要将职工教育列入长远规划和年度计划。

1983 年 5 月，教育部、劳动人事部、财政部、国家计委联合发布《关于改革城市中等教育结构发展职业技术教育的意见》。该意见指出，进一步明确改革中等教育结构、发展职业技术教育的方向、途径和要求。城市中等教育结构改革，主要是改革高中阶段的教育，使之适应社会主义现代化建设多方面的需要，适应经济体制、产业结构、劳动就业等变化的需要，并将改革的主要途径确定为：（1）将部分普通高中改办为职业中学、职业（技术）学校或在普通高中设职业班，这类学校和班，可由教育部门自己办，也可以与其他业务部门、企事业单位联合办，隶属关系不变。（2）发动各行各业举办职业中学、职业（技术）学校或举办学制长短不一的职业技术培训班。（3）普通高中要有计划地增设职业技术教育课，努力使今后的中学毕业生不仅具有一般的普通文化知识，还能初步掌握一点建设本领。还可举办职业技

[1] 俞启定、和震主编：《中国职业教育发展史》，高等教育出版社 2012 年版，第 130~134 页。

术教育中心。（4）改革和办好中等专业学校和技工学校。

1985 年 5 月，中共中央发布《关于教育体制改革的决定》，在职业教育方面，确立了“先培训，后就业”的原则。要求今后各单位招工，必须首先从各种职业技术学校毕业生中择优录取。一切从业人员，必须取得考核合格证书才能走上工作岗位。决定指出，根据大力发展职业技术教育的要求，我国广大青少年一般应从中学阶段开始分流：初中毕业生一部分升入普通高中，一部分接受高中阶段的职业技术教育；高中毕业生一部分升入普通大学，一部分接受高等职业技术教育。在小学毕业后接受过初中阶段的职业技术教育的，可以就业，也可以升学。凡是没有升入普通高中、普通大学和职业技术学校的学生，可以经过短期职业技术培训，然后就业。要充分发掘现有中等专业学校和技工学校的潜力，扩大招生，并且有计划地将一批普通高中改为职业高中，或者增设职业班，加上新办的这类学校，力争在 5 年左右，使大多数地区的各类高中阶段的职业技术学校招生数相当于普通高中的招生数，扭转目前中等教育结构不合理的状况。发展职业技术教育要以中等职业技术教育为重点，发挥中等专业学校的骨干作用，同时积极发展高等职业技术院校，优先对口招收中等职业技术学校毕业生以及有本专业实践经验、成绩合格的在职人员入学，逐步建立起一个从初级到高级、行业配套、结构合理又能与普通教育相互沟通的职业技术教育体系。1986 年 10 月，国家教委发布《普通中等专业学校设置暂行办法》，同年 11 月，劳动人事部和国家教委联合发布《技工学校工作条例》，使中等职业教育学校办学有了更为具体的法律依据。

1991 年，国务院发布《关于大力发展职业技术教育的决定》，在确定 20 世纪 90 年代发展职业技术教育的主要任务的同时指出：我国职业技术教育必须采取大家来办的方针，要在各级政府的统筹下，发展行业、企事业单位办学和各方面联合办学，鼓励民主党派、社会团体和个人办学；要充分发挥企业在培养技术工人方面的优势和力量。要发展电视、广播和函授职业技术教育。要求各级政府、各级财政部门、各有关业务主管部门及厂矿企业等要从财力和政策上支持职业技术教育的发展，努力增加对职业技术教育的投入。确立“双证书”制度，凡进行技术等级考核的工种，逐步实行“双证书”（即毕业证书和技术等级或岗位合格证书）制度。应把技术等级证书或岗位合格证书，作为择优录用和上岗确定工资待遇的重要依据。

1993 年 2 月，中共中央、国务院发布的《中国教育改革和发展纲要》指出，职业技术教育是现代教育的重要组成部分，是工业化和生产社会化、现代化的重要支柱。各级政府要高度重视，统筹规划，贯彻积极发展的方针，充分调动各部门、企事业单位和社会各界的积极性，形成全社会兴办多种形式、多层次职业技术教育的局面。要认真实行“先培训、后就业”的制度。优先录用经过职业技术教育和培训的学生就业，专业性、技术性较强的岗位，应在获得岗位资格证书后上岗。对未经培训已就业的，要进行岗前培训。1994 年颁布的《劳动法》明确规定，劳动者享有接受职业技能培训的权利，国家采取各种措施，发展职业教育，并专章规定了“职业培训”的内容。1996 年，《职业教育法》颁布，职业教育有了专门的立法。1999 年 6 月发布的《中共中央 国务院关于深化教育改革全面推进素质教育的决定》指出，教育在综合国力的形成中处于基础地位，国力的强弱越来越取决于劳动者的素质，取决于各类人才的质量和数量，在基本普及九年义务教育和基本扫除青壮年文盲的前提下，积极发展包括普通教育和职业教育在内的高中阶段教育，为初中毕业生提供多种形式的学习机会。

2002 年 9 月，《国务院关于大力推进职业教育改革与发展的决定》发布。决定指出，职业教育为初、高中毕业生和城乡新增劳动者，下岗失业人员，在职人员，农村劳动者及其他社会成员提供多种形式、多种层次的职业学校教育和职业培训，是我国教育体系的重要组成部分，是国民经济和社会发展的重要基础。推进职业教育的改革与发展是实施科教兴国战略、促进经济和社会可持续发展、提高国际竞争力的重要途径，是调整经济结构、提高劳动者素质、加快人力资源开发的必然要求，是拓宽就业渠道、促进劳动就业和再就业的重要举措。决定指出，职业教育要以中等职业教育为重点，保持中等职业教育与普通高中教育的比例大体相当，扩大高等职业教育的规模；要广泛开展各级各类职业培训。决定还指出，要推进职业教育管理体制改革，建立并逐步完善在国务院领导下，分级管理、地方为主、政府统筹、社会参与的职业教育管理体制。在国务院领导下，建立职业教育工作部际联席会议制度，研究解决职业教育工作中的重大问题。国务院教育行政部门负责职业教育工作的统筹规划、综合协调、宏观管理，劳动保障部门和其他有关部门在各自职责范围内，负责职业教育的有关工作。要深化职业教育办学体制改革，形成政府主导、依靠企业、充分发挥行业作用、社会力量积极参与的多元办学格局。决定还提出，要加强中等职业教育与高等职业教育，职业教育与普通教育、成人教育的衔接与沟通，建立人才成长“立交桥”。扩大中等职业学校毕业生进入高等学校尤其是进入高等职业学校继续学习的比例，适当增加高等职业教育专科毕业生接受本科教育的比例。适度发展初中后五年制高等职业教育；在高中阶段开展职业教育与普通教育相沟通的综合课程教育试验，建立中等职业教育与高等职业教育相衔接的课程体系；高等职业学校可单独组织对口招生考试，优先招收中等职业学校优秀毕业生；注重专业知识、职业技能的考核，对取得相应中级职业资格证书的中等职业学校毕业生，可以免除技能考核。决定进一步明确，要大力推行劳动预备制度，严格执行就业准入制度。用人单位招收、录用职工，属于国家规定实行就业准入控制的职业（工种），必须从取得相应学历证书或职业培训合格证书并获得相应职业资格证书的人员中录用；属于一般职业（工种），必须从取得相应的职业学校学历证书、职业培训合格证书的人员中优先录用。从事个体工商经营的，也必须接受职业教育和培训。要完善学历证书、培训证书和职业资格证书制度。职业学校毕业生申请与所学专业相关的中级以下（含中级）职业技能鉴定时，只进行操作技能考核。部分教学质量高、社会声誉好的中等职业学校和高等职业学校开设的主体专业，经劳动保障和教育行政部门认定，其毕业生在获得学历证书的同时，可视同职业技能鉴定合格，取得相应的职业资格证书。经人事、教育行政和相关行业主管部门认定的职业学校相关专业的毕业生，不受工作年限的限制，可直接申请参加专业技术从业资格考试，并免试部分科目。

2005 年 10 月发布的《国务院关于大力发展职业教育的决定》进一步明确了职业教育改革发展的目标：进一步建立和完善适应社会主义市场经济体制，满足人民群众终身学习需要，与市场需求和劳动就业紧密结合，校企合作、工学结合，结构合理、形式多样，灵活开放、自主发展，有中国特色的现代职业教育体系。要求职业教育要坚持“以服务为宗旨、以就业为导向”的办学方针，积极推动职业教育从计划培养向市场驱动转变，从政府直接管理向宏观引导转变，从传统的升学导向向就业导向转变。决定进一步强调，严格实行就业准入制度，完善职业资格证书制度。用人单位招录职工必须严格执行“先培训、后就业”“先培训、后上岗”的规定，从取得职业学校学历证书、职业资格证书和职业培训合格证书的人员中优先录用。要进一步完善涉及人民生命财产安全的相关职业的准入办法。劳动保障、人事和工商等部门要加大对就业准入制度执行情况的监察力度。对违反规定、随意招录未经职业教育或培训人员的用人单位给予处罚，并责令其限期对相关人员进行培训。有关部门要抓紧制定完善就业准入的法规和政策。要加强对职业技能鉴定、专业技术人员职业资格评价、职业资格证书颁发工作的指导与管理。要尽快建立能够反映经济发展和劳动力市场需要的职业资格标准体系。

2014 年 5 月，国务院发布《关于加快发展现代职业教育的决定》，要求到 2020 年，形成适应发展需求、产教深度融合、中职高职衔接、职业教育与普通教育相互沟通，体现终身教育理念，具有中国特色、世界水平的现代职业教育体系。决定还确立了发展现代职业教育的基本原则：（1）政府推动、市场引导。发挥好政府保基本、促公平作用，着力营造制度环境、制定发展规划、改善基本办学条件、加强规范管理和监督指导等。充分发挥市场机制作用，引导社会力量参与办学，扩大优质教育资源，激发学校发展活力，促进职业教育与社会需求紧密对接。（2）加强统筹、分类指导。牢固确立职业教育在国家人才培养体系中的重要位置，统筹发展各级各类职业教育，坚持学校教育和职业培训并举。强化省级人民政府统筹和部门协调配合，加强行业部门对本部门、本行业职业教育的指导。推动公办与民办职业教育共同发展。（3）服务需求、就业导向。服务经济社会发展和人的全面发展，推动专业设置与产业需求对接，课程内容与职业标准对接，教学过程与生产过程对接，毕业证书与职业资格证书对接，职业教育与终身学习对接。重点提高青年就业能力。（4）产教融合、特色办学。同步规划职业教育与经济社会发展，协调推进人力资源开发与技术进步，推动教育教学改革与产业转型升级衔接配套。突出职业院校办学特色，强化校企协同育人。（5）系统培养、多样成才。推进中等和高等职业教育紧密衔接，发挥中等职业教育在发展现代职业教育中的基础性作用，发挥高等职业教育在优化高等教育结构中的重要作用。加强职业教育与普通教育沟通，为学生多样化选择、多路径成才搭建“立交桥”。

第二节　职业教育的形式

根据不同的分类标准可以将职业教育分为不同的形式：如根据时间的长短，可以分为长期和短期的职业教育；根据培养机构的不同，可以分为学校的职业教育和非学校的职业教育；根据学习者是否在职，可以分为求职者的职业教育和在职者的职业教育，等等。我国《职业教育法》依据提供职业教育的不同机构，将职业教育分为职业学校教育和职业培训两种形式。职业学校教育是一种学历教育，接受职业学校教育的学生，学习期满经学校考核合格后，发给国家承认的学历证书；职业非学历教育，即职业培训，与职业学历教育相对应，接受职业培训的学生，经培训职业学校或者职业培训机构考核合格后，发给培训证书。职业培训，包括从业前培训、转业培训、学徒培训、在岗培训、转岗培训及其他职业性培训，可以根据实际情况分为初级、中级、高级职业培训，分别由相应的职业培训机构、职业学校实施。

一、职业学历教育（职业学校教育）

职业学历教育，即职业学校提供的颁发学历证书的职业教育。按照我国的教育体制，职业教育是在完成九年制义务教育之后的教育。因此，我国的职业学历教育是指为完成了义务教育之后的未成年人提供的学习某种职业技能，并在学习期满经学校考核合格后，发给国家承认的学历证书的学校教育。职业学历教育包括中等职业学历教育和高等职业学历教育。随着我国九年制义务教育的实现和大学的扩招，以及长久以来社会对职业教育的偏见和我国职业教育体制本身存在的问题，职业学历教育在现实生活中有被边缘化的倾向，甚至很多中等职业学校生源都出现了问题，但是对就业市场而言，职业学历教育是劳动者劳动技能培养、提升的重要途径，其重要性显而易见。

（一）中等职业教育

中等职业教育是由中等职业学校所提供的职业教育，是职业学历教育体系中的核心部分，也是新生劳动力接受职业教育最基础的来源。中等职业学校主要招收完成义务教育的初中毕业生，为其提供进入劳动力市场的初期职业教育。1980 年，国务院批转了《教育部、国家劳动总局关于中等教育结构改革的报告》，报告结合当时的社会实际，即“普通高中毕业生除少数升入大学外，每年有数百万人需要劳动就业，但又没有任何专业知识和技能；同时，各行各业亟需技术力量，对招来的新工人还得进行两三年的学徒培训，影响劳动生产率的提高”的情况，提出：改革高中阶段的教育，实行普通教育与职业、技术教育并举，全日制学校与半工半读学校、业余学校并举，国家办学与业务部门、厂矿企业、人民公社办学并举的方针；教育部门和业务部门联办职业（技术）学校，招收初中毕业生，学制 2~3 年，主要进行职业（技术）教育，同时开设有关普通文化课。职业（技术）学校除由各行各业举办外，集体和个人也可以办。由此开始建立改革开放后我国的中等职业教育体系。

1. 中等职业学校的种类

中等职业学校，是指依法设立的从事中等职业学历教育的学校，包括普通中专、成人中专、职业高中、技工学校四类。在计划经济时期，各个行业，甚至是一些大型企业都设立有自己的职业学校，其行业性、针对性很强，毕业生的去向也往往集中在本行业甚至是本企业范围之内。而随着我国经济改革、教育改革、就业改革的深入，目前的职业学校已经不再由行业行政管理部门或企业自身设立，从学生的课程设置到去向都发生了巨大的变化。在计划经济时期，中专和技校各自培养学生的目标不同，中专以培养中等专业干部为目标，学生被中专录取也就意味着完成了干部招用手续，毕业享有干部身份；技校以培养中等技术工人为目标，学生被技校录取，具有了工人的身份。随着社会主义市场经济体制的建立和发展，中专和技校之间的这种区分也不存在了，目前两者的区别主要在于管理者不同。中专主要由教育部门管理，而技校则以劳动部门管理为主。2002 年 9 月，《国务院关于大力推进职业教育改革与发展的决定》要求，实施高中阶段学历教育的各类职业学校统一规范为“××职业技术学校”，各类中等职业学校的名称逐步实现了统一。

（1）普通中专学校（普通中等专业学校）

1954 年，政务院通过《中等专业学校章程》，将中等专业学校的任务规定为：“在于培养具有马克思列宁主义基础知识、普通教育的文化水平和基础技术的知识，并能掌握一定专业的，身体健康，全心全意为社会主义建设服务的中等专业干部。”中等专业学校由各政府主管部门主办，招收初级中学毕业或具有同等学力，年龄自 15 周岁至 25 周岁的人员，中央政府教育主管部门批准中等专业学校的专业设置。

1980 年，《国务院批转教育部、国家劳动总局关于中等教育结构改革的报告》中指出，中等专业学校是培养中级技术管理人才的学校，应保持现行的领导管理体制不变。随着经济体制改革的深入，政企分开后，针对原中专学校主管业务厅（局）将要撤销，或者虽不撤销但已不再直接管理中专学校等问题，1985 年教育部通过《关于政企分开后妥善处理好中专学校从属关系等问题的通知》，要求“在教育体制改革未定之前，如原主管业务厅（局）撤销，应请求省、自治区、直辖市人民政府决定其所属中专学校由谁主管，中专教育经费应从主管部门的事业费中列支，不得削减，中专学校的性质不得改变，招生规模不得减少，学校的校舍、设备、师资不得抽调、拆散、占用。各省、自治区、直辖市主管中专教育的教育（高教）厅（局）要在人民政府的领导下，积极会同当地计委、经委、财政厅（局）以及学校主管业务部门共同研究，采取措施，做好学校的安排工作”。1986 年，国家教育委员会[1]

[1] 1985 年 6 月，第六届全国人民代表大会常委会第十一次会议决定设立国家教育委员会，撤销教育部。1998 年 3 月，第九届全国人民代表大会第一次会议通过《国务院机构改革方案》，国家教育委员会更名为教育部。

发布《普通中等专业学校设置暂行办法》，将普通中等专业学校（中等专业学校）规定为："经由国家规定的主管机关批准成立的、纳入国家招生计划、由地方统一组织入学考试的、以应届初级中学毕业生为主要招生对象的全日制中等专业学校。"按照规定，中等专业学校的设置、调整或停办，均应由办学单位提出申请，地方学校（含社会力量办学）报省、自治区、直辖市教育部门，由教育部门会商计划、财政及主管业务厅（局）等有关部门后，报人民政府批准（也可授权教育委员会批准）；国务院各部委所属学校，在征得学校所在省、自治区、直辖市同意后，由各部委审批。地方学校与部属学校均需报国家教育委员会备案。

伴随着职业教育体制的改革，从1998年开始，国务院对国务院部门（单位）所属中等专业学校的管理体制进行调整。除少数部门外，其他国务院部门（单位）所属的中等专业学校都划转地方管理，其中国务院部门（单位）所属企业或事业单位举办的中等专业学校，仍由这些单位举办，但教育行政管理职能移交地方。1999年，国务院发布《关于调整国务院部门（单位）所属学校管理体制和布局结构的决定》。2000年2月，国务院办公厅转发教育部、国家计委、财政部《关于调整国务院部门（单位）所属学校管理体制和布局结构的实施意见》。根据以上文件的规定，除教育部以及外交部、国防科工委、国家民委、公安部、安全部、海关总署、民航总局、体育总局、侨办、中科院、地震局等部门和单位继续管理其所属学校外，国务院其他部门和单位原则上不再直接管理学校。大部分中等专业学校的管理体制也发生了变化。2000年10月，教育部发布《关于中等专业学校管理体制调整工作中防止中等职业教育资源流失问题的意见》，提出国务院有关部门（单位）划转到地方的中等专业学校，在省级人民政府的统筹下，其隶属关系原则上划归省级教育行政部门或其他有关部门（单位），原则上不再继续下放。国务院有关部门（单位）已下放而地方尚未明确具体归属的，省级人民政府要尽快明确其具体归属。在地方机构改革过程中，部分省级业务厅局已经撤并或准备撤并其举办的中等专业学校，应经省级人民政府统筹，划归省级教育行政部门或其他有关部门（单位），对少数确实需要划转到地市的，必须由省级人民政府明确其具体的归属，并办理相应的划转交接手续。

（2）成人中专（成人中等专业学校）

成人中专（成人中等专业学校），是指按国家规定的审批程序设置的干部、职工、农民中等专业学校、广播电视中等专业学校（含广播电视大学中专部）、中等专业函授教育机构等。成人中等专业学校实行学年制或单科累计制。全日制的成人中等专业学校的学习年限，招生对象为初中毕业文化程度的，工科、医科为3年，文科、农科、林科某些专业一般为2年半；招生对象为高中毕业文化程度的学习年限，文科、农科、林科一般为1年半，工科、医科为2年。业余学习的学习年限应适当延长。在办好全科班的同时，成人中等专业学校还可以举办多种形式和不同内容的单科班、短训班、试办中专专修班，开展岗位职务培训和实用技术培训。岗位职务培训、实用技术培训的学习期限应根据实际需要由办学单位确定。成人中等专业学校主要招收具有与报考专业对口的、有实践经验的初中毕业文化程度或同等学力的干部、工人、农民和其他劳动者。脱产学习的全科班学员须具有两年以上工龄（农民中专的学员要具有一定的实践经验），年龄不超过35周岁，对确有学习条件的干部可适当放宽到45周岁。成人中等专业学校的学员，学完全科教学计划规定的课程并完成实验、实习，成绩合格，发给毕业证书。获得成人中等专业学校毕业证书者，国家承认其学历。

（3）职业高中

职业高中是20世纪80年代初中等教育结构改革的产物，是在原来普通中学基础上建立起来的职业学校。1980年9月，《国务院批转教育部、国家劳动总局关于中等教育结构改革的报告》中指出，要使高中阶段的教育适应社会主义现代化建设的需要，可适当将一部分普通高中改办为职业（技术）学校、职业中学、农业中学。将部分普通高中改办为职业（技术）学校、职业中学、农业中学，职业（技术）学校招收初中毕业生，学制2~3年，主要进行职业（技术）教育，同时开设有关普通文化课。这类学校由教育部门和业务部门联办，隶属关系不变。职业中学是普通教育与职业技术教育相结合的中等学校。1983年，教育部、劳动人事部、财政部、国家计委联合发布的《关于改革城市中等教育结构、发展职业技术教育的意见》进一步确定，将部分普通高中改办为职业中学，或在普通高中设职业班，这类学校和班，可由教育部门自己办，也可以与其他业务部门、企事业单位联合办，隶属关系不变。

（4）技工学校

1979年，国家劳动总局发布的《技工学校工作条例（试行）》规定，技工学校是培养技术工人的学校。根据每所技工学校设置的工种、专业性质的不同，招生对象分别为具有初中毕业和高中毕业文化程度的未婚青年，年龄一般为15~22周岁。招收初中毕业文化程度的，学制一般为3年；招收高中毕业文化程度的，学制一般为2年。学校由各主办部门直接领导，分别由中央和地方主管部、局归口管理，并受劳动部门综合管理。学校的招生计划，由国家劳动总局汇总平衡，列入国民经济计划。

《中共中央关于教育体制改革的决定》发布后，1986年11月劳动人事部和国家教育委员会联合发布《技工学校工作条例》，将技工学校定位为培养技术工人的中等职业技术学校，属于高中阶段的职业技术教育。技工学校的学制，应根据培养目标、招生对象的不同，分别确定。培养中级技术工人的技工学校，主要招收初中毕业生，学制为3年。个别工种（专业）确有需要的，可以招收高中毕业生，经省、自治区、直辖市劳动人事部门批准，学制为1~2年。技工学校的招生计划，分别由国务院各主管部门和各省级劳动人事厅、局（劳动局）会同计（经）委、教育部门提出，经劳动人事部汇总平衡，报国家计划委员会列入国民经济和社会发展计划，同时抄报国家教育委员会。技工学校毕业生的分配办法改革的方向是把国家统包统配改为按“三结合”方针就业。实行在国家计划指导下，由学校推荐、用人单位择优录用的制度，既应面向全民所有制单位，也应面向集体所有制单位。技工学校由劳动人事部在国家教育委员会指导下进行综合管理。省、自治区、直辖市的技工学校由省级劳动人事厅、局（劳动局）综合管理，省、自治区、直辖市教育委员会负责统筹协调。根据规定，技工学校主要由各级产业部门、各级劳动人事部门开办，厂矿企、事业单位开办，也允许有关部门和单位联合开办，同时鼓励集体所有制单位举办技工学校。技工学校的开办、调整、撤销，由国务院各部门办的，在商得有关省级劳动人事、教育部门同意后，由国务院有关主管部门批准；属于地方办的，由省级劳动人事部门会商教育部门，由劳动人事部门审查，报省级人民政府批准。1989 年，劳动部发布《关于技工学校深化改革的意见》，在强调技工学校是中等职业技术学校，培养中级技术工人的同时，根据经济体制改革、劳动用工体制改革的发展，提出技工学校可根据经济建设和社会发展的需要有计划地培养初级技术工人，并承担待业青年、学徒工、在职工人、企业富余人员、乡镇企业工人、军地两用人才等的培训任务。有条件的技工学校还可以举办高级技工培训班或实习指导教师培训班。培养初级技工的，招收初中毕业生，学制两年（学生毕业时必须年满 16 周岁），允许技工学校在完成本部门、本企业培训任务的前提下，积极开展横向联合，承担有偿委托培训任务。对技工学校毕业生分配制度进行改革，技工学校毕业生除少数工种（专业）外，实行在国家计划指导下，由用人单位择优录用为合同制工人或聘用为生产实习指导教师及其他人员的制度。毕业生被企事业单位录用后，应按合同规定为单位服务，否则要向承担培训任务的企业或培训单位缴纳培训费。在技工学校毕业生中实行毕业证书和技术等级合格证书双证书制度。

1991 年 10 月，《国务院关于大力发展职业技术教育的决定》明确，技工学校由劳动行政部门综合管理的管理体制不变。各级劳动行政部门根据本地区经济发展需要设置专业，把技工学校办成多层次、多功能的职业技能培训基地。1995 年 10 月，劳动部发布的《关于进一步加强技工学校管理的通知》明确，技工学校的管理体制不变，仍由各级劳动行政部门履行综合管理职责，地方有关单位、社会团体或个人举办的技工学校，由省级劳动行政部门审查，报省级人民政府批准；国务院行业主管部门、行业组织开办的技工学校，在商得所在省（自治区、直辖市）劳动部门同意后，由国务院行业主管部门、行业组织批准。地方有关单位、社会团体或个人举办的技工学校和国务院行业主管部门、行业组织开办的技工学校均报劳动部备案。1997 年国务院颁布的《社会力量办学条例》规定，职业教育是社会力量办学的重点之一，同年劳动部发布的《关于贯彻落实〈社会力量办学条例〉的通知》规定，社会力量举办技工学校，按技工学校审批程序执行。

2000 年 5 月，劳动和社会保障部《关于加快技工学校改革工作的通知》指出，要按照优化结构、合理配置培训资源的原则，对技工学校进行必要的调整和重组，鼓励和引导各类技工学校、就业训练中心和其他职业培训机构通过联合、合并、协作等方式，创建职业培训综合基地或职业培训集团。对行业或企业举办的技工学校继续给予政策支持。指导行业或企业举办的技工学校通过联合、分离、转制、撤销等方式进行改组。对行业或企业举办的国家重点技工学校，可引导其与其他学校或培训机构联合，组建高级技工学校；对具备面向社会开展职业培训条件的技工学校，可指导其从企业分离出来，办成独立的培训机构；对规模较小但有发展潜力的技工学校，可通过资产评估，探索以股份制形式办学的新模式；对不具备独立办学条件、停止招生的技工学校，可按规定程序予以撤销，改建为企业职工培训中心。加快在中心城市建设高级技工学校。经各省、自治区、直辖市劳动保障部门核准，技工学校可根据培养目标调整学制。招收初中毕业生的主体专业，应坚持全日制集中授课，培训期限可实行 2 年或 3 年学制。国家实行就业准入控制和技术含量高的专业，继续坚持 3 年学制，对部分三产专业，学制可结合实际由 3 年改为 2 年。技工学校和其他培训机构面向社会开展职业资格培训，可采取灵活的教学形式，实行弹性学制。省级以上重点技工学校中符合要求、经过劳动保障部门认定的主体专业，其毕业生在取得毕业证书的同时可直接取得相应职业资格证书。

2. 中等职业学校的设立标准

作为学校，中等职业学校同样要符合我国法律规定的学校设立条件。《教育法》[1] 第 27 条规定，设立学校及其他教育机构，必须具备下列基本条件：（1）有组织机构和章程；（2）有合格的教师；（3）有符合规定标准的教学场所及设施、设备等；（4）有必备的办学资金和稳定的经费来源。

作为教育机构的职业技术学校同样要遵守《教育法》中的相关规定。我国的《职业教育法》对职业教育作出了更为具体的规定。《职业教育法》规定的设立职业学校的基本条件有：（1）有组织机构和章程；（2）有合格的

[1] 1995 年 3 月 18 日第八届全国人民代表大会第三次会议通过，根据 2009 年 8 月 27 日第十一届全国人民代表大会常务委员会第十次会议《关于修改部分法律的决定》第一次修正，根据 2015 年 12 月 27 日第十二届全国人民代表大会常务委员会第十八次会议《关于修改〈中华人民共和国教育法〉的决定》第二次修正。

教师；（3）有符合规定标准的教学场所，与职业教育相适应的设施、设备；（4）有必备的办学资金和稳定的经费来源。

为了加强对中等职业学校的管理，规范中等职业学校的设置，2010 年 7 月，教育部发布《中等职业学校设置标准》。该标准适用于公民、法人和其他组织依法设置的各类中等职业学校。根据规定，设置中等职业学校应当符合以下标准：（1）符合当地职业教育发展规划，并达到《职业教育法》规定的基本条件。（2）具备法人条件，并按照国家有关规定办理法人登记。（3）具有学校章程。（4）具备基本的办学规模。（5）具有与学校办学规模相适应的专任教师队伍，兼职教师比例适当。（6）具有与办学规模和专业设置相适应的校园、校舍和设施。（7）校长应具有从事 3 年以上教育教学工作的经历，校长及教学副校长应具有本科以上学历和高级专业技术职务，其他校级领导应具有本科以上学历和中级以上专业技术职务。（8）具有符合当地社会经济建设需要的专业，有明确的教学计划、教学大纲等教学文件，以及相适应的课程标准和教材。（9）具有必要的教育教学和管理等工作机构。（10）学校经费（学校基本建设、实验实训设备、教师培训和生均经费等）有稳定可靠的来源和切实的保证。

3. 中等职业学校的专业设置[1]

根据法律规定，中等职业学校享有办学自主权，有权自主决定开设、调整和停办专业。国家鼓励中等职业学校设置符合国家重点产业、新兴产业和区域支柱产业、特色产业的发展需求以及就业前景良好的专业。中等职业学校设置专业应以教育部发布的《中等职业学校专业目录》（以下简称《目录》）为基本依据。

（1）设置条件

中等职业学校设置专业须具备以下条件：（1）依据国家有关文件规定制定的、符合专业培养目标的完整的实施性教学计划和相关教学文件；（2）开设专业必需的经费和校舍、仪器设备、实习实训场所，以及图书资料、数字化教学资源等基本办学条件；（3）完成所开设专业教学任务所必需的教师队

[1]《中等职业学校专业设置管理办法（试行）》，2010 年 9 月教育部发布。

伍，教学辅助人员和相关行业、企业兼职专业教师；（4）具有中级以上专业技术职务（职称）、从事该专业教学的专业教师，行业、企业兼职教师应保持相对稳定。

（2）设置程序

中等职业学校设置专业应遵循以下程序：（1）开展行业、企业、就业市场调研，做好人才需求分析和预测；（2）进行专业设置必要性和可行性论证；（3）根据国家有关文件规定，制定符合专业培养目标的完整的实施性教学计划和相关教学文件；（4）经相关行业、企业、教学、课程专家论证；（5）征求相关部门意见，报教育行政部门备案。

中等职业学校开设《目录》内专业，须经学校主管部门同意，报省级教育行政部门备案；开设《目录》外专业，须经省级教育行政部门备案后试办，按国家有关规定进行管理。中等职业学校开设医药卫生、公安司法、教育类等国家控制专业，应严格审查其办学资质。开设“保安”“学前教育”专业以及“农村医学”“中医”等医学类专业，应当符合相关行业主管部门规定的相关条件，报省级教育行政部门备案后开设。

中等职业学校根据办学实际停办已开设的专业，报市（地）级教育行政部门备案。

（3）管理、指导与检查

国务院教育行政部门负责全国中等职业学校专业设置的宏观指导，制定并定期修订《目录》。省级教育行政部门负责本行政区域内中等职业学校专业设置的统筹管理，对本行政区域内的中等职业学校专业设置实行指导、检查和监督。各地要定期对本地区中等职业学校专业设置管理情况进行检查指导，对试办的《目录》外专业要限期检查评估。新设《目录》外专业，由省级教育行政部门于每年3月报教育部备案。省级教育行政部门每年要对本行政区域内的中等职业学校专业设置情况进行汇总，并向社会集中公布当年具有招生资格的学校和专业。对专业办学条件不达标、教学管理混乱、教学质量低下、就业率过低的，主管教育行政部门应责令学校限期整改；整改后仍达不到要求的，应暂停该专业招生。市（地）、县级教育行政部门管理中等职业学校专业设置的职责由各省（区、市）自行确定。

（二）高等职业教育

高等职业教育是在完成中等职业教育基础上由高等职业院校实施的职业教育。改革开放后，中等职业教育的蓬勃发展，在高等教育领域得到响应，短期职业大学开始兴办，成为高等职业教育的先导。[1]1985年发布的《中共中央关于教育体制改革的决定》明确提出，在以中等职业教育为重点发展职业教育的同时，“积极发展高等职业技术院校”，从而能够“逐步建立起一个从初级到高级、行业配套、结构合理又能与普通教育相互沟通的职业技术教育体系”。显然，从定位上来看，高等职业教育是与普通高等教育相互沟通、并行存在的教育类型，将职业教育单独设立，接受中等职业教育的学生毕业后，如果想深造，只剩高等职业教育一条路，无法进入普通高等教育体系学习；由于高等职业技术院校对口招收中等职业技术学校毕业生以及有本专业实践经验、成绩合格的在职人员入学，因此普通高中毕业的学生，如果考不上普通大学，基本上也就只能就业，但是此时这些毕业生没有学习过专业技能，给就业也带来了一定困难。职业教育与普通教育，特别是高等职业教育与高等普通教育是否要泾渭分明，是一个需要研究的课题。《高等教育法》[2]明确规定，高等教育“是指在完成高级中等教育基础上实施的教育”，高等学校“是指大学、独立设置的学院和高等专科学校，其中包括高等职业学校和成人高等学校”。1999年6月，《中共中央 国务院关于深化教育改革全面推进素质教育的决定》中将高等职业教育归入高等教育，规定“高等职业教育是高等教育的重要组成部分。要大力发展高等职业教育，培养一大批具有必要的理论知识和较强实践能力，生产、建设、管理、服务第一线和农村急需的专门人才。现有的职业大学、独立设置的成人高校和部分高等专科学校要通过改革、改组和改制，逐步调整为职业技术学院（或职业学院）。支持本科高等学校举办或与企业合作举办职业技术学院（或职业学院）。省、自治区、直辖市人民政府在对当地教育资源的统筹下，可以举办综合性、社

[1] 俞启定、和震主编：《中国职业教育发展史》，高等教育出版社2012年版，第170~171页。

[2] 1998年8月29日第九届全国人民代表大会常务委员会第四次会议通过，根据2015年12月27日第十二届全国人民代表大会常务委员会第十八次会议《关于修改〈中华人民共和国高等教育法〉的决定》修正。

区性的职业技术学院（或职业学院）”。2002 年 9 月，《国务院关于大力推进职业教育改革与发展的决定》中要求，适当增加高等职业教育专科毕业生接受本科教育的比例，适度发展初中后五年制高等职业教育；建立中等职业教育与高等职业教育相衔接的课程体系；高等职业学校可单独组织对口招生考试，优先招收中等职业学校优秀毕业生；高等专科学校和成人高等学校的名称要逐步统一规范为“×× 职业技术学院”。2014 年，《国务院关于加快发展现代职业教育的决定》中进一步明确，要发挥高等职业教育在优化高等教育结构中的重要作用，加强职业教育与普通教育沟通，为学生多样化选择、多路径成才搭建“立交桥”。

根据有关法律规定，高等职业学校招收中等职业学校毕业生，学制教育期限一般为 2~3 年。根据 2000 年教育部发布的《高等职业学校设置标准（暂行）》的规定，设置高等职业学校应当符合以下标准：（1）必须配备具有较高政治素质和管理能力、品德高尚、熟悉高等教育、具有高等学校副高级以上专业技术职务的专职校（院）长和副校（院）长，同时配备专职德育工作者和具有副高级以上专业技术职务、具有从事高等教育工作经历的系科、专业负责人。（2）必须配备专、兼职结合的教师队伍，其人数应与专业设置、在校学生人数相适应。（3）须有与学校的学科门类、规模相适应的土地和校舍，以保证教学、实践环节和师生生活、体育锻炼与学校长远发展的需要。（4）课程设置必须突出高等职业学校的特色。（5）建校后首次招生专业数应在 5 个左右。（6）所需基本建设投资和正常教学等各项工作所需的经费，须有稳定、可靠的来源和切实的保证。位于边远地区、民办或特殊类别的高等职业学校，在设置时，其办学规模及其相应的办学条件可以适当放宽要求。

《高等职业学校设置标准（暂行）》还规定了新建高等职业学校应在 4 年内达到的办学条件：（1）全日制在校生规模不少于 2 000 人；（2）大学本科以上学历的专任教师不少于 100 人，其中，具有副高级专业技术职务以上的专任教师人数不低于本校专任教师总数的 25%；（3）与专业设置相适应的教学仪器设备的总值不少于 1 000 万元，校舍建筑面积不低于 6 万平方米，适用图书不少于 15 万册；（4）形成了具有高等职业技术教育特色的完备的教学计划、教学大纲和健全的教学管理制度。对于达不到上述基本要求的学校，视为不合格学校进行适当处理。

2015年，教育部发布《普通高等学校高等职业教育（专科）专业设置管理办法》和《普通高等学校高等职业教育（专科）专业目录（2015年）》，对高等职业学校的专业设置进行管理。高等职业学校专业设置要坚持以服务发展为宗旨，以促进就业为导向，遵循职业教育规律和技术技能人才成长规律，主动适应经济社会发展，特别是技术进步和生产方式变革以及社会公共服务的需要，适应各地、各行业对技术技能人才培养的需要，适应学生全面可持续发展的需要。全国高校高职专业设置的宏观管理和指导由教育部负责。受教育部委托，国家行业主管部门、行业组织负责对本行业领域相关高职专业设置进行指导。教育部负责制定、修订和发布高等职业教育（专科）专业目录（以下简称专业目录）。专业目录是高校设置与调整高职专业、实施人才培养、组织招生、指导就业的基本依据，是教育行政部门规划高职专业布局、安排招生计划、进行教育统计和人才预测等工作的主要依据，也是学生选择就读高职专业、社会用人单位选用高等职业学校毕业生的重要参考。专业目录按专业大类、专业类和专业三级划分，部分专业可设置专业方向。涉及医学、教育、公安和司法等与国家安全、公共安全、特殊行业密切相关的专业为国家控制的高职专业，在专业目录中单独标注。专业目录实行动态管理，每5年修订一次，每年增补一次专业。

二、职业培训

（一）学徒培训

学徒培训，是指由用人单位招收劳动者作为学徒工，在用人单位指定的师傅的直接指导下通过在用人单位的工作岗位从事劳动获得某种劳动技能的培训。与院校培训方式不同，学徒培训在用人单位内以“师傅带徒弟”的方式进行。

1. 传统学徒培训模式

1958年，根据当时学徒培训的具体情况，国务院发布《关于国营、公私合营、合作社营、个体经营的企业和事业单位的学徒的学习期限和生活补贴的暂行规定》，对学徒的年龄、学徒的期限、学徒期间的生活补贴、学徒的劳动保险待遇和学徒转正等内容作出了规定。1981 年，国家劳动总局下发的《关于加强和改进学徒培训工作的意见》指出："从我国国情出发，在一定时期内，学徒培训仍是培训新技术工人的一种重要方式。"该意见规定了招收学徒的条件，学徒培训合同，学徒培训的目标、形式和内容，学徒期满的考核等内容。

1992 年，劳动部下发的《关于贯彻〈国务院关于大力发展职业技术教育的决定〉的通知》指出："改革学徒培训。对传统工艺和少数特殊工种应按有关规定继续实行学徒培训。其它工种应将招学徒工逐步改为招定向培训生，做到在企业进行操作训练，在职业技术学校、就业训练中心等培训机构进行专业技术理论学习和基本功训练，以提高培训能力和培训效益。"

2. 现代学徒培训模式

2014 年 8 月，教育部发布《关于开展现代学徒制试点工作的意见》，提出要建立现代学徒制。建立现代学徒制是职业教育主动服务当前经济社会发展要求，推动职业教育体系和劳动就业体系互动发展，打通和拓宽技术技能人才培养和成长通道，推进现代职业教育体系建设的战略选择；是深化产教融合、校企合作，推进工学结合、知行合一的有效途径；是全面实施素质教育，把提高职业技能和培养职业精神高度融合，培养学生社会责任感、创新精神、实践能力的重要举措。现代学徒制度要创新招生制度、管理制度和人才培养模式，形成校企分工合作、协同育人、共同发展的长效机制。

现代学徒制与传统的学徒培训制度最大的区别在于，现代学徒制强调学校的作用，将学校纳入培训过程中，学校教师和企业师傅双导师教学，明确学徒的企业员工和职业院校学生双重身份，签好学生与企业、学校与企业两个合同，形成学校和企业联合招生、联合培养。招生与招工一体化是开展现代学徒制试点工作的基础，现代学徒制的特点是"招生即招工、入校即入厂、校企联合培养"，职业院校根据合作企业需求，与合作企业共同研制招生与招工方案，扩大招生范围，改革考核方式、内容和录取办法，并将职业院校的相关招生计划纳入学校年度招生计划进行统一管理。

工学结合人才培养模式改革是现代学徒制的核心内容。要选择适合开展现代学徒制培养的专业，引导职业院校与合作企业根据技术技能人才成长规律和工作岗位的实际需要，共同研制人才培养方案、开发课程和教材、设计实施教学、组织考核评价、开展教学研究等。校企应签订合作协议，职业院校承担系统的专业知识学习和技能训练；企业通过师傅带徒弟形式，依据培养方案进行岗位技能训练。

现代学徒制的重要任务是校企共建师资队伍。现代学徒制的教学任务必须由学校教师和企业师傅共同承担，形成双导师制。要促进校企双方密切合作，打破现有教师编制和用工制度的束缚，探索建立教师流动编制或设立兼职教师岗位，加大学校与企业之间人员互聘共用、双向挂职锻炼、横向联合技术研发和专业建设的力度。合作企业要选拔优秀高技能人才担任师傅，明确师傅的责任和待遇，师傅承担的教学任务应纳入考核，并可享受带徒津贴。院校要将指导教师的企业实践和技术服务纳入教师考核并作为晋升专业技术职务的重要依据。

科学合理的教学管理与运行机制是现代学徒制试点工作的重要保障。要切实推动试点院校与合作企业根据现代学徒制的特点，共同建立教学运行与质量监控体系，共同加强过程管理。指导合作企业制定专门的学徒管理办法，保证学徒基本权益；根据教学需要，合理安排学徒岗位，分配工作任务。试点院校要根据学徒培养工学交替的特点，实行弹性学制或学分制，创新和完善教学管理与运行机制，探索全日制学历教育的多种实现形式。试点院校和合作企业共同实施考核评价，将学徒岗位工作任务完成情况纳入考核范围。

（二）在职培训

1. 在职培训的分类

在职培训对于劳动者劳动技能的提高，更新所从事的职业的知识具有重要的作用。在职培训又分为两类：一类是在岗培训，指员工不脱离工作岗位参加的培训；另一类是脱岗培训，指员工在脱离工作岗位情况下参加的培训。根据劳动法的规定，对劳动者培训是用人单位的一项义务。根据《劳动法》《就业促进法》等法律的规定，用人单位有对本单位劳动者进行培训的义务，应当建立职业培训制度，根据本单位实际，有计划地对劳动者进行职业培训。

2. 在职培训与服务期

劳动者的在职培训必然会产生一定的培训费用。根据法律规定，用人单位应当按照国家规定提取和使用职业培训（职业教育）经费。作为一项义务，用人单位对本单位劳动者进行常规的培训不能向劳动者收取费用，并保证工资报酬的发放。

当用人单位向劳动者提供了专项培训费用后，法律允许用人单位与劳动者之间签订服务期协议。《劳动合同法》第22条规定：“用人单位为劳动者提供专项培训费用，对其进行专业技术培训的，可以与该劳动者订立协议，约定服务期。”“劳动者违反服务期约定的，应当按照约定向用人单位支付违约金。违约金的数额不得超过用人单位提供的培训费用。用人单位要求劳动者支付的违约金不得超过服务期尚未履行部分所应分摊的培训费用。”《劳动合同法实施条例》对培训费用的范围作出了限制：“劳动合同法第二十二条第二款规定的培训费用，包括用人单位为了对劳动者进行专业技术培训而支付的有凭证的培训费用、培训期间的差旅费用以及因培训产生的用于该劳动者的其他直接费用。”并对服务期与劳动合同期限之间的关系进行了规定，即：“劳动合同期满，但是用人单位与劳动者依照劳动合同法第二十二条的规定约定的服务期尚未到期的，劳动合同应当续延至服务期满；双方另有约定的，从其约定。”

（三）再就业培训

再就业培训，是指对劳动者失业后，为继续工作而进行的培训，即对失业者的培训。劳动者失业后，如果寻找新的工作岗位，可能需要提高劳动能力或学习新的劳动技能，但是此时用人单位没有动力为其提供职业培训，因此再就业培训更多由政府所提供。

根据我国《失业保险条例》的规定，领取失业保险金的条件之一是劳动者个人已履行缴纳失业保险费一年的义务，而失业保险费的缴纳需要以劳动者与用人单位形成劳动关系为前提条件，因此，再就业培训针对的人员是就业后又失业的人员。[1]在计划经济时期，我国实行的是计划就业、分配就业，失业是不存在的，随着经济体制改革和国家用工制度的改革，失业现象逐渐出现，《劳动法》中规定了劳动合同制度和失业保险制度，使失业有了法律依据，并给予失业者生活保障，促进其再就业。20世纪90年代末期，在经济结构调整、生产转型和国有企业改革的大背景下，大批国有企业职工面临失业，作为过渡，国家实施了下岗再就业政策，计划用3年时间完成国有企业职工下岗安置问题。1998年6月，中共中央、国务院发布《关于切实做好国有企业下岗职工基本生活保障和再就业工作的通知》提出，要用3年左右的时间使大多数国有大中型亏损企业摆脱困境，促进国民经济发展实现良性循环，一个重要条件就是要切实解决企业机构臃肿、人浮于事的问题。而由此带来的大批国有企业职工下岗问题需要解决。通知中确定的解决途径是各地建立下岗职工再就业服务中心，要求凡是有下岗职工的国有企业，都要建立再就业服务中心或类似机构，下岗职工不多的企业也可由有关科室代管。再就业服务中心（包括类似机构或代管科室）负责为本企业下岗职工发放基本生活费和代下岗职工缴纳养老、医疗、失业等社会保险费用，组织下岗职工参加职业指导和再就业培训，引导和帮助他们实现再就业。进入再就业服务中心的对象，主要是实行劳动合同制以前参加工作的国有企业的正式职工（不含从农村招收的临时合同工），因企业生产经营等原因而下岗，但尚未与企业解除劳动关系、没有在社会上找到其他工作的人员。对于实行劳动合同制以后参加工作且合同期满的人员，可按照《劳动法》和国务院有关规定终止劳动关系；合同期未满而下岗的，也要安排进入再就业服务中心。下岗职工在再就业服务中心的期限一般不超过3年；3年期满仍未再就业的，应与企业解除劳动关系，按规定享受失业救济或社会救济。下岗职工在再就业服务中心期间的基本生活费，原则上可按略高于失业救济的标准安排并按适当比例逐

[1]《失业保险条例》第14条规定：具备下列条件的失业人员，可以领取失业保险金：(1) 按照规定参加失业保险，所在单位和本人已按照规定履行缴费义务满1年的；(2) 非因本人意愿中断就业的；(3) 已办理失业登记，并有求职要求的。

年递减，但最低不得低于失业救济水平，具体标准由各地根据实际情况确定。同时，通知中还特别提出，要大力开展再就业培训。实行在政府指导和扶持下，个人自学、企业组织和社会帮助相结合的办法，根据下岗职工特点和社会需要，突出培训的实用性和有效性，提高下岗职工的再就业能力。对为下岗职工提供再就业培训的，可给予一定的补贴。劳动力市场建设和促进再就业的经费，由财政部门核拨。

作为一项过渡性政策，2000 年以后，下岗再就业服务中心应逐渐退出历史舞台。但是由于国有企业下岗人员过多以及一些其他原因，2000 年后下岗再就业中心仍然存在。2002 年，中共中央、国务院发布《关于进一步做好下岗失业人员再就业工作的通知》，将国有企业的下岗职工、国有企业的失业人员均列入实施再就业扶持政策的对象范围，要求各级政府调整财政支出结构，加大再就业资金投入，将包括再就业培训补贴在内的促进再就业资金列入财政预算，对国有企业下岗职工提供免费再就业培训。通知也特别提出，积极稳妥地做好下岗职工出中心向失业保险并轨工作。2005 年，国务院发布《关于进一步加强就业再就业工作的通知》，明确就业再就业工作的主要任务之一是基本解决体制转轨遗留的下岗失业问题。随后，经济体制转轨过程中出现的下岗现象逐步为失业所替代。

目前我国已经建立并在一定程度上完善了失业保险制度，劳动合同制度也逐渐完善，因此，下岗再就业的现象已经成为历史，但是劳动者失业后仍然需要就业，与劳动者失业前的就业对应，则后一次就业仍然可以称为“再就业”，因此失业者培训也仍然可以称为再就业培训。再就业培训的经费主要由政府负责，在财政预算中专门列支；具体的培训则由各种职业培训机构或职业院校负责。

三、残疾人的职业教育和职业培训

由于身体机能受损，残疾人对职业教育和职业培训有特殊的需求，但是这种特殊需求不能演化成对残疾人职业教育的歧视，残疾人拥有平等的职业教育权利。[1]我国《残疾人保障法》明确规定，国家保障包括职业教育在内的残疾人受教育的权利。在就业中，用人单位有义务对本单位劳动者进行职业培训。

2012年，人力资源和社会保障部、财政部、中国残联联合发布《关于加强残疾人职业培训促进就业工作的通知》，提出要针对劳动力市场需要、残疾人特性和类别化培训需求，开展多形式、多层次的职业培训，逐步建立和完善残疾人职业培训机制。特别是要加强残疾人职业能力建设，针对残疾人的需求与特性，开展就业技能培训、岗位技能提升培训和创业培训。要求各地对城镇登记失业残疾人，实施初级技能培训；对城乡未继续升学的应届初高中毕业残疾学生等新生劳动力，协调组织其参加劳动预备制培训；对辖区内残疾人在校大中专学生，要掌握其基本情况，开展就业能力和创业培训；对用人单位新录用的残疾人，开展岗前技能培训。各级政府要与用人单位共同制订残疾人岗位技能提升计划，通过在岗培训、脱产培训、业务研修、技能竞赛等多种形式，分期分批开展职业培训，加快提升企业在岗残疾职工的技能水平。要依托有资质的教育和职业培训机构，针对残疾人特点和创业需求，开展创业意识教育、创业能力、创业项目指导和企业经营管理培训。残疾人就业的职业培训新模式应“以培训载体建设为基础、以就业为导向”，引导职业院校、企业和职业培训机构大力开展订单式培训、定向培训、定岗培训，提高残疾人培训的针对性和有效性。应当鼓励残疾人就读职业院校。积极引导职业院校依据残疾人特点，制订招生计划、教学计划，并对设备设施进行无障碍改造。政府可以通过购买培训服务，协助培训机构和用人单位开展残疾人类别化培训和针对就业市场需求的专项培训，提高残疾人职业培训数量，扩大覆盖面。鼓励和引导社会力量开展残疾人职业培训，在师资培养、就业信息服务、政府购买培训服务等方面与其他职业培训机构同等对待。对于开展残疾人职业培训的各类社会机构，从师资、设备、场地、招生、收费、培训等环节进行指导与监管，在强化职业技能培训的同时，将职

[1] 联合国《残疾人权利公约》第24条规定，缔约国应当确保，残疾人能够在不受歧视和与其他人平等的基础上，获得普通高等教育、职业培训、成人教育和终生学习。为此目的，缔约国应当确保向残疾人提供合理便利。

业道德和法律意识等内容纳入培训课程，提高残疾人的综合素质，严把培训质量关。

根据《教育法》《职业教育法》《残疾人教育条例》等法律规定，各级人民政府应当将残疾人职业教育纳入职业教育发展的总体规划，建立残疾人职业教育体系，统筹安排实施。残疾人职业教育，应当重点发展初等和中等职业教育，适当发展高等职业教育，开展以实用技术为主的中期、短期培训。残疾人职业教育体系由普通职业教育机构和残疾人职业教育机构组成，以普通职业教育机构为主体。各级各类职业学校和职业培训机构及其他教育机构应当按照国家有关规定接纳残疾学生。县级以上地方各级人民政府应当根据需要，合理设置残疾人职业教育机构。普通职业教育学校必须招收符合国家规定的录取标准的残疾人入学，普通职业培训机构应当积极招收残疾人入学。残疾人职业教育学校和培训机构，应当根据社会需要和残疾人的身心特性合理设置专业，并根据教学需要和条件，发展校办企业，办好实习基地。对经济困难的残疾学生，应当酌情减免学费和其他费用。

为了满足残疾学生的特殊需求，法律规定了残疾人中等职业学校的设置标准。[1]根据规定，设置残疾人中等职业学校，应符合个别化、无障碍、信息化原则。须有与办学规模、专业设置和残疾人特点相适应的校园、校舍和设施。新建残疾人中等职业学校校址，一般要选在交通便利、公用设施较完善的地方。学校环境要符合残疾人教育教学、校园安全和卫生保健要求。学校要根据学生残疾类别及程度的实际需要设置康复训练、专用检测等学习及生活所需专用教室和特殊器具设备。残疾人中等职业学校的领导应具有较高思想政治素质和较强管理能力，热爱残疾人事业，熟悉残疾人职业教育。校长应具有从事3年以上教育教学工作的经历，校长及教学副校长须具有大学本科以上学历和高级专业技术职务，其他校级领导应具有大学本科以上学历和中级以上专业技术职务。

[1]《残疾人中等职业学校设置标准（试行）》，中国残联、教育部2007年4月发布。

第三节　职业学校学生实习

一、职业学校学生实习的含义

职业学校学生实习（以下简称学生实习），是指职业学校[1]学生按照专业培养目标要求和人才培养方案安排，由职业学校安排或者经职业学校批准自行到企事业等单位[2]进行专业技能培养的实践性教育教学活动。职业学校学生实习是职业学校专业教学的重要内容。学生实习在职业教育中有至关重要的作用。以就业为导向和前提的职业教育具有很强的教育针对性，因此实习是职业教育中必不可少的教学环节。

职业学校学生的实习分为认识实习、跟岗实习和顶岗实习三种形式。认识实习是指学生由职业学校组织到实习单位参观、观摩和体验，形成对实习单位和相关岗位的初步认识。跟岗实习是指不具有独立操作能力、不能完全适应实习岗位要求的学生，由职业学校组织到实习单位的相应岗位，在专业人员指导下部分参与实际辅助工作的活动。顶岗实习是指初步具备实践岗位独立工作能力的学生，到相应实习岗位，相对独立参与实际工作的活动。

二、学生实习的组织和管理

对于职业学校的学生而言，实习是必要的学习内容。作为教学环节，学生要因此取得学分，并需要一系列的评估标准；实习又需要实习单位的配合。因此，学生实习由学校和实习单位共同组织和管理。实习开始前，职业学校应当根据专业人才培养方案，与实习单位共同制订实习计划，明确实习目标、

[1] 职业学校包括实施全日制学历教育的中等职业学校和高等职业学校。

[2] 以下简称实习单位。

实习任务、必要的实习准备、考核标准等，并开展培训，使学生了解各实习阶段的学习目标、任务和考核标准。职业学校和实习单位还应当分别选派经验丰富、业务素质好、责任心强、安全防范意识高的实习指导教师和专门人员全程指导、共同管理学生实习。职业学校和实习单位不得通过中介机构或有偿代理组织、安排和管理学生实习工作。认识实习、跟岗实习由职业学校安排，学生不得自行选择。学生经本人申请，职业学校同意，可以自行选择顶岗实习单位。对自行选择顶岗实习单位的学生，实习单位应安排专门人员指导学生实习，学生所在职业学校要安排实习指导教师跟踪了解实习情况。学生在实习单位的实习时间根据专业人才培养方案确定，顶岗实习一般为 6 个月。

（一）实习协议

学生参加跟岗实习、顶岗实习前，职业学校、实习单位、学生三方应签订实习协议。协议文本由当事方各执一份。未按规定签订实习协议的，不得安排学生实习。[1]

实习协议应明确各方的责任、权利和义务，协议约定的内容不得违反相关法律法规。实习协议主要包括以下内容：（1）各方基本信息；（2）实习的时间、地点、内容、要求与条件保障；（3）实习期间的食宿和休假安排；（4）实习期间劳动保护和劳动安全、卫生、职业病危害防护条件；（5）责任保险与伤亡事故处理办法，对不属于保险赔付范围或者超出保险赔付额度部分的约定责任；（6）实习考核方式；（7）违约责任；（8）其他事项。顶岗实习的实习协议内容还应当包括实习报酬及支付方式。

未满 16 周岁的学生不参加跟岗实习和顶岗实习。未满 18 周岁的学生参加跟岗实习、顶岗实习，应取得学生监护人签字的知情同意书。学生自行选择实习单位的顶岗实习，学生应在实习前将实习协议提交所在职业学校，未满 18 周岁学生还需要提交监护人签字的知情同意书。

（二）实习考核

职业学校和实习单位对学生的实习情况要进行考核，考核的标准根据学生实习岗位的职责要求由职业学校和实习单位共同制定。跟岗实习和顶岗实

[1] 认识实习按照一般校外活动有关规定进行管理，不需签实习协议。

习的考核结果记入学生学业成绩，考核结果分优秀、良好、合格和不合格四个等次。考核合格以上等次的学生获得学分，并纳入学籍档案；实习考核不合格者，不予毕业。

对违反规章制度、实习纪律以及实习协议的学生，职业学校和实习单位有权进行批评教育。学生违规情节严重的，由职业学校给予纪律处分；给实习单位造成财产损失的，应当依法予以赔偿。

三、实习关系的性质与劳动法的适用

实习学生和实习单位之间的“实习关系”不是劳动法所调整的劳动关系，因此实习关系不能受到劳动法的调整。但是实习学生与实习单位之间的关系又与劳动关系非常相似，如果完全排除劳动法的适用，对维护实习学生的合法权益也有不妥。

实习学生和实习单位之间的关系可以定性为“准劳动关系”。在实习过程中，实习学生要按照企业的安排进行劳动，遵守企业的劳动纪律，产生的劳动成果归企业所有，实习期间，用人单位要向实习学生支付实习报酬，实习学生与企业之间形成“管理与被管理”的从属关系。但是这种实习过程中的“劳动关系”又与劳动法所调整的劳动关系存在区别，这种区别不仅仅是由于学生的“实习生”身份，也因为实习本身是学生在校学习的组成部分，学校对实习有组织管理的权利和义务，因此称其为“准劳动关系”。

（一）实习报酬

接收学生顶岗实习的实习单位，应参考本单位相同岗位的报酬标准和顶岗实习学生的工作量、工作强度、工作时间等因素，合理确定顶岗实习报酬，原则上不低于本单位相同岗位试用期工资标准的80%，并按照实习协议约定，以货币形式及时、足额支付给学生。

（二）实习学生的禁忌劳动范围

职业学校和实习单位要依法保障实习学生的基本权利，不得安排实习学生从事以下劳动：（1）未成年学生从事《未成年工特殊保护规定》中禁忌从事的劳动；（2）女学生从事《女职工劳动保护特别规定》中禁忌从事的劳动；（3）酒吧、夜总会、歌厅、洗浴中心等营业性娱乐场所的实习劳动；（4）高空、井下、放射性、有毒、易燃易爆，以及其他具有较高安全风险的劳动；（5）加班和夜班劳动。

（三）实习过程中的职业伤害

职业学校的学生在实习单位实习过程中发生的职业伤害与劳动者在用人单位从事劳动过程中发生的职业伤害就伤害本身而言并没有实质差异，都是因为工作原因在工作时间和工作地点发生的职业伤害，但是由于学生的实习身份，学生在实习中受到的伤害尚无法纳入《工伤保险条例》的调整范围。我国目前是通过商业责任保险来保护在实习中受到伤害的实习学生的权益的。

职业学校和实习单位应当为实习学生投保实习责任保险。责任保险范围应覆盖实习活动的全过程，包括学生实习期间遭受意外事故及由于被保险人疏忽或过失导致的学生人身伤亡，被保险人依法应承担的责任，以及相关法律费用等。学生实习责任保险的经费可从职业学校学费中列支；免除学费的可从免学费补助资金中列支，不得向学生另行收取或从学生实习报酬中抵扣。职业学校与实习单位达成协议由实习单位支付投保经费的，实习单位支付的学生实习责任保险费可从实习单位成本（费用）中列支。学生在实习期间受到人身伤害，属于实习责任保险赔付范围的，由承保保险公司按保险合同赔付标准进行赔付。不属于保险赔付范围或者超出保险赔付额度的部分，由实习单位、职业学校及学生按照实习协议的约定承担责任。职业学校和实习单位应当妥善做好救治和善后工作。

第四节 职业资格制度

一、职业资格与职业资格证书的含义

职业资格是对从事某一职业所必备的学识、技术和能力的基本要求。职

业资格分别由国务院劳动、人事行政部门通过学历认定、资格考试、专家评定、职业技能鉴定等方式进行评价，对合格者授予国家职业资格证书。职业资格包括从业资格和执业资格。

从业资格是指从事某一专业（工种）所需的学识、技术和能力的起点标准。从业资格通过学历认定或考试取得。根据法律规定，具备下列条件之一者，可确认从业资格：（1）具有本专业中专以上学历，见习1年期满，经单位考核合格者；（2）按国家有关规定已担任本专业初级专业技术职务或通过专业技术资格考试取得初级资格，经单位考核合格者；（3）在本专业岗位工作，经过国家或国家授权部门组织的从业资格考试合格者。

执业资格是指政府对某些责任较大、社会通用性强、关系公共利益的专业（工种）实行准入控制，是依法独立开业或从事某一特定专业（工种）所需的学识、技术和能力的必备标准。执业资格一般通过考试方法取得。参加执业资格考试的报名条件根据不同专业有不同规定。执业资格考试由国家定期举行。考试实行全国统一大纲、统一命题、统一组织、统一时间，所取得的执业资格经注册后，在全国范围内有效。凡符合规定条件的中华人民共和国公民，均可报名参加执业资格考试。

经职业资格考试合格的人员，由国家授予相应的职业资格证书。职业资格证书是劳动者具有从事某一职业所必备的学识和技能的证明，是劳动者求职、任职、开业的资格凭证，是用人单位招聘、录用劳动者的主要依据，也是境外就业、对外劳务合作人员办理技能水平公证的有效证件。

《劳动法》第69条规定，国家确定职业分类，对规定的职业制定职业技能标准，实行职业资格证书制度，由经过政府批准的考核鉴定机构负责对劳动者实施职业技能考核鉴定。《职业教育法》第8条规定，实施职业教育应当根据实际需要，同国家制定的职业分类和职业等级标准相适应，实行学历证书、培训证书和职业资格证书制度。职业资格证书制度，是指按照国家制定的职业技能标准或任职资格条件，通过政府认定的考核鉴定机构，对劳动者的技能水平或职业资格进行客观公正、科学规范的评价和鉴定，对合格者授予相应的国家职业资格证书的制度。

二、我国职业资格制度的建立与发展

1983年，劳动人事部发布《工人技术考核暂行条例》，开始对技术工人实行技术考核制度，经考核合格后发给技术等级证书。1987年，国务院批准建立技师考评制度，将技师设置为高级技术工人的技术职务，经过技师考核、评审合格的高级技术工人取得技师考核合格证书，由所在单位进行技师聘任。1990年，国务院发布《工人考核条例》，在企业技术工人中开始进行技术等级考核，并颁发相应的证书。

1993年《中共中央关于建立社会主义市场经济体制若干问题的决定》中提出：要制订各种职业的资格标准和录用标准，实行学历文凭和职业资格两种证书制度，逐步实行公开招聘，平等竞争，促进人才合理流动。1994年，劳动部和人事部联合发布了《职业资格证书规定》，职业资格证书制度正式实施。1996年颁布的《职业教育法》中明确规定，实施职业教育应当根据实际需要，同国家制定的职业分类和职业等级标准相适应，实行学历证书、培训证书和职业资格证书制度。

针对职业资格制度实行过程中出现的问题，2007年，国务院办公厅发布《关于清理规范各类职业资格相关活动的通知》，对职业资格的设置、考试、培训和证书的发放等进行清理和规范。2014年，人力资源和社会保障部发布《关于减少职业资格许可和认定有关问题的通知》，开始减少职业资格的许可和认定。根据这一通知的要求，取消国务院部门设置的没有法律、法规或国务院决定作为依据的准入类职业资格；行业管理确有需要且涉及人数较多的职业，报国务院人力资源社会保障部门批准后设置为水平评价类职业资格；国务院部门设置实施的有法律法规依据的准入类职业资格，与国家安全、公共安全、公民人身财产安全关系并不密切或不宜采取职业资格方式进行管理的，按程序提请修订有关法律法规后予以取消；取消国务院部门和全国性行业协会、学会自行设置的水平评价类职业资格，确有必要保留的，经国务院人力资源社会保障部门批准后纳入国家统一规划管理；取消地方各级人民政府及有关部门自行设置的职业资格，确有必要的，经国务院人力资源社会保障部门批准后作为职业资格试点，逐步纳入国家统一的职业资格管理。

2015 年，新的《职业分类大典》颁布并出版发行。2016 年 1 月，人力资源和社会保障部、国家质量监督检验检疫总局、国家统计局联合发布的《关于做好〈中华人民共和国职业分类大典（2015 年版）〉应用工作的通知》中提出，国家将建立职业资格目录清单管理制度，集合经济社会发展需要，根据大典制定并分批向社会发布国家职业资格目录，各类职业资格考核评价机构要依据国家职业资格目录，规范开展职业资格考核评价工作。在国家职业资格目录清单公布实施后，目录清单之外的职业不得实施职业资格的许可和认定。

主要参考文献

许明月主编：《劳动法学》，重庆大学出版社2003年版。

郑尚元主编：《劳动法学》，中国政法大学出版社2004年版。

王全兴著：《劳动法》，法律出版社2008年版。

常凯主编：《劳动法》，高等教育出版社2011年版。

郭捷主编：《劳动法与社会保障法》，中国政法大学出版社2012年版。

贾俊玲主编：《劳动法学》，北京大学出版社2013年版。

黄越钦著：《劳动法新论》，中国政法大学出版社2003年版。

周长征著：《劳动法原理》，科学出版社2004年版。

董保华著：《劳动关系调整的法律机制》，上海交通大学出版社2000年版。

林嘉主编：《劳动法和社会保障法》，中国人民大学出版社2011年版。

董保华主编：《劳动合同研究》，中国劳动社会保障出版社2005年版。

林嘉主编：《劳动合同法热点问题讲座》，中国法制出版社2007年版。

常凯主编：《劳动合同立法理论难点解析》，中国劳动社会保障出版社2008年版。

《中华人民共和国劳动合同法》起草小组编写：《中华人民共和国劳动合同法释义》，中国市场出版社2007年版。

熊晖著：《解雇保护制度研究》，法律出版社2012年版。

林嘉、杨飞、林海权著：《劳动就业法律问题研究》，中国劳动社会保障出版社2005年版。

信春鹰主编：《中华人民共和国就业促进法释义》，法律出版社2007年版。

杨德敏著：《促进就业的财政法保障研究》，中国政法大学出版社2010年版。

李运华著：《就业权研究》，中国社会科学出版社2009年版。

王天玉著：《工作权研究》，中国政法大学出版社2011年版。

周长征主编：《劳动派遣的发展与法律规制》，中国劳动社会保障出版社2007年版。

郑东亮主编：《劳动派遣的发展与规制——来自国际经验和国内实践的调查研究》，中国劳动社会保障出版社2010年版。

滕炜主编：《劳务派遣制度解读与法律适用》，中国法制出版社2013年版。

石美遐著：《非正规就业劳动关系研究——从国际视野探讨中国模式和政策选择》，中国劳动社会保障出版社2007年版。

何平、华迎放等著：《非正规就业群体社会保障问题研究》，中国劳动社会保障出版社

2008 年版。

田野著:《非典型劳动关系的法律规制研究》，中国政法大学出版社 2014 年版。

蔡定剑主编:《中国就业歧视现状及反就业歧视对策》，中国社会科学出版社 2007 年版。

李薇薇、Lisa Stearns 主编:《禁止就业歧视：国际标准和国内实践》，法律出版社 2006 年版。

王春光著:《平等就业——部分国家和地区反就业歧视的立法与实践》，知识产权出版社 2011 年版。

冯祥武著:《反就业歧视法基础理论问题研究》，中国法制出版社 2012 年版。

刘勇著:《就业公平保障法律制度研究》，西南交通大学出版社 2012 年版。

李薇薇著:《反歧视法原理》，法律出版社 2012 年版。

李傲著:《性别平等的法律保障》，中国社会科学出版社 2009 年版。

阎天编译:《反就业歧视法国际前沿读本》，北京大学出版社 2009 年版。

郑爱青著:《法国劳动合同法概要》，光明日报出版社 2010 年版。

饶志静著:《英国反就业性别歧视法研究》，法律出版社 2011 年版。

田思路、贾秀芬著:《日本劳动法研究》，中国社会科学出版社 2013 年版。

杨帅、宣海林著:《国际劳工标准及其在中国的适用》，法律出版社 2013 年版。

国际劳工组织北京局:《国际劳工公约和建议书》第一、二卷，1994 年。

高景芳著:《职业自由论——一个宪法学的视角》，法律出版社 2012 年版。

俞德鹏著:《城乡社会：从隔离走向开放——中国户籍制度与户籍法研究》，山东人民出版社 2002 年版。

俞启定、和震主编:《中国职业教育发展史》，高等教育出版社 2012 年版。

周永平主编:《职业安全卫生法》，高等教育出版社 2013 年版。

彭薇、王旭东著:《多学科视野下的就业保障研究》，中山大学出版社 2011 年版。

詹朋朋著:《国际劳务关系法律适用问题研究》，法律出版社 2011 年版。

张彤主编:《欧盟法概论》，中国人民大学出版社 2011 年版。

曾文革主编:《欧盟法》，对外经济贸易大学出版社 2015 年版。

沈宗灵主编:《法理学》，北京大学出版社 2003 年版。

谢鹏程著:《基本法律价值》，山东人民出版社 2000 年版。

张文显著:《法哲学范畴研究（修订版）》，中国政法大学出版社 2001 年版。

魏振瀛主编:《民法（第五版）》，北京大学出版社、高等教育出版社 2013 年版。

崔建远著:《合同法总论》，中国政法大学出版社 2008 年版。

王利明著:《人格权法研究》，中国人民大学出版社 2012 年版。

杨紫烜主编:《经济法（第 5 版）》，北京大学出版社、高等教育出版社 2014 年版。

共青团北京市委员会、北京青年研究会:《志愿者形象及其社会影响》，人民出版社 2009 年版。

江必新、何东宁、王莉著:《最高人民法院指导性案例裁判规则理解与适用：劳动争议卷》，中国法制出版社 2013 年版。

[日] 荒木尚志著：《日本劳动法》，李坤刚、牛志奎译，北京大学出版社 2010 年版。

[美] 乔伊·沃尔特玛斯等编：《美国禁止残疾与基因信息歧视法解读》，蒋月、郑净方译，商务印书馆 2012 年版。

[美] 保罗·A. 萨缪尔森、威廉·D. 诺德豪斯著：《经济学（第 12 版）》，高鸿业等译，中国发展出版社 1992 年版。

[英] 史蒂芬·哈迪著：《英国劳动法与劳资关系》，陈融译，商务印书馆 2012 年版。

[英] 凯瑟琳·巴纳德著：《欧盟劳动法（第二版）》，付欣译，中国法制出版社 2005 年版。

[英] 尼格尔·G. 福斯特编：《欧盟立法（第 16 版）》，何志鹏、孙露译，北京大学出版社 2007 年版。

[德] 曼弗雷德·魏斯、马琳·施米特著：《德国劳动法与劳资关系》，倪斐译，商务印书馆 2012 年版。

叶静漪，[瑞典]Ronnie Eklund 主编：《瑞典劳动法导读》，北京大学出版社 2008 年版。